革命

中國1911

伍立楊・著

目次

卷一　莊嚴光輝的新頁

卷二　爭取自由的樞紐

卷三　抗禦奴役　完成使命

卷一

莊嚴光輝的新頁

武昌起義，壓垮駱駝的最後一根稻草

人們活著與牲口無異，甚至相較有不如之處，內中飽含的辛酸不言而喻。至於憲政的設計，人們發現只是等待果陀的遊戲而已。

現世報這種東西來得既頻密又迅速！它構成了命運，也構成了不以人的意志為轉移的必然規律。

「汝校有革命黨人否？」劉答：「革命乃聖賢事業，後生輩何足當之。」其意蓋謂若湯武之順乎天應乎人，始足言革命也。

警衛生疑因而伸手攔他，一邊動手去翻搜他的菜籃，楊先生見勢不妙，陡然間慌亂起來，下意識抽出一個炸彈，就向警衛擲去……

鐵忠噎住，呆了半晌，說道：「我看你的樣子，本是一個憲兵，你只怕不是革命黨吧！」彭先生當下大怒，說道：「你說我不是，我就不是嗎！我只曉得以排滿為宗旨，你說我是什麼？」

隊官羅子清問熊秉坤，「說外面風聲很緊啊，是不是有什麼大事發生啊？」熊秉坤未及回答，姓羅的又問他，「你是孫中山的人嗎？」熊秉坤見他問得唐突，乃正色道：「革命黨派別不同，但總的主盟者除了孫中山還有誰呢！」姓羅的又問，「那你們能成事嗎？」熊答，「各省的革命條件早已成熟……」

金鈚龍回答，「老子就想造反，能怎麼樣！」話沒說完，兩人就揮拳扭打起來……

黎元洪簽字的時候，他還猶豫不決，此時，諮議局的守衛人員陳磊就用槍指著黎元洪的頭罵他，「生成滿清奴隸不受抬舉」，另一個守衛也舉槍指其頭，吳醒漢就攔住他們兩個的槍，又對黎元洪好言相勸，他才簽了名……

萬耀煌越想越悲楚、越想越歎惋：「這些問題一直到稍後吳被簡放山西巡撫在石家莊被刺時，才得到了答案，才明白了清廷的用意，原來先調虎離山，在火車站上容易下手，要是吳按我的計畫行動，不但可以免殺身之禍，而且不會使袁世凱以後有竊國的機會了。」

打至十月的最後一天，清軍入街，巷戰兩天，起義軍放棄漢口。馮國璋部發動大型攻擊，漢口失守。陸軍中學的學生士官等受命退守設在漢陽兵工廠的民軍司令部。

黃興隨後發表演講，特意強調民軍面臨的危險性，他特意指出，若不拼死作戰，待敵人攻入我軍心臟，後果不堪設想……

正在此毫無防備之際，清軍發起攻擊，以機關槍持續射擊，民軍陣營頓時大亂，因以瓦解，參與指揮的石陶鈞說，黃興親自督戰，仍無救於全線的崩潰，漫山遍野，無法收拾，士兵爭先恐後搶回右岸逃生……

候選人為孫中山、黃興、黎元洪。到會十七省代表，每省一票。開票結果，孫先生得十六票、黃興得一票。十七省代表會議以十六票的絕對多數選舉孫中山為中華民國臨時大總統。結果公佈後，音樂大作，在場代表和列席之軍界學界人士起立歡呼。

端方在劫難逃

一九一〇年一月一日，這一天很平常，鄭孝胥在他的海藏樓和高夢旦、諸貞壯、鄧實等人聚會，且向朝廷推薦張謇。

這一天，三十四歲的學者王國維正在校勘鍾嗣成的《錄鬼簿》；章太炎正在研究中國文化的根源和近代學術的發達之間的關係。蔡元培則遠在德國，這一天，汪精衛則在香港，躍躍欲試，訂炸彈、寫遺書、打腹稿……準備北上幹大事。

這一天，距端方喪命的日子一九一一年十一月二十七日，還有五百九十六天。

曾在端方主政兩江時為其幕僚的鄭孝胥在上海閒居，他的居所，命名海藏樓。

四川保路風潮事起，端方奉命入蜀，邀他這個舊日的幕僚同往，鬼使神差，鄭氏竟推辭了。

端方喪命後一週，他在日記中寫道「余之造海藏樓，適為避世之地。余居樓中，時爽即起。食不甘味，運思操勞，使余與聞世事，必有過人之處。然余今日所處之地位，於朝廷無所負，於革黨無所忧，豈天將留我以為調停之人耶？」（《鄭孝胥日記》一三五八頁）端方死了，他還活著，自詡中不忘掰乎。對照他後來在一九三〇年代的作為，可知其全無心肝也。

端方率領鄂軍前隊在資陽，結果後隊給前隊情報，準備反水，他似乎也渾然不覺。四川黨人張培爵派遣田智亮率三百人，持炸彈八十枚，星夜趕往資陽，準備將其徹底解決。田氏到後，和軍中黨人接觸，議定非殺端方不可。於是剪髮辮、廢肩章，喝血酒，纏白布於袖以表決心。有怕事的協統、標統兩人縋城出走。到了夜間，端方已經曉得嘩變的消息，和他的弟弟端錦抱頭哭泣。

這時候幕僚尚勸他立即換服逃走，假如此時他按此行事，尚有活命的可能，誰知他鬼迷心竅，以為他總算有恩於部隊的人，不致失控。到了十月初七，也就是新曆的十一月二十七日，眾軍士將他兄弟倆從坐帳中拉到天上宮行轅。「眾曰，此私恩耳。今日之事，乃國仇，不得顧私恩，遂揮刀刺之。」（鄒魯《中國國民黨史稿》，第三編第一章，光復之役）

至於孫中山年譜長編則說陳鎮藩（三十一標一營督隊官）自任大漢國民革命軍統領，在資陽天后宮殺滅欽差大臣端方，「恪遵中山先生使命，抱定革命宗旨，打倒專制淫威，達到排滿目的。」這裏說的時間則是二十二日（十月初二）。

殺死端方後，將其頭顱貯藏在鐵盒子內，以桐油浸泡之，獻給蜀軍政府。

端方假如有未卜先知的能力，那他或當退一步海闊天空，灌園抱甕，息影林下，那又有何遺憾？但他鬼使神差，一步步向死路上迎頭而去。

他是做過郎中道員、按察使，直至巡撫、總督的人，因處事不慎而丟官。當他技癢難耐，又花幾十萬兩銀子，拿到督辦川漢粵鐵路的肥缺，已經是保路運動烈火蔓延之際。

他九月初啟程，取道武昌、夔州府、重慶一線去成都。十月十三日到達重慶，十一月十三日到達資陽。他所率領的部隊，從步兵十六協抽調，共四個營。

端方的死因，直接導源於四川保路風潮。保路運動的特徵是團體多、地方廣、人氣旺。民營的鐵路被收歸國有，朝廷與民爭利，且出賣與外人，從中又抽取回扣，政府大張巧取豪奪之幟。這個政策的出臺，又直接生發於盛宣懷。五月份，清廷聽從郵傳部大臣盛宣懷的主意，下決心將四川、湖北、廣東鐵路收歸國有，以端方為川漢粵鐵路督辦。如此一來，向歐美借款，就名正言順，說收就收，此前四川民眾投入的股本一分不退。本來農民的血汗錢，有的至於賣兒賣女投入管督商辦的鐵路修築，現在血本無歸，生計茫茫，那就只有自殺或拼命一途了。

也有人撰文說，保路運動斬殺清廷開明派大臣端方是個遺憾。「殺死端方毫無必要」。這種心態固然有其道理。但分析起來則覺事亦不盡然，蓋因兵變是一種瞬間高燒，等到閣下下藥，藥力滲透，事情已然成為事實。

端方的悲劇，直接受創於兵變，而兵變作為一種病變，那就要直接溯源於清朝腐朽的統治，那種一條道走到黑的一意孤行。不論端方怎樣開明（實際上也開明不到哪裡去，真正的開明派已被逆淘汰消滅掉了修理乾淨了），他仍然服務於那個集團。本權責不分之原理，他也算死得其所。

兵變是不講道理的，沒有理路可尋，沒有道理好講，沒有理性可言。端方本人也怨不得嘩變的官兵——北京人常說的早幹麻去了？壓力鍋鼓脹到極點，訇然一聲，時候一到，一筆勾銷，想坐時光車倒回去重新來過，悔之晚矣，沒那回事。

辛亥革命前十年間的兵變民變大大小小有多少樁？那須以十萬為單位來計算！種因就在頑固集團的一意孤行。端方的悲劇，根子還在變態的老太婆慈禧太后那裏。「為什麼說殺死端方毫無必要？」這話等於沒有說。「殺死他不會增添任何榮譽」，更是迂闊之論。

頑固集團不能自我演變，就是端方本人，也根本沒有走向自救的途徑。清王朝不上軌道的統治本質和現實決定它亡於民眾造反。若非中山先生那一批溫良的知識份子贏得知識界的擁戴，若是純粹的民變、兵變凝聚引爆蔓延，勢將演變成洪天王式的暴動，社會陷入大亂，玉石俱焚，流血漂杵，死人如麻，那就成百上千的端方的腦袋都要落地，佛也救不得了。

端方一生看似平靜，只在資陽遇到了突發事件而喪命；其實不然。

當一九一〇年代的後期，死神多次來扣端方之門，他屢遇死神擦肩而過，可謂驚險萬狀。這一次他的喪命，看似偶然，實則在冥冥之中，自有其一步步走向地獄的軌跡。

早在一九〇五年五大臣出訪之際，端方就險些喪命。五大臣者：鎮國公載澤、戶部侍郎戴鴻慈、兵部侍郎徐世昌、湖南巡撫端方、商中右丞紹英。一九〇五年九月二十四日（農曆七月二十六日），五大臣自正陽門車站登車，吳樾化裝為僕從。為著貼近五大臣，「提衣包欲登花車，為衛兵所阻。適因接駁車輛，車身猛退，而所攜之炸彈，撞針受震，未及拋擲，轟然一聲，血花鐵片，飛濺人叢，烈士已腸穿肢斷，面目模糊，盡其黨人最後之義務矣。惜乎所謂清之五大臣者，受傷而未死。」（《辛亥人物碑傳集》，九十五頁）此次爆炸，當場炸死三人。載澤、徐世昌略受輕傷，紹英傷勢較重。戴鴻慈因有僕人王是春在前遮擋，僅受輕傷，但頂帶花翎皆被削去。血雨硝煙，迷濛燕市，烈士殉國之際，年僅二十六歲。

一九一〇年的春天，汪精衛在暗殺載灃之前，原來圈定的第一對象，正是端方。後來為了製造更大影響，才改殺載灃，端方遂逃過一劫。

再說對待四川保路風潮的態度。護理總督王人文奏請議處盛宣懷，措辭嚴厲，為民生著想。最後丟了烏紗，隱居上海，又活了幾十年，與世無爭，得以善終。

端方，偏巧該他入川，結果惹出大是非來。回到他身上，又屬典型的是非只為強出頭。強出頭的結果當然不妙。

端方既非干城之選，亦非頑固圈中心腹之人，但其開明也未能直接施惠於民間或黨人。他強出頭的結果，是兩頭不靠，結果兩頭不討好。

處理四川風潮的結果，是王人文去職，趙爾豐上位。

端方入川之際，正值趙爾豐當政。兩人都看好總督的位子，一個守，一個攻。端方把保路風潮的責任算在趙氏頭上。「川中罷市、罷課，不戕官吏，不劫倉庫。絕非逆黨勾結為亂……人人冒雨奔城下求情，又為官兵開槍擊斃者約數十人。眾情乃大憤。自保商榷書，並無獨立字樣，並無保路同志會及股東會圖記。其中且有皇基萬世語。」

為奪得要津，端方為民眾所做開脫，尚屬實情。對民間頗能理解，對皇朝來說，則屬於典型的第二種忠誠。

趙爾豐也沒有閒著，他也上疏數落端方。他指摘端方並不直接從陝西入川，反而跑到重慶去做迂迴，成都周邊的土匪蜂起，等他來剿，他又不來。四川的保路風潮要怪就怪端方好了，「川事為之一誤再誤，不可收拾。端方到省之日，即將為川人獨立之時。」這樣，大員之間的火拼已經到了上綱上線的地步，且無限上綱，足以致命。

端方到重慶時，其寓所大門被人乘夜貼紙書對聯一副：端要死在江南館，方好抬出通遠門。藏其名於上下聯之首，江南館乃城中奢華之地，而通遠門外則為叢葬之所。聯語透著威脅，詞為不祥之兆。

在此之前，端方入川，將過涪陵，這時重慶同盟會機關部就準備將其幹掉，並劫持軍火，其事由謝持主持。惜未成功。也就是說，他在資陽授首是延後，本來已可能提前喪命的。

端方船抵重慶，鄂軍官兵接近會黨者，又擬乘端方登岸時將其擊斃，宣佈起義。陳鎮藩以為技術上有不妥之處，方才延後。這一路上，端的是殺機重重。端方率軍過重慶的時候，正值黨人力量大增之際。他們在民間積極運作，正準備和清政府大舉攤牌。黨人骨幹分任交通、炸彈、軍火、聯絡、財政諸方面。就是他自己帶來的部隊，也潛伏很多黨人在其間，在重慶新募一部分新兵，也充溢排滿的觀念。

《清史稿》說他「至資州，所部鄂軍皆變，軍官劉怡鳳率眾入室，語不遜，端方以不屈遇害。」實則他很想活下去，他的活命意識強烈得很。端方是滿洲正白旗人，姓托忒克氏。不過臨死前他一再向部隊表明，他本是漢人，曾祖輩才投旗，變成了漢軍旗人，原先他姓陶，所以他號匋齋。也許他已有預感，他早已印好的名刺上明明白白寫著他的名字就是陶方。

這個時候來這一套，那就噬臍莫及了。儘管端方在後來的某些學人看來也屬開明，且態度不屬於極惡，但他此時仍然手持重器，即國家機器最鋒利的一端，向他索命的人至少想到了一個歷史問題，那就是徐錫麟的慘死。一九〇七年，端方直接指揮殺害徐錫麟。七月初，清廷偵探在上海捕獲黨人葉仰高，端方派員酷刑訊審，得知打入官場之黨人名單，錫麟知事已迫，乃決計刺殺恩銘，以求一逞。徐先生被捕獲後，端方率先給安徽地方首長馮煦一通電文，要他速將錫麟斬首。馮煦是江蘇出身的江南才子，他不願對錫麟下此毒手，但也沒有辦法。恩銘家屬申請將錫麟挖心剖肝，炒食以祭祀恩銘，端方也予以批准。恩銘之妻妾親自參與剜出烈士心臟以祭其夫。後來孫中山先生有一聯哀悼烈士：「丹心一點祭余肉，白骨三年死後香。」

至於端方之死的最終原因，還得推至如假包換的專制魔王慈禧太后那裏。老太婆四面樹敵，羅織罪名的把戲耍了幾十年，不但把老百姓整得九死一生，也把社會生態整得五癆七傷。江山易改本性難移，帝王專制決定了它，極端主義決定了它，崇尚暴力的天性決定了它。不到處樹敵、不折騰出階段性主題，這個體系其實很難維持。人們活著與牲口無異，甚至相較有不如之處，內中飽含的辛酸不言而喻。至於憲政的設計，人們發現只是等待果陀的遊戲而已。

端方一生嗜好金石書畫，著力搜集收藏青銅器、刻石、璽印諸般文物。《清史稿》說他「性通侻，不拘小節。篤嗜金石書畫，尤好客，建節江、鄂，燕集無虛日，一時文采幾上希畢、阮雲。」這其中也有他意氣用事的一面。《杶廬所聞錄》談到，光緒初年，翁同龢、汪鳴鑾好碑板，張之洞好目錄，薛福成、王先謙好掌故……善耆、溥倫好彈唱，那桐一意媚洋，好與西人往還……至於端方，他則好金石，端方本紈絝無賴，在做工部郎中時，與盛昱、王懿榮同出差，旅舍無聊，縱談碑板，端方亦發言誇誇其談，王懿榮當場大怒，說，你小子就知道搞女人玩演員，吃酒搓麻！你配談啥金石呢？端方拍案大罵，聲稱三年後見。他回京後，到琉璃廠多方搜求，復與名家討論，他的錢又多，巧取豪奪，儼然大鑒賞家。他之愛好金石，與其他滿官之愛好鼻煙壺無異，以此表示他的豪奢，並非真有學問心得。

出差途中就和同僚大肆吵架，賭氣延續很長時間，可見他也是一個容易較真的人。

但杜保祺的《健廬隨筆》記一事，也約略可窺端方之幽默趣味。說是端午橋（端方）有滿州才子之稱，行事滑稽。他在兩江總督任上，底下的官吏營私舞弊，吃酒搓麻，不亦樂乎。他給他們陳述麻將的危害，那些人陽奉陰違，聽不進去。也有附和他要求進步的，一個官就來找他，說是贊同首長的意見，麻將的確禍國殃民，而且他不懂此道，深惡痛絕。端方假裝讚揚他，順口問道，我聽說麻將各項都是四張，白板卻有五張，這是怎麼一回事呢？那人當即說道，哪裡啊，白板也是四張，沒錯的。端方馬上把臉板起，說，原來是這樣，想來你就是麻將老手了！那人情知上當，赧然而退。

這裏雖不難窺見他的幽默趣味之一端，但端方並不具有大聰明，至少他不知轉圜。還是官迷心竅，有人辭官不敢做，有人日夜趕科場。迷醉於做大官的端方，始終不甘落敗。他居然不惜在火焰山上跳舞，試圖蒙混過關，在劇變時代的夾縫裏，哪有那麼便宜的事呢？

一九〇五年，五大臣出洋，實際名稱是考察政治，而非考察憲政，因西太后惡聞憲政之名，故曰考察政治，其掩耳盜鈴，一至於此。

這年七月中旬，清廷以軟禁中的光緒名義，給內閣發了一道上諭：……茲特簡派載澤、戴鴻慈、徐世昌、端方等隨帶人員，分赴東西洋各國，考求一切政治，以期擇善而從……

因吳樾事件後，再次出訪分兩路，日期、路線對外界保密。戴鴻慈、端方一路，載澤、尚其亨、李盛大鐸一路。

熊希齡跟隨的是端方一路，熊希齡是譚嗣同南學會的成員，變法失敗後居住湖南，一九〇五年五大臣出洋，他作為隨員，專任端方的參贊。五大臣怕考察不好交代，就叫熊希齡推薦憲政專家，熊氏一口咬定楊度。楊度寫了〈實施憲政的程式〉、〈中國憲政大綱應吸收東西各國之所長〉兩文，把工程的一大部分發包給梁啟超，梁氏寫〈東西各國憲政之比較〉，五大臣回國後乃將此三文作為奏摺上交慈禧。

考察政治的大臣回國後，一時間輿論界莫不希望儘快立憲。袁世凱將張一麐找去，叫他草擬預備立憲各款各條，張一麐退下後，召集同事金邦平、黎淵、李士偉諸君，就救時、政治、法律等方面撰成草案，後來，張一麐見到繕寫完畢的北洋與考察憲政大臣聯合奏請預備立憲稿本，就是他們幾位的草案，沒有改動一個字。自從預備立憲的奏稿送上去以後，編纂官官制入手，輿論界的意見很大，引起軒然大波，一般北京的官僚階層都認為北洋系統權力過重，紛紛上書要求加以削弱。

官制的編纂最初由袁世凱和端方發起，後來設了一個憲政編查館於北京，因為反對的人多，所以北洋新軍的六鎮只留了兩個鎮由北洋管轄，削減了他們的兵權，在天津設立一個審判庭，為司法獨立的先聲，並設置議事會和董事會作為地方自治的基礎。

清廷的法子是，推宕，延遲，預備，或者予以名義，隨便改個官制，就叫做憲政。等來等去，看不到盡頭。俟河之清有日，奈人壽其無多。生命經不起消耗。

可以想見，他們是不是真的要實行憲政。鑒於在清廷獨裁暴政和謊言所維繫的中國社會，矛盾空前尖銳，他們的這種假改革、真拖延恐怕還拖到下一代就會歸寢史籍了。「立憲之事，既如是繁重，而程度之能及與否，又在難必之數，則不能不多留時日，為預備之地矣」。這一假立憲，換來了真革命。

志士們無論需要經歷多少艱難險阻，決戰暴政的意志絕不改變。他們堅信：暴政必敗，自由必勝。清廷逆天而行，已走向窮途末路，而且正在自掘墳墓。經過同盟會椽筆批判的清廷，面臨著建政兩百六十多年來最深刻的合法性危機。

慈禧生前，試圖用高壓來維持自己的權力，她在危機迫近時節的表態，這是她的慣用手法：用變法來提高自己的人望，獲取人望之後，馬上向後轉。

劉成禺《世載堂雜憶》：「端方自歐美返，常語人曰：歐美立憲真是軍民一體，毫無隔閡，無論君主、大總統，報館訪士，皆可隨時照相，真法制精神也。中國宜師其意。」他的這些言論，清廷賞給他的，卻是「大不敬」的不輕的罪名。

端方兩頭不討好，他既能看到美利堅的真精神之所在，卻又給留美生冠以亂黨的罪名。

戊戌變法之後，頑固大臣，旗鼓大張，自稱后黨。端方游離此派之外。

當然頑固派後來也將立憲掛在嘴邊，以致今日某些學人以為要重新評價，以為其中大有玄機，其實這是個美麗的誤會。蓋以庚子年義和團大起，八國聯軍侵入北京，事後要懲辦罪魁，頑固大臣看到有機可乘，乃一改前行，群言立憲，用以諂媚外人，實施瞞和騙。預備立憲成為當時時尚。究其實質，不過是由排外到媚外的轉變而已。

何以謂當時端方之死為必然的呢，晚清以來，對話的渠道早已堵死，可以對話的對象又早已被實施了肉體消滅，民眾的對立情緒遂益形緊張、尖銳。

端方就在這樣的火藥桶上竄來竄去，他雖沒有大舉開火殺人，也即他沒有拿著洋火四面點火，但畢竟他是手持火柴，走在到處散落的火藥之上。一九一〇年一月一日的這一天，端方還在忙著花大價錢重新上位，不久他就如願以償，五百九十六天後，他以為安全的利器終於擦槍走火，他也就死於非命了。至今想像他晃晃悠悠、逍遙入川的情形，都不免要為之捏一把汗，甚至心急如焚、繃著神經，而他本人似乎懵懵懂懂，所以他也就在劫難逃了。

地火在奔突

其實，端方剛出發，這邊武昌的槍炮聲就已響起來；等到刀架在他的脖子上，武漢三鎮已經打得難解難分了。

這個中部的大城，走到了一個巨變萌蘖的最後關頭。

第一槍之前更有第一爆，各處的部隊跟上了發條一樣，躍躍欲試，無數的地火在奔突。

孔子是聖之時者，一切講究時，時然後言，時然後笑。像那個詩人所狂呼的，時間開始了。時間的開始，用在這裏，才恰如其分。

現世報這種東西來得既頻密又迅速！它構成了命運，也構成了不以人的意志為轉移的必然規律。

這一個時間段，竟有那麼多的目不暇接的偶然，誰也無法預見和控制。

這是一連串的偶然，也是一連串的必然。必然性總要通過大量的偶然性表現出來。這些偶然性本身自然納入巨變的發展過程中，並且為其他偶然性所補償。這是歷史劇變到來的加速器。

歷史發展單線性表明，歷史人物對社會發展能起到加速或延緩的作用。大大小小的英雄人物，他們是歷史的創造者，是歷史進程的無數的推手。

說到武昌一夜之間四處開花的起義，其遠因，要追溯到民族思想的重燃。宋朝以降，慘痛的命運造成民族思想的激昂。清入關以來，統治酷烈。剝皮活剮的文字獄就是元朝也沒有的。明末思想家：黃、顧、王的遺民之痛，鬱積深不可測的故國之思，在民間潛伏變種，一種有待恢復河山的理念，埋伏在會黨中間，時勢一到，自然觸發。再有民本思想持續發散，蓋因中國人視皇帝為公僕，弄到不堪之極，就會起來推翻。自然這還不是西式的選舉。但西風東漸以後，看著西方政體的良美，自然趨於激動。

清廷的立憲，本來從概念上講是一件好事，但他們從無實行的誠意。載灃及其兄弟載洵、載濤都喜歡攬權。人民請開國會，不聽。預備立憲一拖再拖，根本是永無兌現可能的空頭支票。請願代表，被步統領衙門押送回籍。官制改革，滿人皆占大部分憲權。所作所為，恰與立憲趨勢相反。

晚清軍事軍事集團由湘軍轉移到淮軍，再轉移到袁世凱之手。但是袁對清統心懷異志，載灃恨他，他的反水跡象，此時已然露出端倪。清廷靠不著他，還不得已要用他。

硬用盛宣懷，霸王硬上弓，實施鐵路國有政策。革命之禍，因之激起。

晚清鐵路，先是由外人借款，外人築路，外人管理，後又收由各省自辦，成績平平。於是又想收歸國有。收歸國有也表現集權的威勢。盛宣懷向日本借款，引出種種糾紛，傷害到民間，清廷採取高壓政策，嫌王人文軟弱，以趙爾豐代之。拘留保路會代表。人民籲請釋放，又開槍擊斃多人。並誣陷人民謀反，大加打壓，正在這不得不下臺的時候，武昌起義爆發了。

那時候賀國光已由新軍之隊官，再調督練公所科員。當時主管督練者為制台，其組織分兵備、訓練、籌餉等局，為全省最高軍事機構。

四川為爭路問題發生時，賀國光正在四川，直至趙爾豐之死，堪謂躬逢其盛，他後來回憶起來，猶覺歷歷如繪。川漢鐵路原先為商辦，清廷欲收為國營，命盛宣懷督辦收回事宜。百姓因所投資金不得適當償還，拒絕交與政府，大舉請願，路爭自此始。及諮議局羅綸、蒲殿俊等人被捕入獄，人民之請願趨烈，趙爾豐趕回鎮壓，亦歸無效，群眾高舉「德宗景皇帝牌位」，及「庶政公諸輿論，鐵路改歸商辦」之木牌，四處遊行，風潮不可遏阻。

清廷以巡防營彈壓群眾暴動，以新軍守東西轅門，制台衙門以巡防營某連把守，當時群眾準備搗毀衙門，且得新軍之同情，蜂湧衝入衙門，巡防營以機關槍阻擊，死傷甚多，雙方激戰，群眾終以徒手不敵大大吃虧。因傷亡慘重，賀國光於事後自動趕往醫院，邀請救護隊前來處理善後，一面救傷，一面收拾殘局。他之所以挺身救死扶傷，純係出於個人當時悲憫之心，救護隊執紅十字燈籠記號，以示善意。

事態不斷蔓延，城門四閉，民變大作，民眾所組織之保路同志會，不斷請願，與巡防營衝突，巡防營因亦開槍攻擊。

新軍本甚同情人民，初時雙方各不相涉，然因一軍官責備群眾之暴動行動，人民又不聽勸說，因而失去了新軍之同情，亦有相互攻擊之情事發生。

繼成都的騷亂，各縣民變相繼發生，四川軍隊不敷鎮壓，趙爾豐因請調湖北軍隊入川協助平亂。端方領新軍兩標入川，至資中停止前進。賀國光等奉命前往成都城外武侯祠迎接，事後得知，實為趙爾豐阻止端方奪取川督之措施，蓋趙得密報，端方有志川督，故隨處堤防。端方入駐督練公所，派去等候的人遷往別處。

川亂大作，各省回應，趙爾豐讓位，朱慶瀾、羅綸為正副總督。新軍向朱索取糧餉，不允，軍隊叛變，先搶黃城壩，繼占軍械局，朱慶瀾逃去，軍隊在藩庫得銀四百萬兩，盡皆由騷亂人群所瓜分。

次日趙爾豐復出，出示安民，其意本善，然有人傳說巡防營之變，係趙暗中唆使，群眾又起而攻擊趙，後尹昌衡自領四川總督，驅散亂兵，將趙爾豐殺戮以謝天下，其斬標書曰：「惡貫滿盈之總督趙爾豐」。殺趙後，又以其頭遊行四街，事後，由賀國光把他的人頭浸入酒中，本來要運到西康收拾民心（西康人對趙深為憎恨），後又作罷。賀先生令人將趙屍與其頭縫合，一共縫了四針，再送八旗會館。這就是趙爾豐被殺之經過。

四川保路風潮因經濟利害而起，後擴大而為政治問題，革命黨因勢利導，方聲濤、季裕霖等革命人士前來聯絡，事態擴大，終至釀成辛亥舉義，開革命之先河。中山先生曾經指出：「若沒有四川保路同志會的起義，武昌起義或者要遲一年半載的」，可謂鞭辟入裏。

偶然性釀成激變　武昌革命的源流

說起來，武昌首義的第一槍，已經是十日的傍晚，熊秉坤兵營裏的陳定國那一槍，也是倉促中的應變，也帶有很大的偶然性。

而在陳定國舉槍擊殺那個甘作清軍走卒的排長之前，已有無數的偶然發生了。

殊不料，陳定國的第一槍之前，早有孫武的第一爆。而這第一爆，又是那樣的偶然，是計畫中的意外。

十月九號這天，武昌城內一般人群情緒騷動，顯出莫名的慌張，也有老百姓搬到城外，投奔鄉下親戚。

這天中午，孫武在漢口望善里的一樓房中試驗炸彈，說他不小心也罷，說他過於小心也罷，總之他竟把試管撞破了，藥水滴在炸藥中，頓時轟然一聲，大事不好了，孫武本人給轟擊得滿面是血。

站在樓下的印度巡捕，滿腹猜疑，遂聞聲上樓，孫武的朋友見勢不好，也真是急中生智，慌忙將大衣蓋在孫武頭上，佯稱病人急症要送往醫院，匆匆遁去。

巡捕上樓後看到一片狼藉，還有堆積的軍裝，存儲的上百枝長短槍，情知不好，於是層層上報，隨即湖廣總督瑞澂也曉得了，於是派戈什（武弁）四出緝拿可疑之人員。

共進會的頭領出事，所為何來呢？

說到鄂軍的革命團體，也即武昌革命團體的源流，簡言之，其變異如次：日知會↓群治學社↓振武學社↓再變為文學社。

熊秉坤先生說，辛亥革命的遠因甚多，可總括為歐力東漸一語，戊戌政變，實已開其端倪。等到鐵路風潮起，天意授漢，彼時湖北革命團體之最偉大者，就是共進會與文學社。其發生非一日，人物非一派，日知會、群治學社、自治團等，皆其母體也，如劉靜安、朱子龍、梁瀛洲、胡瑛、劉景華、常振楫，日知會之巨擘也。蔣翊武、王憲章、劉復基、蔡達夫，文學社之中堅也。劉湘、孫武、居正、鄧炳三、劉英、黃申、查競生、蔡濟民、楊玉如、高尚志等，共進會之翹楚也。

日知會係一九〇五年，劉靜庵、曹亞伯等創立，會員分佈於軍界、新聞界、學界、宗教界。次年，中山先生派胡瑛、朱子龍等赴漢，聯絡日知會起義，不意事泄，會員骨幹多被張之洞逮捕下獄，團體遂告解散。

群治學社，本由湖北軍隊同盟會改組而來，也即黃申薌、楊玉鵬等主其事，事在一九〇八年底，一九〇九年初。其宗旨，「本社以集合多數知識、研究學問、提倡自治為宗旨」。其由來，認為當時英國為世界強國，其養成，由於研究學識之故，在中國四千年來，素號稱文明古國，然自孟軻以來，不得其傳，學社的建立，乃謀求從根底上振起民氣。

群治學社建立於一九〇八年底，可視為日知會的改組，骨幹為黃申薌、楊玉鵬等。萬耀煌晚年回憶群治學社的緣起，在他剛入伍時，因身穿學生制服，以學生而願當兵特別引人注意。於是軍中朋友日漸增多，彼此交換知識，進而披肝瀝膽談革命，都認為有組織團體之必要，其後即由大冶黃申薌、安陸郭撫辰、黃岡鄒潤猷（午橋）、漢陽蕭驥（德稱）、房縣丁人傑（景梁）、湖南寧鄉章裕昆（德藩）、湖南慈利唐犧支（以祀）、京山曹振武（士傑）、湖南湘鄉楊王鵬（子鬯）和萬耀煌，共同發起組織群治學社，推黃申薌為社長，表面以集合多數人交換知識研究學問、提倡自治為宗旨，實則奉同盟會宗旨為圭臬，且在社員規約中訂有：一、絕對守密，有事一人當之；二、社員限於士兵，不得介紹官佐；三、社費由社員捐出。以後湖北革命團體如振武學社、文學會皆由群治學社演變擴張，成為辛亥武昌起義之原動力。

「講求自治，促睡獅之猛醒」，一九一〇年圖謀武裝起義出師不利，乃更名為振武學社，再變為文學社已是辛亥年間的事。蔣翊武，讀《揚州十日記》，閱未終卷，憤然曰，自古夷狄入主諸州，歲不滿百。今神州陸沉，二百餘載矣。怎麼還沒出現弔民伐罪之師者呢！待到宋教仁和他會面，籌畫革命。事發，蔣翊武脫險隻身走上海，入中國公學。先後結識楊卓林、劉復基、陳英士諸先生，常往來於長江上下游，聯繫革命志士。常對人說：居今日而言改革，應以種族革命為手段，以政治革命為目的。否則雖擲盡志士之頭，終無絲毫裨益也。

其中到了振武學社時代，力量已在膨脹，決策層預備舉事，派往各地骨幹有：上海楊玉巽，江蘇鍾畸、安徽鄒運猷，湖南楊玉鵬、兩廣李抱良，直隸、山東劉九穗、雲南胡喬、東三省鄒韜。振武學社時代，其宗旨就包含在名稱之中，直言專以聯絡軍界同袍，講求武學，派員滲透到部隊基層，如蔣翊武、劉堯澂（劉復基）投入四十一標三營左隊當兵士，楊玉鵬則在四十一標一營左隊任司書。規定各社員，每人每月須介紹一新人入社。

一九一〇年秋曾試圖舉事，劉復基、彭楚藩等在開會時被巡警圍捕，蔣翊武得脫，又歸失敗。這次失敗打擊很大，團體人員多如驚弓之鳥。鑒於形勢，為求一保全之策，遂更名為文學社。在文學社時代，蔣翊武為正社長，王憲章副之，劉復基為參謀部長，其餘總務、調查、聯絡……設置齊備，尤其在各標營以及陸軍中學的代表眾多。川路事起，鄂省風聲鶴唳，該學社已增至三千人，團體骨幹四出聯絡，蔣翊武為正司令，劉復基副之。

文學、共進會之聯合，在辛亥舊曆四月十三日，也就是武昌首義的四、五個月前，兩派商議集合勢力，劉堯澂（劉復基）、王守愚找至共進會協商。經多次多人斡旋，才正式聯合，兩派聯合後，在陽夏設立支部，以胡玉珍為四十二標總代表，漢口鄭北蘭寓所為支部交通處，漢口集會在范明山寓所，漢陽集會在陳德元寓所。

蔣翊武當清廷假意立憲法之際，寡識者頗然色喜，他本人卻憂從中來，他對劉復基說：「我輩所從事又添障礙矣，及今不圖遲益艱難」，他的矚目點在鄂中新軍，此間多志士，遂決赴鄂實行，邀劉復基同往，於一九〇九年深秋到達武漢。此時群治學社已破，改為振武學社。

蔣翊武所在的文學社與孫武的共進會的源流不同。其中，文學社整體加入同盟會，辛亥革命爆發，以破壞告終，急於從事建設，改組政黨，因與同盟會宗旨相符，公議全體加入，將文學社名義取消。另，據尹呈輔回憶，當時他在湖北陸軍小學第二期肄業。在辛亥年二月，由孫武先生介紹入同盟會，從事革命工作，遂得參加首義。這是文學社、共進會與同盟會血肉密切的關係之鐵證，今常見論師著文，割裂兩會與同盟會關係，實屬不智。

談到文學、共進兩會的區分，當事人有謂：「雖起義時與共進會聯絡，然源流各別，兩不相混，而與某某則尤為風馬牛不相及」（〈致民主報：文學社之歷史〉，上海人民版《辛亥革命》第五卷第三頁）。兩會的聯絡之際，以川路事起，國人知時機已至，遂有意聯繫，集合力量一致進行。

陳其美與中部同盟會

說到同盟會和武昌方面的關係，就當時指揮序列，在首義之前，湖北負奔走之責者尹呈輔，他在〈參與辛亥武昌首義之回憶〉中明確說道：「在首義之前，就我所知，上級者，以居正（覺生）先生為中心；中級者，以孫武、張振武、蔣翊武三位先生為中心（孫管軍運、張管學運、蔣管社運）。」

一九〇七年三月，章太炎、陶成章與中山先生鬧矛盾，進而引發光復會的成立。而中山先生將精力移到南疆，連續發動武裝起義，實施連續的對專制的劇烈撞擊，僅在一九〇七年夏至一九〇八年五月，即於邊疆地區發動六次起義。

一九一一年元旦剛過，香港同盟會譚人鳳來武漢與孫武、胡瑛等商討起義發難地點。胡瑛認為，湖北受限制太多，敵人調兵，朝發夕至，難作持久抵抗。譚人鳳則主張廣州首先發難，湖北回應。惟孫武力主在武昌發難，他認為，武昌新軍集中，內部發動成效顯著，為首義打下了穩固的基礎；以兵力論，發難非從武昌入手不可。蓋以武昌自張之洞督鄂以來，工業發達，且為水陸交通樞紐，一旦義旗展開，全省百姓均可為我所用。

文學社成立後，大批新軍下級軍官，以及士兵參加進來，軍隊變化呼之欲出。趙聲、宋教仁、陳英士、譚人鳳商議成立中部同盟會，以為實占地利。「長江者，襟帶全國，控制中部，而武漢據長江上游，四戰之地，上海為之咽喉，一旦有事，則足以震撼南北，為兵家所必爭」（〈陳英士行狀〉）。

黃花崗起義失敗後，長江流域進入陳其美等人的視野，企望在以武漢為中心的兩湖地區發難。清廷早已留意陳其美的動向，於是陳氏和朋友談革命方略，就以歌伎所在的堂子為掩護。有一次他和張奚若躺在姑娘的床上秘語，姑娘當然不在屋裏。一九一一年新年過後，大量的武器要運到內地，接洽事宜都在堂子。「陳英士有一個聽差，穿得很好，人很強壯，管包紮裝運軍火。其法，是拆開一套新的洋式沙發，將手槍藏在彈簧中間，然後將沙發仔細縫好，看起來天衣無縫，決不會知道其中有武器」（張奚若《回憶辛亥革命》二九六頁）。黃花崗起義，黃興、趙聲招他到港，可是船行遲緩，到廣州已是事發的第二天。

辛亥年四月，黃花崗起義失利，同盟會中部總會企圖策劃長江流域起義，派人到武漢與文學社、共進會聯繫，將武漢革命團體發動大舉推上軌道，文學社、共進會在八月最終決定聯合。

一九一一年七月三十一日，中部同盟會在上海成立大會，地點是湖州會館，陳其美、宋教仁、范光啟、呂志伊、譚人鳳等共二十九人與會，其章程有謂「奉東京本部為主體，以南部分會為友幫。」陳氏被舉為庶務部長，乃因他長期奔走長江流域，具雄厚人事基礎。戰略因應：陳氏並坐鎮上海指揮，並確定，起義由湖北省城首先發動，四方各省回應。宋教仁、譚人鳳致力於湖北軍界運動。醞釀起義的前夕，武器彈藥尤顯重要，陳其美多方籌措，「居正等留滬旬月，以陳其美代辦手槍尚未齊備，乃遣楊玉如先歸」（《革命逸史》二集，九十頁）。

中部同盟會滲透長江流域後，文學會與共進會活動頻密，黎元洪得知部隊不穩，曾大發雷霆，著手安排臥底，偵知秘密結社等情況，但是一則效果不佳，一則他本人也很矛盾，又對左右囑咐說此事萬不可聲張，恐上峰聞之，自身難保。

據辛亥老人張之本先生回憶，當時兩湖革命空氣瀰漫，各校學生多有參加革命行列者，湘省巡撫余誠格曾詰問湖南高等學堂監督劉人熙曰：「汝校有革命黨人否？」劉答：「革命乃聖賢事業，後生輩何足當之」，其意蓋謂若湯武之順乎天應乎人，始足言革命也。

山雨欲來 新軍裂變

八國聯軍之亂後，清廷打昏了頭，不得已推行新政，預備立憲，同時廢科舉，軍事學校也開始建立。各省辦陸軍小學，全國有四所陸軍中學，最高為國立保定軍官學堂。小學具備舊制高中畢業程度，由原縣考試及格、保送，招考各省由十六歲到十八歲之優秀青年，是為陸軍小學生，基本學術科訓練三年，學科方面之自然科學，相當於現時初高中；而術科則為純軍事性之基本訓練。

陸軍小學畢業後升入陸軍中學。四所陸軍中學分佈在河北、陝西、湖北、江蘇四省，中學兩年畢業，進入部隊為入伍生半年，部分優秀學員可選入保定軍官學校，按步、騎、炮、工、輜五個兵種再受訓兩年，畢業後派往新軍充任下級幹部。當時清廷在全國編有三十六個鎮（等於師）。

北洋新軍原名定武軍，正式名稱叫做新建陸軍，由袁世凱全權督辦。新軍的決策層都是他的卵翼，即他的親戚、北洋武備學堂以及淮軍舊部組成。

最初的一批心腹左右是，參謀營務處總辦徐世昌，學堂監督江朝宗，督操營務處總辦馮國璋，督操營務處提調段芝貴，各營統帶姜桂題、吳長純、雷震春、吳鳳嶺、張懷芝、張勳，炮兵營統帶兼炮兵學堂監督段祺瑞，工程營統帶兼講武堂總教習王士珍，最初的基層軍官如馬龍彪、何宗蓮、李純、盧永祥、王占元、陸建章……起初僅補偏裨，後來都在袁世凱的圈子裏大放異彩，名噪一時。司正使段祺瑞、軍學司正使馮國璋、軍政司使王士珍並稱「北洋三傑」，以王士珍為「龍」，段祺瑞為「虎」，馮國璋為「豹」。一九〇五年和一九〇六年，清廷接連在直隸河間（今河北省河間縣）和河南彰德舉行兩次大規模秋操，段祺瑞的知名度和權力迅速上升。

當時部隊（新軍）的大致情形是，辛亥前幾年，清廷改革兵制，將兵部、練兵處、太僕寺等合為陸軍部。新建陸軍營制在北洋常備軍營制的基礎上略加變化而來，每鎮計步馬炮工輜二十營，與日本師團的組織相似（日軍編制也是師承德意志第二帝國陸軍而來）。第一批即以北洋、京旗兩支常備軍改編為北洋六鎮。到一九〇七年陸軍部擬訂了全國編練三十六鎮的計畫，至清亡前夕，共計成立十四個鎮、十六個混成協、一支禁衛軍，以及幾個獨立標、營。軍隊正式劃分為陸軍和海軍。新軍設步、馬、炮、工、輜重等兵種，按鎮、協、標、營、隊、排、棚的序列編制，從西方購置裝備，並仿製火器，演練西式操典和戰術。

當時北洋六鎮，其中湖北駐有一鎮一協（旅），番號為第八鎮及第二十一混成協。其餘如江蘇為第九鎮及第七鎮、第十二鎮，各僅編成一個混成協，奉天為二十鎮及第二混成協，等等。就編制而言，每鎮有步隊兩協，馬、炮隊各一標，工程、輜重各一營。步隊每協兩標，每標三營，每營前後左右四隊，每隊三排，每排三棚，每棚十四人馬炮標則每營三隊。規定每省先設一陸軍小學，每校每期學生約八十至一百人，三年畢業。湖北陸軍小學，張之洞不按規定，獨行其是，逕由軍隊中選送優秀士兵至陸軍小學肄業，內分仁、義、禮、智、信五班，一般讀書人均無出路，反之陸軍小學除由公家供給一切外，且按月另發銀錢，故能獻身軍伍，亦為謀取出路之大好機會。入伍者又多清寒優秀之子弟，張之洞復從中選拔，使之入陸小肄業，亦無非為培植人才起見，日後此輩遂成新軍下級幹部，且多參與辛亥武昌革命，這卻是張之洞始料所不及的。

辛亥前兩年，革命的爆發已有山雨欲來之勢，各地都在密謀起事。武漢革命黨人多頭滲透，新軍意識開始裂變。武昌起義前，武漢駐軍主要有新軍第八鎮（張彪任統制），新軍第二十一混成協（黎元洪任統領），另有巡防營、水師營等舊軍。在新軍中，絕大多數營隊有革命黨活動，至辛亥年（一九一一）起義前夕，近兩萬人的湖北新軍中，參加革命組織的將近三分之一，並有許多革命的同情者。是年七月，湖廣總督瑞澂奉命將第八鎮部分軍隊調往四川、湖北、湖南等地，武漢地區兵力空虛，發動起義極為有利。

火種迅速滲透

革命黨人與新軍中的進步分子往還頻密。如駐南京的新軍第九鎮第三十三標，當時擔任標統的是革命黨人趙聲（字伯先、鎮江人），擔任管帶官的有冷遹、柏烈武、伍崇仁、楊韻珂、江來甫等。大量尉官中，則有一半以上的人，開始接受孫中山先生的革命影響，立志推翻滿清，為創立民主共和而積極從事革命活動。部隊滲透情形相當嚴重，以同盟會為總指導，陸軍中小學學員、黨人、團體均有人在部隊中串聯。

起義前黨人在部隊中運作舉事的具體方式，在首義之前，各級負責人為堅定各同志之信心起見，常用耳語宣傳，詳為講解滿清政府之殘暴無道，喪權辱國之事實，遠如「揚州十日」、「嘉定三屠」之慘；近如中法、中英、中日戰敗之恥，庚子八國聯軍之辱，割地賠款，訂下不平等條約，並以興建國家海軍之款，供西太后構築頤和園之用；最後如瑞澂以紈袴公子，出任總督，彼並以卑鄙無能，不學無術之丫姑爺張彪（瑞澂丫環之夫，同志間鄙稱為丫姑爺）出任第八鎮統制……用以上之事實，作為宣傳之資料，激發同志們同仇敵愾之雄心，殺身救國之勇氣，人人切齒痛恨，隱忍待發，所以十月十日夜，槍聲一起，響者四應。嗣後之宣傳工作，又轉變方針，重點在鼓吹各省起義，全國回應。所以首義後第三日，即有胡石庵在漢口成立之《大漢報》出版，大事宣傳，新聞版內所刊者，不是說某某幾省同時回應，就是說某某幾省援兵已發；文告欄中所載者，不是某某幾省討逆之檄文，就是某某幾省聲援之函電。將當時革命軍之事實，宣傳得轟轟烈烈，有聲有色。真是天奪其魄，清運該終，使清廷老朽攝政，稚子宣統，聞革命黨而膽寒，閱《大漢報》而心驚。

部隊被革命意識所滲透，當時身處其中的萬耀煌先生記述一般情形是如此：新軍士兵有時頗不顧利害，膽子甚大，在酒店，在運動場都暢言無忌的高談排滿革命，甚至在猜拳飲酒時亦喊「要革命，要排滿，全福壽」，官長不便去酒店，即去亦視若無睹、聽而不聞，其革命風氣之熱烈由此可見。

此種運動與滲透的情形也可由吳醒漢的回憶來印證。他的回憶錄《武昌起義三日記》中說，黃花崗起義失敗後，譚石屏（譚人鳳）於五月下旬到漢，與各同志會商，決定以武漢為發難地。各同志即積極進行，新軍中各有組織，二十九、三十兩標同志組織一將校團及下士班，專為運動，成效顯著。其主幹為蔡濟民、吳醒漢、張廷輔、王憲章、王文錦、徐達明等。其他各方面，工程營熊秉坤、方興等，炮隊孟華丞、徐萬年等，輜重營胡祖舜等，各分組小團體甚多。因時勢緊迫，夏間開同盟會，居正、楊時傑任內務，查光佛、牟鴻勳任聯絡，蔣翊武、劉復基任軍務，吳醒漢本人負責交通交涉。彭楚藩、熊秉坤、徐萬年任各標營代表，這是事發前的組織架構。至發難時，推定蔣翊武為臨時總司令，孫武為參謀長，蔡濟民為參議長，吳醒漢、徐達明、王憲章、張廷輔等為參議，陳磊、謝石欽、潘公復、丁笏堂等人任秘書幹事，鄧玉麟管交通傳達。

黃興等在廣州發動黃花崗起義，當時蔣翊武擬炸瑞澂總督署以為回應，事敗未成，但形成猛烈的助推作用。四川鐵道風潮發生以來，影響遍及全國，人心躍動，蔣翊武又再三說，時機到了，多次密開軍事會，被舉為總司令，遂設樞紐指揮於武漢三鎮。

爆發前的頓挫

孫武試驗炸彈不幸引爆，起義的企圖瞬間暴露。而就在這一天，文學社的蔣翊武也在和劉堯澂（劉復基）商量起義的事，因居正、宋教仁、黃興未到，說話間提到黃興從香港拍來的回電，黃興的意見是聯絡十一省同時舉事，因此武昌舉義事項須推遲等待，但這時步、馬、炮、工、輜重各營的代表以為謠言滿天，形勢迫在眉睫，若不立即動手，恐將噬臍莫及。

武漢方面商量的結果，是改期為十月九號夜半，不料這天下午孫武在漢口俄界寶善裏試驗炸彈，爆裂負傷，被俄警聞知，入宅搜索，導致文告、名冊、彈藥、印信、旗幟等一概搜去。當晚，武昌小朝街張廷輔家亦被破獲，捕去十餘人，彭、楊、劉，以及蔣翊武、龔霞初、陳達五均被逮捕，稍後彭、楊、劉三烈士遂遇害。

於是預定計劃之九日夜未能發動。但在這天夜晚各位同志，仍枕戈待旦，準備通宵，因交通阻滯，致傳達命令之人未能送到。至十日早晨早操，二十九、三十兩標同一操場，正操練時，張彪派其馬弁數人至操場將張廷輔捕去，吳醒漢與張廷輔所在的三十標，蔡幼香二十九標，同在操場，目睹情狀，憤不可遏。收操回營後，萬分難過，因局勢益緊，嚴禁各營官兵互相來往，消息不通，別無善策，而且稍加思索，即可知道他們這些人都在索捕之列。

起義前的不利因素，就是孫武試驗炸彈失敗，隨後劉復基、龔霞初等人被捕，牽涉到指揮機關被破壞，指揮者在荒亂中逃走。十號早晨，清吏即關閉武昌城門，禁止出入，並出告示：按名冊捉拿，就地正法。此告示一出，各同志人人自危，達成共識，與其坐以待斃，不如一死圖之，故這天晚間工兵營之槍聲一響，駐城內外軍隊之同志，同時響應，數小時之間，城內之要隘，盡行佔領。

武昌起義舉事前驚變，哪有空等著您嘩變的呢？出了令人扼腕的茬子，但出茬子未必不是好事。

中午飯後邢伯謙急告蔣翊武，孫武炸彈試驗失手，瑞澂已在佈置逮捕，蔣翊武一聽，半句話說不出，精神一下委頓下來，劉堯澂見此可怕情形，就說不能再等，再等就是等死，他提議當晚起事。於是倉卒作出決定，八月十八日（一九一一年十月九日）本軍於夜十二時舉義，興復漢族，驅除滿虜。約以炮聲為號，命令涉及工程營、二十九標一部、三十標、四十一標、三十二標、馬隊八標一營、輜重十一營、工程十一營、衛生隊、四十二標等部隊，各各分派任務。

本來說要推遲時段，現在突然又決定今晚（十月九日）發動，此時已是下午五點。隨後蔣翊武去找王憲章，安排各要點的炸彈運送，然後他即前往長湖堤西街的龔霞初家中，約到一干朋友，又往小朝街走去。不料在街上被一可疑人員跟蹤，到了機關部門口，張廷輔的岳父開了門，王憲章他們卻找不到蔣翊武了。

這時候是晚間八點鐘，叫了一個唱戲的在樓下掩護，劉堯澂、龔霞初等在樓上密議。這時又有人以暗號方式拍門，打開一看，是彭楚藩。過了一會兒，蔣翊武也來了。九點鐘，王憲章也回來，對蔣翊武說，剛才出門就是為了到外找他，蔣翊武說只等炮聲一響就起事。劉堯澂又從夾牆中拿出炸彈給眾人看，這時各黨人接踵來到機關部，於是大家換裝預備。有的人甚至手舞足蹈，幻想勝利後的美好情景。

時間不快不慢，這是已接近子夜，一班人從視窗看見一輪明月在空，照得大好河山，纖塵不染，當中有人大發感慨，說道「今夜月色的意思，照得各處都是亮的，是要告訴我們無處不是漢族的土地，這樣看來，天予不取，一定反得其咎」（詠簪《武昌起義兩日記》第二章）。

無聲的月光彷彿傳達一種無言的啟示，他們決定加快行動。然而，人算不如天算，就在這當兒，一個姓楊的跑進來，說是運送的炸彈的楊鴻盛出事了！

原來楊先生用籃子提著炸彈，上面覆著大白菜葉，亟亟往工程營方向走去，走到門口，看他匆促緊張的樣子，警衛生疑因而伸手攔他，一邊動手去翻搜他的菜籃，楊先生見勢不妙，陡然間慌亂起來，下意識抽出一個炸彈，就向警衛擲去，慌亂中行事，總是意外居多，這炸彈並未炸著警衛，反而反彈回來，將楊鴻盛自己炸得滿面是血，情急之下，他也顧不得許多，轉身就沒命的跑……這一變故，事關重大，是一個樞紐關節，直接影響大局成敗，然而指揮部的人不知是故作鎮靜，還是智慮未及，總之他們認為不要緊，因為此時已是十一點半，只消再過半小時，那牽動全局的炮聲就會轟響。

他們一班人還在那兒躊躇滿志，卻不料，孫武炸彈誤爆，楊鴻盛炸彈倉促引爆，加上開會時可疑人員的跟蹤，一系列事先策劃時料想不到的意外，導致清兵已陸續出動。指揮部悄然被圍，警兵與武弁直撲指揮部，破門抓人來了。他們圍在張家屋外，把大門打得山響。劉堯澂身手還算敏捷，他一把拉開門，抓起幾個炸彈，就從樓梯口接連向那些人拋去，不料雖然聽到轟響，卻未能將對方炸倒，原來他們為了避免孫武的炸彈事故，謹慎起見，炸彈的門釘已抽出，所以爆力很小。劉堯澂雙拳難敵四手，遂被捉拿。彭楚藩從後窗跳下，就給一群軍警圍住，他情急喊道：我也是來捉人的，你看到沒？我是憲兵！軍警將手燈一照，見他是個憲兵裝束，才不作聲了。樓下張廷輔的妻子、僕人都被捕走。

原定的午夜鳴炮作為全面行動的起點，就這樣意外打破了，武昌舉義前夜的意外，可以說是意外中的連環套，亂象紛呈，能否乘亂破解呢？蔣翊武也被抓住，他謊稱自己只是一個圍觀者，軍警也不信他，把他關在花園，那軍人看他們長袍馬褂，像是教書先生，遂到前面打電話，蔣翊武立即翻牆逸脫。

詠簪先生歎道：「媧皇無術，情天莫補；精衛有心，恨海難填」，就是針對辛亥革命前夜的重大變故而發的，可憐龔霞初、劉堯徵（劉復基）等人給抓到總督署中去了。

原定的十二時起事，毫無動靜，各部隊等得焦急，又已過了漫長的三個鐘頭，這時已是凌晨三時，原來其間又有料想不到的事，在十二點鐘前，步、炮、輜重等營中，接到了張彪的油印傳單，警告各營官兵不得輕舉妄動。

清廷的鷹犬在部隊發送傳單，而在機關部派往炮隊送信的人，卻一出門就渾身戰慄，左看右看，好像滿街都有眼睛在盯他，於是越想越怕，又看到兵營的門關著，心想萬事皆休，乾脆轉身跑到他親戚家躲藏去了；至於命令傳送，給他忘到九霄雲外，兵營中因中各處炮聲啞然，一時不知何以自處。這樣眼巴巴望著，直到大天亮還沒有絲毫動靜，這時已是十日的早晨了。

頭一夜抓到的軍中革命黨，由總督瑞澂審理，但這傢伙被黨人歷年的暗殺嚇破了膽，此時雖將對方五花大綁，他還是怕到渾身顫抖，自己跑到臥室中躲起來當縮頭烏龜，卻叫他的參議、也是督練公所總辦的鐵忠，武昌知府雙壽，公所文案陳樹屏這三人出面，在會議廳代他審訊。

其中，審理彭楚藩時，也問得怪。鐵忠問他，是否革命黨，彭先生答道，不錯，正是！又問怎麼地便要革命，彭答：我且問你，我們漢族的江山，被你們這些滿鬼蹂躪這些年代，怎麼還不革你的命？鐵忠噎住，呆了半晌，說道：我看你的樣子，本是一個憲兵，你只怕不是革命黨吧！彭先生當下大怒，說道：你說我不是，我就不是嗎！我只曉得以排滿為宗旨，你說我是什麼？

這一天夜裏到天明，掙扎中的專制王朝殺了三個黨人，彭楚藩、劉堯澂（劉復基）、楊鴻盛。至於龔霞初、牟鴻勳等人，則枷送江夏模範監獄中去了。辛亥革命的前夜，出了三大英雄彭、劉、楊。烈士被害前各有留言：

彭楚藩烈士：要殺須便殺，何必多講，唉，只是你們這些滿奴呵！

劉堯澂烈士：同胞們，大家努力，唉！可憐我這造孽的同胞啊！

楊鴻盛烈士：好，只管殺，我只怕你們也有這一日呢！

十萬火急　部隊打響第一槍

指揮部出事，指揮樞紐癱瘓，軍營裏面的情形又如何呢？萬分危急、無所適從，實在也如同火上煎迫一般。

按照清廷的防備，此時兵營裏面實行槍支和子彈分離的制度，在中和門內第八鎮所屬工程第八營營房裏，該營黨人總代表、新軍後隊正目（相當於班長）熊秉坤等人的預定任務是奪取軍械所，佔領財政交通機關，先前，楊鴻盛運來五盒子彈。當時營長得到命令特別戒嚴，就是解大小便也不許出門，部隊軍官和衛兵親信等人荷槍實彈，把這些要起事的人視為大敵，但是軍官當中也有潛伏的革命黨，所以他們也盜運了大量子彈，過了一會兒，不利的消息傳來，說是楊鴻盛被捕了，這是因為他去送炸彈的時候被發現，出師不利，反而把自己炸傷，就是九號的晚上，時鐘鳴了十二下，竟然毫無動靜，只能在焦急當中等待。

一直到十號的早上，當時三烈士被殺的消息被傳開來，都是熊秉坤的好朋友，他得知這慘痛消息，心知最後關頭業已到，或者束手就擒，或者死裏求生，於是決定另行策劃起義的路徑。他想，他們這批實力軍人，手中握有不少的兵力，決不能坐以待斃，指揮機關既然已遭破壞，失卻功能，再等下去也是空的，當務之急是要使各個軍營之間取得聯繫。

早飯後，熊先生派李澤乾到各個機關觀察，結果不妙，都被查封了。他就集合了各隊的諸位同仁秘密商議，決定由他的工程營首先發難，因為他們佔據著軍械所，可以說是握有全軍命脈，有舉足輕重之勢，他又警告其他人說，你看昨晚已經開始到處殺人抓人，我們的名冊已被他們取得，不早動手後悔莫及。大丈夫今日造反是死，不造反也是死，死就要死得驚天動地，你看那徐錫麟、熊成基，你再看那黃花崗的七十二烈士，就是我們最好的榜樣。於是安排了下午和晚上的兩個應急方案。

因為清廷實施子彈和槍械分離的防備手段，所以儘量鼓勵信得過的同志偷運子彈。這個盜來幾盒，那個盜來幾十發。第一個方案本來是十日下午三點例行出操後，順勢就幹起來，誰知到了三點鐘，整個湖北所有駐軍被通令一律停止出操，可見清廷的防備也是一環扣一環的。於是這個計畫就付諸流水。

傍晚時分，隊官羅子清問熊秉坤，說外面風聲很緊啊，是不是有什麼大事發生啊，熊秉坤未及回答，姓羅的又問他，你是孫中山的人嗎？熊秉坤見他問得唐突，乃正色道：革命黨派別不同，但總的主盟者除了孫中山還有誰呢！姓羅的又問，那你們能成事嗎？熊秉坤答，各省的革命條件早已成熟，現在湖北第八師（即第八鎮）為天下第一，今天第八師發出倡議，天下不會有不回應的。羅子清聽他這麼暢達深沉的說話，表現出佩服的樣子欣然而去。這時已過了晚上七點，熊秉坤命令士兵作戰前準備，並煮飯炒菜大吃一通，並宣佈，若有軍官異動、或想逃跑，應予即刻扣押。

這個時候，一個名叫陶啟勝的排長，竟然逆天道而行，全不顧三番五次的警告，率領兩個衛兵就奔向營內熊秉坤的住舍，企圖先發制人，他盯著熊先生的衛兵金銚龍說，你們想造反嗎？金銚龍早已火燒火燎，應聲回答，老子就想造反，能怎麼樣！話沒說完，兩人就揮拳扭打起來，金銚龍被對方壓在地上，情急之下大叫：大家不動手更待何時，他的戰友聞聲轟然而起，疾步跑來，提起槍托就向陶啟勝的頭部錘擊。

陶啟勝搖晃站起還想掙扎逃跑，士兵陳定國舉槍對準他，毫不猶豫就摳動扳機，情急之下的這一槍，打中他的腰部。

這就是辛亥革命的第一槍。

關於第一槍的辯證，也有爭論。尹呈輔先生〈參與辛亥武昌首義之回憶〉嘗謂：武昌首義第一槍到底是誰放的？這可能是歷史上一個謎。一般記載均認為第一槍是工兵營的熊秉坤放的。但在民國三十五年（一九四六），首義同志會開會時，呂中秋卻認為第一槍是他放的。會中熊秉坤與呂中秋兩人均在場，呂是個粗人，為了誰放第一槍問題，兩人吵起來，呂破口大罵，並賭咒說：「我的屁股把給別人做臉，第一槍是我放的，槍是我打的，功卻被人領去！」至於第一槍他是怎麼放的，當時未問過他。為什麼說這是歷史上的謎？這得先研究當時的實際情況。其時排長以上才有掛錶，一般老總們連掛錶都沒有，因此，時間之先後就很成問題。此其一。就地點言，有的在工兵營放第一槍，有的在炮兵營放第一槍，雖然都是第一槍，但到底誰先誰後，就很難考證了。此其二。

而萬耀煌先生〈辛亥首義答客問〉一文，則對此回憶有所辯證，關於武昌首義第一槍問題，談到，首先發槍是熊秉坤，抑是金銚龍？萬先生認為：首先發槍的固是金銚龍，而該營代表係熊秉坤，對付排長陶啟勝而發槍起義，是數人集體分工的動作，謂金銚龍首先發槍與說熊秉坤首先發槍，均無不可，蓋有禍同當，當時均爭先發難也。

到了武昌首義的三年後，即一九一四年在日本，中山先生曾指著熊秉坤，向各位同志朋友介紹說，「這就是武昌首義放第一槍的熊秉坤同志啊」（見《孫中山年譜長編》五五三頁）。大概萬耀煌先生即採此說。說熊先生打響第一槍，可視為廣義的第一槍；至於狹義的第一槍，還得歸於陳定國。

至於曹亞伯《武昌起義》寫到此環節，有謂「是晚七時，工程營後隊排長陶啟勝查有該排兵士程正瀛槍內裝有子彈，又查有該排副目金兆龍亦擦槍裝彈。遂傳諭：金兆龍為何如此。金兆龍曰：準備不測。陶啟勝大怒，謂：爾輩豈有此理，預備謀反，這還了得，立命左右與我綁之。金兆龍云：今日之事，乃我為政，今日之人，俱我同胞，誰也不能綁我。而程正瀛在後即用槍柄向陶啟勝頭腦猛力一擊，腦即擊破，立時倒地……」（近代史資料叢刊《辛亥革命》第五卷，一〇六頁）此說和熊秉坤敘述出入較大，而曹氏並非在此現場，卻說得活靈活現，近乎演繹，實為臆想，而武昌首義之第一槍，卻鬼使神差，褪隱消於無形，差之毫釐失之千里，史料採擇，能不慎乎！

一槍引得萬槍發

再說那個陶啟勝掙扎逃出軍營，次日還是死於家中，大廈將傾時節，作為清廷的爪牙，他的這一挑釁毫無意義，死得自然價同鴻毛。但他的衝動所引發陳定國的這一槍，卻引起了全營的震動，不明就裏的兵士紛紛舉槍亂射，槍聲炒豆似的，響了好一會兒，熊秉坤當即率隊和其他隊官向外出擊，這時又有一個姓阮的營長率衛兵反抗，並大放厥詞，嘶喊著勸告大家不要反對大清朝，說是那會家破人亡的。陳定國哪容得他的胡言亂語，當即就舉槍連發射擊，將這阮營長和他的兩個衛兵打死。這時軍需房已被起義的士兵打開，裏面錢物不少，有人見利動心，一個士兵相當機警，他怕錢物搶掠壞了大事，就順勢將照明的油燈推倒在文件上面，瞬間引起大火燃燒，於是熊秉坤順利帶著人馬殺出營門。到了十五協的西門，朝天開三槍，這是預先約定的暗號，意思是叫他們也可以出動了。到了千家街與一隊旗兵對峙，雙方怒目相視，但沒打起來，這時看到北面火光熊熊，知道是別的軍營也開始發難了。

原來，那是二十一混成協輜重工程營開始行動。十日的傍晚六點鐘，主營志士看見到處抓人，再不出動，不免死無葬身之地，於是，三十標的方維、謝泳泉、彭紀麟，孤注一擲，冒險翻牆而出，潛往各營通知起義。工程營的馬榮、熊秉坤也奔忙著四處通知。

十號白天正換班，二十九標二營係蔡幼香（蔡濟民）值日，三十標一營係吳醒漢值日，三十標二營是徐達明值日，於是他們決定死中求生，非幹不可。議定晚上點名的時候幹起來，由吳醒漢率三十標各營佔領楚望台軍械局，轉道進攻總督署左翼。蔡濟民帶二十九標各營進攻總督署右翼，然後儘量在同時和工程營、炮隊相呼應。商量完畢，各自回到兵營準備。

到了七點半的時候就聽到工程營響起了槍聲，二十九、三十兩標的營房裏面槍聲響個不停，於是吳醒漢就衝出營房吹笛站隊，士兵持槍集合，為了穩妥起見，吳醒漢就叫來心腹士兵衝到軍械室，派了四個人守門，把子彈儘量多地發給漢兵，而旗兵顆粒未得，這些旗兵也不敢來爭奪，大門洞開了，士兵蜂擁而出。向楚望台進攻時匯合了大隊人馬，工程營吳兆麟已經帶人到達。走到金水閘時，總督瑞澂派有消防隊把守，這班烏合之眾慌張惶急，遂拼命放排槍，起義部隊犧牲了幾個人，於是又折回楚望台，跟蔡幼香、高尚志重整隊伍，向蛇山方向行進，經過黃土坡時又匯合一隊人馬，於是和蔡濟民等人分別進攻總督署。

張任民〈我參加辛亥武昌起義憶述〉（載《春秋雜誌》總第三二九期，一九七一年出版），當時他由廣西陸軍小學升入武昌陸軍中學，這一期共有一百六十餘人，因逢時會，竟獲得了親身參加武昌首義的機會。說是在十號夜間九點鐘，他們這一班年輕人正上自習課時，突然聽到在學校隔鄰，轟隆一聲巨響，炮彈飛向半空，課室的玻璃窗門都被震動，此時便有幾個同學跳上課桌，大聲叫喊著：「同學們，果然機會來了，不可錯過啊！」未幾，炮聲繼續大作，一連轟射了二三十發，此時全校秩序已經大亂，各隊長及值日官高呼：「維持秩序，聽候命令。」雖有少數同學，遲疑觀望，未作表示，但終因大勢所趨，仍然隨眾湧出課室，到處只見人群聚集，議論紛紛，官長喊破喉嚨，已沒人理他了。

再說工程營的一撥人馬前往軍械所，得前營長李克果指點，向空中發彈，將守衛五人嚇走，於是得到足夠彈藥。熊秉坤帶隊在此和吳兆麟等匯合，眾推吳兆麟為臨時指揮官。命令左隊原排長鄺名功帶一隊，前隊原排長伍正林帶一隊，夾攻總督署。不一會兒蔡濟民亦帶隊前來參戰，合力進攻總督署。同時金銚龍、徐萬年等人推著幾台大炮過來。當炮隊入城，楚望台、蛇山等處的炮擊開始以後，戰局出現轉機，新軍各標營更多的士兵起義回應，營以上軍官絕大多數見勢不妙，紛紛換裝逃竄。起義軍快逼近督署時，湖廣總督瑞澂慌忙鑿開本來沒有門的督署後牆，連滾帶爬，經過文昌門後，逃往楚豫號軍艦。督練公所總辦鐵忠尚欲頑抗，呼叫各部軍官組織可靠兵力保衛督署，會剿起義士兵，就在這時，督署簽押房被炮彈擊中。鐵忠見大勢已去，也慌不擇路，緊隨瑞澂奔竄而去。張彪率部抵抗一陣後，也溜出城外，逃到劉家廟。

但攻擊總督署的部隊攻勢不佳，是因為夜深天黑，射擊目標模糊，炮兵無法瞄準，就臨時購得洋油數桶，將一堆木料燃燒起來，明火熊熊，總督署的目標在火光中變得很顯眼。大家說，今夜不攻破，明天會有大麻煩，於是藉著火光瞄準，步、炮、工兵合力開炮轟擊之。

在吳醒漢這邊，十號七點鐘，外面槍聲響了三下，各營的同志就破門出發，有的攻打衝署，有的衝擊張彪衙門，有的包抄消防隊，炮隊也從城外接入，人多勢眾，攻勢猛烈，滿清的大小官奴，驚駭萬狀，四處奔逃。八點鐘，吳醒漢、吳兆麟、馬明熙、徐達明、鄭樹林、蔡濟民等，就在楚望台集中，商議推舉都督以統民軍，出告示以安人心。十一日凌晨開炮攻擊的時候，進展也不利，指揮官伍正林損失大炮兩尊，就想自殺，被人勸阻。不久闕龍、三十標彭紀麟都來增援，這才加強了攻勢。

槍口下出任軍政府都督

凌晨又有四十多名測繪生來參戰。黎元洪的馬弁來說，黎先生本人天明將親來楚望台。熊秉坤就問他，來作對？還是來匯合？馬弁說不曉得。東方漸露魚肚白了，督署尚未拿下。因敵軍實力甚強，計有輜重第八營、教練隊兩營、巡防三營、消防隊一隊，統制張彪衛士一排，機槍兩排，總數計二千人以上。黎明時分，黎元洪來了，他能到來，實由馬榮、楊啟發等共同苦口婆心的敦促，因為原來馬榮他們巡察到黎的住宅時，看到有販夫走卒抬著皮箱往外躡蹤而走，鬼鬼祟祟的，懷疑是盜賊行竊，於是就趨前盤問，那些人回答說係奉黎統領之命搬走，於是他們就去見黎元洪，懇請再三，黎氏才扭捏出見，他說，我帶兵十幾年了，我對你們也算不薄，為什麼要使我難堪呢？這些下層軍官就說，我們並無惡意，而是要請您出來主持大事，黎元洪說，革命黨人才濟濟，要我幹什麼？原來這傢伙看見形勢不對，就想攜帶金銀財寶逃之夭夭。於是馬榮就說，形勢危急，你要依從我們呢，就活下去；否則就是一個死！請長官自己選擇！黎元洪又說，哎呀，那你們要我怎麼辦呢？！這些人就說要他到楚望台。這時候，他說，那裏不是吳兆麟在指揮嘛，他的軍事深厚，還要我幹嘛，他還想抵賴推託，眾人不管這套，推的推，拉的拉，就把他帶來了。這時，督署也被攻下，瑞澂、張彪、鐵忠均已倉皇出逃。總督署及第八鎮司令部遂為義軍所攻克。

關於瑞澂的逃逸，近日在四川出版的《看歷史》雜誌（二〇一〇年六月號），看到一則文論〈瑞澂之走〉，作者張鳴先生寫道：「此時的瑞澂，如果能夠鎮定一點，親自率軍抵抗，群龍無首的暴動者能否成功，實在是未定之數，哪怕他學葉名琛，來個不死、不降、不走，結局也許會有點不一樣，至少，統制張彪的抵抗，會更賣力一點。起義的親歷者曹亞伯說：瑞澂若不走，督府之教練隊必不退……起義成敗還真難說。」

此說甚是迂闊，瑞澂身處火線，他憑直覺，趕緊逃跑，還算聰明，膽敢留下，他的結局一定不妙，一定是和他的前任端方一樣，死於非命。蓋此場起義帶有士兵嘩變性質，在這樣的場合，具有相當的非理性。起義的士兵處於慌張之中，其心理必為一不做二不休所佔據，二十四小時之內彭、劉、楊三烈士的人頭還在他們眼前晃著，這是一個可怕的暗示，焦點是你死我活。所以若是捉到瑞澂，不可能留下他這個禍害和兇手，所以今之論師，大可以設想瑞澂不降、不走，然而不死，就由不得他也。也即不可能給他留下他反撲的機會。在那極度的緊張時分，告饒、下跪都不太好使。端方的求饒可謂誠懇，可憐、甚至挾著錐心之痛，怎麼樣呢？照樣小命不保。張任民先生〈我參加辛亥武昌起義憶述〉，回憶他以陸軍中學學生資格，參與起義，親眼見到不容分辯的肉體消滅。他說：「當時局勢劇變，人性橫決，且因屬民族革命，所用口號，乃『興漢滅滿』四字，故在那三幾天內，武昌城內外無辜被殺戮者，不下千數百人」，更可為明證和佐證。

萬耀煌先生當年從上海趕回湖北，參加武昌革命。在他晚年，歷史學家郭廷以先生訪問他，特別問道，瑞澂、張彪要是不急著逃走，情形會怎樣？萬先生斬截答道：「以當時情形，瑞澂、張彪若不走，只有被殺，決不會起什麼作用。」（《萬耀煌口述自傳》四十頁，中國大百科全書出版社）簡言之，氣氛使然也。絕不會有第二種可能。

至於曹亞伯的言論，虧他還是參加者，他的頭腦是糊塗的，結論是荒謬的。當時的清軍軍官，能跑的都跑了。事實是，當南湖炮隊入城，楚望台、蛇山等處的炮擊開始以後，戰局出現轉機。新軍各標營更多的士兵起義回應，營以上軍官見勢不妙，為著保命，大多溜之乎也。至於曹亞伯本人的事後回憶，辛亥老人吳醒漢嘗予以痛斥，他認為，武昌首義三日內情形，真正知道的人，並不多，所以事後二十來年時間，寫回憶錄的、寫演義的，大多含含糊糊，甚至落筆茫無根據。尤其是曹亞伯顛倒是非，最為可憎，他寫道：「曹亞伯所編之《武昌革命真史》，荒謬絕倫，雖經中央明令禁止發行，然亦不無影響。其一：本人既非身與其事，又未與湖北首義同志商量，受私人金錢之利用，將投機官僚所載之文告新聞，認為真史。其二：把工程營全營官兵名冊，列作首義人名單，真正首義同志，一概抹殺。其三：把工程營發難時反抗革命被殺之督隊官阮榮發，侵吞軍餉被槍決之方定國均列在首義名冊內……」至於曹亞伯所推崇備至的吳兆麟，當時是在看守軍械局，當工程營打到這裏時，他們駭得要死，吳醒漢率隊到達楚望台，他們還想逃走，「余推開兵士向吳（兆麟）等喊話，吳呆若木雞，不能言語……將攜帶手槍及身著軍服，概交給與我。其驚駭之狀，可想而知。經余再三解說，並派兵保護，始稍心安。」而吳兆麟所得革命報酬，遠過於他所付出的微勞。曹亞伯種種荒謬記述，吳醒漢等認為曹氏「把辛亥首義真正同志，污辱殆盡……曹之顛倒是非，喪絕天良，可謂至極矣。」（引文，見《中國近代史資料叢刊》，《辛亥革命》第五卷，八十——八十四頁）。

至於黎元洪的表現，在吳醒漢的筆下，則是這樣的情形：到了天亮，也就是十一號的早晨，總督瑞澂及張彪都潰退逃跑，這一帶的敵人已掃除乾淨，於是就派二十九標二營下面的一個排長王志超帶人前去歡迎黎元洪，又派李青山等人搗毀電線，而吳醒漢本人則到諮議局找湯化龍佈告安民，隨後，他又趕往蛇山。這時候，遇到和他同一部隊的管帶郜翔宸帶領旗兵一個營相遭遇，兩人見面怒氣衝天，那位管帶責備他不該帶隊出走，雙方怒目相視，交相責罵，吳醒漢身邊只有五十位士兵，論人數處於劣勢，但他們驍勇善戰，子彈上膛，又剛從前線回來，所以對方也未敢發作，於是得以整合隊伍，往小東門方向擊退旗兵兩隊，又下令炮隊向其轟擊，此時已是早上九點鐘，從昨天傍晚他率領一小批勇士迴旋於武昌城中到這時候，可謂成敗即於剎那間，於是他趕到諮議局，恰好黎元洪也來到這裏，蔡幼香也在座，草擬安民告示，讓黎元洪簽字的時候，他還猶豫不決，此時，諮議局的守衛人員陳磊就用槍指著黎元洪的頭罵他，「生成滿清奴隸不受抬舉」，另一個守衛也舉槍指其頭，吳醒漢就攔住他們兩個的槍，又對黎元洪好言相勸，他才簽了名。

張任民〈我參加辛亥武昌起義憶述〉（載《春秋雜誌》總第三三九期，一九七一年出版），回憶這天早晨的情況：「陸軍中學生全體進入武昌城時已在早上八、九點鐘了，當日天氣晴朗，氣候仍熱，革命總部再派人傳令，著我們先赴楚望台領配子彈。於是，全校同學乃又奔往楚望台。此處乃蛇山山脈近城一處高地，湖北省軍械庫即設於此。當時庫門已大開，由各同學任意攜取子彈。我們同學所用的步槍，即是漢陽兵工廠所造的七九式，在學校時，校中管制子彈非常嚴格，若非射擊靶子，不能得一顆試放。此時在楚望台領子彈，可謂從心所欲，各人儘量攜取，除皮彈盒裝滿之外，連衣褲口袋裏也都塞滿了，有的同學裝到連走路都不方便，現在想起，真是小孩子的可笑行動。」

正當他們興高彩烈領子彈之時，突然空中大炮彈的轟隆聲，破室而來，自他們頭上飛過，一連數響，都是射到附近爆炸。原來革命軍雖已佔領了武昌，但是長江的海軍，並未附義，仍與陸軍處於敵對狀態，兵艦在江面上，發現楚望台軍械庫前，聚集眾多部隊，竟開炮轟擊，深幸數彈並未命中，否則這些學生在暴露之下，死傷之況，將不堪設想，但當炮彈射來時，官長即叫他們快些伏下，當場由高坡滾下山腳去的同學亦達百數十人，飽受一場虛驚！

一朝碧血，萬世白虹

十一日，黎元洪出任都督，革命同志因為人才太少，他們的目的就是要推翻滿清，對於漢人的官僚則相當信任，這就是黎元洪得以盤踞高位的原因。而辛亥革命假如要說失敗的話，其原因也在此，凡是稍有名氣、稍有能力的人都得到了推舉，而不管其是否魚龍混雜。

事後，黎元洪問，現在事情鬧到這個地步，總督瑞澂和統制張彪又沒有抓到，你們將如何善後啊？事情鬧大了，現在不好收拾了。黎元洪又說，他們如果帶兵反撲，水陸並進，尤其是海軍來進攻，我看你們該怎麼辦？鄧炳三說要退到湖南去。黎元洪說，這有什麼把握呢，還不如由我去說服瑞澂、張彪，你們也低頭認罪，讓他們對你們免於追究，怎麼樣？眾人說，我們今天起事，肝腦塗地，在所不惜，哪有低頭的道理！黎元洪歎息說，我這老命一條，最終會怕你們給玩掉吧。到了諮議局，議決組織軍政府，共推黎氏為鄂軍都督。黎元洪害怕得要命，王安瀾在旁邊悄悄拉扯他的衣襟，叫他不要答應，眾人怒不可遏，拔槍就要殺掉王安瀾，黎氏又抹著眼淚，再三的為他懇求，才饒他一命。於是就以黎元洪的名義發佈佈告，成立民政部、軍務部、參謀部、財政部、交通部、司法部等等。

黎元洪當時也是夾在起義士兵和清廷地方大員之間，他怕萬一清廷組織人馬反撲得逞，那他就死無葬身之地了。確實，瑞澂逃往軍艦後，並未放棄掙扎，他立即設法聯繫德國駐漢領事，要他下令開炮轟擊起義軍，但德國人敬謝不敏了，理由是不能單獨行動。又找法國人，法國領事說，這些起義的士兵崇拜孫中山先生，係受命發難，而孫先生是革命黨，他是以改良政治為目的的，豈能像對付義和團那樣加以干涉呐！

西方人畢竟還算明理，他們決定袖手旁觀。瑞澂的妄想落空了。

再說蔣翊武逃脫後，跑到蔡雲舫家中，同志中人不少聚在這裏，於是得知昨夜的變故，半晌無語。彭、劉、楊三烈士遇害，這時偵騎四出，滿城抓人，消息難通，草木皆兵，蔣翊武見此，只得和同志分途出走，到了武勝門外，四顧淒涼，大有末路窮途之感，跳江自殺的念頭都有。這時一個渡船過來，他便上船欲往安陸，在舟上孤苦伶仃，饑餓來襲，悲傷得差點哭出聲來，江聲滔滔，不覺睡去，醒來時發現自己躺在岸上，褲兜裏揣著僅有的幾塊錢盡被扒手掠去。

《武昌兩日記》的序言總括武昌首義的事功，寫到：「乾旋坤轉之日，山高水長之風，非偶然也。傷神州之陸沉，不勝摘瓜抱蔓之感；睹祖國之慘狀，時興深耕溉種之歌。海外奔走，足胝手胼，國內呼號，舌焦唇敝。必流三大英雄之血，復九世祖宗之仇，不料事機中泄，於焉視死如歸，愈接愈厲，不激不鳴。大河以南，尚之北索，然其得以收復舊物，建築新邦者，長江實基此百餘萬權一刻千秋也。絲繡平原，繪象麒麟之閣，銅鑄范蠡，勒銘清廷之碑，可謂一朝碧血，萬世白虹矣……」

隨後，即以湖北軍政府都督黎元洪名義，向全國發佈武昌首義佈告：

粵維我祖軒轅，肇開疆土，奄有中夏，經歷代聖哲賢豪之締造，茲成文明古國。凡吾族今日所依止之河山，所背服之禮教，所享受之文物，何一非我先人心血頸血之所留遺，故睹城邑宮室，則思古人開土殖民之惠；睹干戈戎馬，則思古人保種敵愾之勤；睹典章法制，則思古人貽謀教誡之殷。騰譽華聲，世世相承，如一家然，父傳之子，祖衍之孫，斷不容他族干其職姓。

何物胡清，敢亂天紀，挽弓盤馬，竟履神皋。夫胡清者非他，黑水之舊部，女真之韃種，犬羊成性，罔通人理。始則寇邊抄虜，盜我財物，繼則羨我膏腴，耽我文繡，利我國土，遂窺神器。惟野蠻之不能統文明，戎狄之不能統華夏，少數之不能統多數。故入關之初，極肆凶威，以為恐嚇之計。我十八省之父老兄弟諸姑姐妹，莫不遭逢淫殺，靡有孑遺。若揚州，若江陰，若嘉定，屠戮之慘，紀載可稽。又復變法易服，使神明衣冠，淪於禽獸，而歷代相傳之文教禮俗，掃地盡矣。乃又焚毀書籍，改竄典冊，興文字獄，羅織無辜，穢詞妖言，尊曰聖諭，戴仇養賊，謬曰正經，務使人人數典而忘其祖。是其害乃中於人心風俗，不但誅殺已也。

嗚呼同胞，誰無心肝？即不憶父老之遺聞，且請觀夫各省駐防之誰屬，重要之職權誰掌，其用意可揣知矣。二百六十年姦淫苛忍之術，言之已不勝言，至今日則發之愈遲，而出之愈刻也。今日者，海陸交通，外侮日急，我有家室，無以圖存。彼以利害相反，不惜倒行逆施。故開智識，則為破其法律，尚技術，則謂擾其治安。於是百術欺愚，一意壓制。假立憲之美名，行中央集權之勢，藉舉新政之虛說，以為搜刮聚斂之端。而乃日修園陵，治宮寢，賚嬖佞，賞民賊，何一非吾民之膏血。饑民遍野，呼籲不靈，哀鴻嗷嗷，是誰奪其生產而置之死地。且矜其「寧送友邦弗與漢族」之謬見，今日獻一地，明日割一城，今日賣礦，明日賣路。吾民或爭持，則曰干預政權，曰格殺勿論。甚且將吾民自辦之路，自集之款，一網而歸之官。嗚呼！誰無生命，誰無財產，而日託諸危疑之地，其誰堪之！夫政府本以保民，而反得其害，則奚此政府為！況乃淫德醜類，有玷華聲耶？

本軍政府用是首舉義旗，萬眾一心，天人共憤，白麾所指，天裂山頹。故一二日聞湘、鄂、贛、粵，同時並舉，皖、寧、豫、陝，亦一律回應。而西則巴蜀，已先克復，東南半壁，指顧告成。是所深望於十八省父老兄弟，戮力共進，相與同仇，還我邦基，雪我國恥，永久建立共和政體，與世界列強並峙於太平洋之上，而共用萬國和平之福，又非但宏我漢京而已。將推此赤心，振扶同病。凡文明之族，降在水火，皆為我同胞之所必憐而救之者。

嗚呼！機不可失，時不再來。想我神明貴族，不乏英傑挺生之士，曷勿執竿起義，共建鴻勳，期於直抵黃龍，敘勳痛飲，則我漢族萬萬世世之榮光矣。我十八省父老兄弟其共勉之！

連鎖反應　各省獨立

武昌起義後，清廷派兵南下鎮壓。兩軍對峙期間；陸續就有各省的光復，隨後十幾天二十天中，上海、蘇州、廣西、安慶、福建、杭州、廣東、山東、成都、甘肅相繼光復。

武昌起義，兩天旋轉乾坤，遂在全國產生連鎖反應，各省革命黨人紛紛行動起來。至十一月底，全國宣告獨立、脫離清政府的有十四省。北方未獨立各省，有的地方是清王朝統治較強，如直隸、山東、河南；有的遠在邊陲，革命黨勢力較弱，如新疆、奉天。這些省份也不平靜，革命黨仍然盡力組織一系列武裝起義。武昌事起，立憲派也紛紛表示贊成革命，這也加速了清政府的崩潰。各地民眾在起義發生過程中表現出異乎尋常的熱情，中國政治生態出現前所未有的沸騰局面。

十月二十二日長沙光復，湖南共進會會員焦達峰、陳作新，按照預先與共進會立下的相互回應起義的約定，以會黨和新軍為主幹，在長沙發動起義。湖南巡撫余格誠逃走，巡防營統領黃忠浩被斬首。起義軍宣佈成立中華民國湖南軍政府，推舉焦達峰為都督（後為譚延闓），陳作新為副都督，並發佈〈討滿清檄文〉。湖南獨立，武昌起義發生時，形勢尚不很明朗。原任湖北諮議局議長湯化龍，他就對湖北自治研究所長張之本說，武漢是開闊之地，與湖南、江西、河南為鄰，這些地方的清軍要來鎮壓可謂朝發夕至，如果交通切斷，米薪難以為繼，民軍的威脅就大了，將來必失敗無疑。但張之本和他的看法不同，張先生說，若從純軍事眼光來看，應有此種顧慮，但從人心向背而論，則形勢迥然不同。以近事而論，川省鐵路風潮激蕩，鄂軍受調赴川鎮壓，遂促成此次起義，似此類推，若鄰省軍隊來此，亦必反正助我。革命乃非常事業，不好以常規來推測。湯化龍說，怕不會這麼簡單吧？談論至深夜時，軍政府秘書持電文至，乃湖南省回應獨立，推焦達峰、陳作新為正副都督，九月一日（即新曆十月二十二日）電請湖北省官錢局，援助軍款，漢陽槍炮廠供應彈械，湖南省願以米煤交換。大家聞之欣喜，湯對張說，哎呀，這麼快！被你言中。湘軍統帶王隆中率防營，甘興典率新軍自湘來援，武漢形勢益固。

十月二十三日，江西同盟會會員林森、蔣群、蔡蕙等人策動九江的新軍舉行起義，勝利後即宣告獨立，次日成立九江軍政分府，推舉第二十七混成協第五十三標標統馬毓寶為九江軍政分府都督。

十月二十五日，西安光復，陝西同盟會會員井勿幕、錢鼎、景定成等人同陝西哥老會聯合，發動會黨和新軍的革命分子同時起義，經兩天激戰控制西安，護理巡撫錢能訓逃走，西安將軍文瑞投井自殺。都督張鳳翽。

十月二十九日，太原光復，都督閻錫山。

十月三十日，雲南光復，雲南同盟會會員李根源聯合新軍標統蔡鍔、羅佩金及管帶唐繼堯等人率領新軍發動重九起義，次日佔領昆明，成立雲南軍政府，將雲貴總督李經羲禮送出境，推舉蔡鍔為都督。

十月三十一日，南昌同盟會會員蔡公時等人率領新軍發動起義並獲成功，建立江西軍政府，推舉李烈鈞為都督。

十一月三日，上海同盟會、光復會等團體領袖陳其美、張承櫆、李平書、李英石、李燮和等在上海發動武裝起義，青幫洪幫敢死隊、上海商團武裝、吳淞地區起義軍警以及朱家驊、徐霽生等人組織中國敬死團，次日攻佔江南製造局，上海光復；八日，成立中華民國軍政府滬軍都督府，推舉陳其美為都督。

十一月四日，貴州革命黨人張百麟等的領導和發動新軍和陸軍學堂的學生舉行起義，隨即攻佔貴陽，成立大漢貴州軍政府，推舉貴州新軍第一標教官兼陸軍小學堂總辦楊藎誠為都督。

十一月四日，浙江光復會會員駐杭州新軍八十一標標統朱瑞，同盟會會員新軍八十二標軍官吳思豫、呂公望、蔣百里、蔣百器、楊廷棟、吳肇基人等，及光復會王文慶率領從上海趕來的敢死隊發動起義，周承菼統八十二標和同盟會蔣介石、光復會尹銳志（女）所屬敢死隊攻佔撫台衙門。武昌起義後，陳其美接到中部黨人希望全國回應的急電，立即籌畫上海起義，致電在日中國留學生，即刻啟程回國革命。當時蔣介石和張群、陳星樞等人，正在長崎，立即請假往東京，然後登船回國。十一月一日，前往杭州運動新軍，將八十一、八十二彪作為起義軍主力。擬定計劃，準備大動。次日返回上海，從陳其美處領取起義經費，招募敢死隊一百人，並寫家書向長輩長兄等告別。三日回杭州，將敢死隊分為五個編組，於城郊藏匿。當天上海宣告獨立，推陳其美為護軍都督，到次日的夜晚，杭州發動了。蔣先生率敢死隊並兩標新軍義軍突進，以炸彈摧毀巡撫衙門，生擒巡撫增韞，包圍並佔領軍械局。第二天也就是五號夜晚，杭州全城為起義軍所有。推舉前諮議局議長湯壽潛為都督。蔣先生回到上海，被任命為滬軍第二師第五團團長，維持上海治安。他嘗說，當時的革命觀念，第一在於推倒滿清，恢復中華，第二在為民抱不平，解決社會問題，沒有絲毫權位利祿的掛礙。

宣統三年九月十五日（一九一一年十一月五日），江蘇巡撫程德全和地方官紳合謀，以要求程德全反正名義，新軍馬、步、輜重隊「一律袖纏白布，直達巡院」，程先生本人順勢宣佈，「當此無可如何之際，此舉未始不贊成，務必秋毫無犯，保全閭閻。」隨後在原撫署門口，掛上「中華民國軍政府江蘇都督府」的旗幟，程德全改稱都督，此時，除南京外，江蘇光復。

南京則在十二月二日被起義軍佔領。本來，武昌起義後，同盟會中部總部要人宋教仁等即著手準備奪取這個重鎮。此前兩江總督張人駿懷疑新軍第九鎮統制徐紹楨不穩，將他調開。徐紹楨頗表不滿，經柏文蔚等策動，第九鎮新軍下級軍官多傾向革命，徐紹楨迫於形勢，即順水推舟率部起義。第九鎮起事，未能一鼓作氣攻下南京，後來江浙組織聯軍合力進攻，參加的隊伍有第九鎮徐紹楨、滬軍黎天才、浙軍朱瑞、蘇軍劉之潔、鎮軍林述慶，推徐紹楨（固卿）為總司令，以統一事權。聯軍計畫奪下紫金山上的天保城，滬軍先鋒隊於十一月上旬趕到南京城外，滬軍先鋒隊配備的八門山炮是其他部隊所無。於是滬軍先鋒隊擔任主力，奉命攻擊天保城之北，林述慶部會同朱瑞部攻擊天保城之南，此外蘇軍劉之潔及朱瑞部進攻雨花臺，黎天才部攻獅子山、北極閣一帶。

隨後開始總攻擊，天保城位於紫金山上，形勢險峻，荊棘叢生，官兵竭力進攻，激戰兩晝夜，終於攻抵天保城下，與友軍會合。待到雨花臺、獅子山相繼克復後。聯軍即自天保城上發炮轟擊南京城。張勳知大勢已去，帶領一眾衛士倉皇北遁，兩江總督張人駿、江甯將軍鐵良乘日艦逃往上海。南京光復，穩定了起義軍的局面，其後各省代表方能集合在可靠的政治軍事重鎮，建立起政治中心——臨時政府，而使北方認識革命勢力不可輕侮，南京的光復實在太重要了。

山西獨立與吳祿貞被刺

京畿肘腋之地山西的獨立，是在十月二十九日。當辛亥革命的前夕，山西的新軍，共為一個混成旅，其時，閻錫山在該部隊當上標統，等於一個混成團的團長，因這個標裏有步、騎、炮、工、輜五個兵種。他在裏面成立辛亥俱樂部，文武人員均有，表面上是研究學術，實際上藉以團結許多革命同志。他熱衷於革命的秘密聯絡，經縱橫式溝通，山西新軍的領導權轉移到同盟會員和革命者手中。十月二十八日，第八十五標奉命出發南下平亂，領到不少彈藥，閻錫山等同盟會員當即決定起義。二十九日晨，該標同盟會員楊彭齡、張煌等宣佈起義，公推管帶姚以價為起義軍總司令。起義軍攻入城內，殺死山西巡撫陸鍾琦，成立軍政府，公推閻錫山為都督。山西乃京畿肘腋之地，清廷極為驚恐，即命第六鎮統制吳祿貞率部鎮壓。吳先生遂邀閻錫山於十一月四日在娘子關會晤，商定共組燕晉聯軍。

佔領太原後，閻錫山被軍民公推為山西都督，為斷平漢鐵路，堵截袁世凱入京，與吳祿貞合組燕晉聯軍，閻錫山被推為燕晉聯軍副都督。

這一天，他曾向軍民發表演說：「今雖不崇朝而據有太原，大家不可認為成功。革命如割瘡，我們以往等於醫學校的學生，今天我們才是臨床的大夫，亦可以說，今天才是革命工作的開始，願與諸同志本革命的精神，與清軍作戰，先求固守。」

先求固守山西，這是應該的，但閻錫山認為山西在崇山峻嶺之中，對北京政府，影響甚小，較佳的方式，是出兵直隸省的正定府，可守衛山西的門戶，並可斷絕京漢路交通，但甚感力量不夠，正躊躇間，清廷已派兵一旅駐正定縣屬之石家莊，清廷已佔先著；正為難間，忽接吳祿貞將軍由石家莊來一親筆函，當時吳將軍為第六鎮統制，清廷派至石家莊之兵，即吳將軍所屬之部隊，函的開首一句，即說：「我公不崇朝而據有太原，可謂雄矣。」下邊的大意為：「革命的障礙，是清奴袁世凱，欲完成革命，必須阻袁世凱入京，袁若入京，無論忠清與自謀，均不利於革命，希望山西的革命軍，盡數開出石家莊，共同組織燕晉革命聯軍，我你分任燕晉聯軍正副都督。」閻錫山當下就表同意，立即予以正面回應。

閻錫山及其左右很快的決定出兵石家莊，與吳將軍所部合編燕晉聯軍。臨別時，吳祿貞問山西部隊何時動？閻先生說：「第一列軍車，隨君而後就開。」第一列車到石家莊，尚未下車，吳將軍即被其部下旅長吳鴻昌所刺，石家莊秩序頓形大亂，開到石家莊之晉軍，立即原車開回，途中開動之軍，亦都返回娘子關。閻錫山認為吳鴻昌是袁世凱夾袋中的小人，吳將軍與晉軍合謀阻袁北上，被袁偵知，遂令吳鴻昌刺殺吳將軍，阻袁入京之謀，遂成泡影。此事閻錫山至晚年猶感慨萬千：「然吳公之英俊豪爽，肝膽照人，料事之難，謀事之忠，慷慨雄略，在娘子關之短短一會，至今言及，在我心腦中對吳公之英雄氣概，歷歷如在目前，你可知我腦中對此事印象，如何之深。」

吳祿貞字綬卿，雄傑有大略。他於滿清末年，留學日本陸軍士官學校（騎兵科第一期），曾與晚清禁衛軍統制良弼同學。在日親受中山先生革命之洗禮，對革命之信心堅強，且為天才之軍事家。畢業後，清廷擢升他為陸軍第六鎮統制。尹呈輔〈參與辛亥武昌首義之回憶〉說他「身在清廷，心向國父」，歸國後任延吉邊務大臣，在邊三年，銳力革新，百廢俱舉，邊疆人民實深利賴。回京後，由良弼薦為第六鎮統制。他早在日本時就約結敢死之士，體察形勢，放言高論，欲做一番革命事業。現在更欲借重手中兵力，乘時舉事。柳亞子以為革命黨軍事人才中文武兼備者，吳祿貞僅次於黃興（克強）（見《羿樓日劄》），而在二十世紀初，他就與黃興、蘇曼殊、陳天華、宋教仁等廿餘人創立華興會，當年在長沙曾借黃興生日祝酒集會。辛亥年，武昌起義後，他欲乘勢合兵，為清廷所懷疑，暫假疾以辭。後各地獨立之事風起雲湧，未幾山西太原兵變，清廷不得已急檄第六鎮攻娘子關，這時他已意在糾合燕、晉諸軍攻取北京，轉赴石家莊活動，萬不料就在車站遇刺。吳祿貞先生遭暗殺，除閻錫山所持說法外，還有多種說法。其一，《清稗類鈔》稱吳祿貞被刺而殤，係「滿洲軍官為之」。其二，蔡東藩《民國通俗演義》第二回據當時報紙，說當他下車後，遭屈膝道賀的兵士躍起行刺，另有數名軍人開槍射擊，「將一位革命的英雄，送入鬼門關，頭顱都不知下落」。

另一種說法是錢基博先生《吳祿貞傳》，說吳祿貞在石家莊時，清廷已授其為山西巡撫，促令赴任。「其帳下小將馬惠田伺祿貞獨居，拔手槍擊之，仆。割其首，持奔北京，時辛亥秋九月十七日也。」此說近實。祿貞遭自己部下所刺則無疑。其副手協統周某，與之素有舊嫌，得了清廷二萬金，遂起歹心。再有一種說法是「袁世凱使人暗殺吳祿貞於石家莊」。蓋以袁賊懼吳先入京師，獨領首功，因恐落其後，遂與周某密謀而下毒手，這也極有可能。這一年袁世凱作為清廷的欽差大臣在中原周旋，曾向段祺瑞（第一軍統領）談及吳祿貞被刺事，袁賊沖口而出：「這等人物，少一個，好一個。」可見其居心叵測。

另具鄭蘊俠《我所知道的政治內幕》（四川人民版），以為吳祿貞在石家莊截留軍火，又通電指責北洋軍將領馮國璋火燒漢口，引起袁世凱惱恨，遂收買殺手行刺。對付政敵，施以暗殺手段，是袁世凱慣用的方式，辛亥革命武昌首義的功臣張振武、方維，以及宋教仁、陳其美，都先後被袁賊直接指揮所暗殺或誘殺。就是他的心腹大將，利用之後，也藉暗殺手段，陸陸續續地來個兔死狗烹。

關於吳祿貞被刺，老同盟會會員劉仙洲先生又是一種說法。吳祿貞當時任第六鎮統制（相當於後來軍隊整編師師長），辛亥革命爆發，山西在十月底宣佈獨立，清廷匆匆發表吳先生為山西巡撫，意欲以他率部與起義軍決戰。但吳祿貞本負革命重任在身，部隊中又有一些同盟會員在待機而動，他當然不就巡撫之職。當時公推吳先生為燕晉聯軍大都督，閻錫山副之，並議決由石家莊回軍保定即宣佈獨立。不料幾天後被人刺殺。劉仙洲先生認為兇手是清廷賄買的周符麟和馬蕙田。周原係第六鎮協統，因被吳撤職而懷恨在心，一說袁世凱收買之。劉先生認為，這一變化發生對革命的影響太大，假如吳先生順利回師河北，即可擋住正在信陽督師的袁世凱，最多在武漢一帶多打幾仗，革命後委曲求全，將政權交給袁賊的局面不致出現，那麼辛亥革命後的全局將是另一種情況（參見《辛亥革命回憶錄》第一輯）。

吳祿貞被刺犧牲的具體情景，何遂先生解放後有番回憶。當武昌起義打響之際，吳先生指定何遂做他的參謀。何遂初見吳祿貞，感到「他的樣子很英武，談吐率直而親切」。十月底，何遂把第六鎮協統周符麟的異動情況作了報告，提醒吳先生加強警備。誰知吳先生認為不要緊，並說騎兵營長馬蕙田是他的心腹。然而就是這個「年輕、長得滿漂亮的心腹」馬營長，在當晚暗殺了吳祿貞。當晚十一時已過，何遂剛睡下，卻被槍聲驚醒，另一參謀大喊：「兵變！兵變！快調山西的隊伍來鎮壓。」何遂慌忙中提短劍衝出門去。深秋的午夜，寒風颼颼，站臺上一個衛兵也沒有。有一隊人正從吳祿貞住處往外跑。何參謀命令其站住，那些人也不應聲，且越跑越快，轉眼不見蹤影，他情知不妙，即往裏衝，聽人在地上呻吟，原是吳先生的朋友，已倒地不起。藉著朦朧的月光一看，他的頭已被人劈開，眼珠突出，腦漿裂了一地。再往裏面跑，卻被一個東西絆倒，定神一看，正是吳祿貞先生，他滿身血污，頭已被人割下，軍大衣胸前的雙龍寶星還在星光下閃著冷光。何遂當下放聲痛哭，一邊設法集合隊伍，可惜軍隊已被人分裂，好不容易找到齊燮元（後為江蘇督軍，抗戰時期投敵，任汪偽華北綏靖軍司令，當時是第六鎮上尉副官），集合一干人到站長室，馬蕙田等人在坐，問誰殺了吳統制，都說不知道。四處查看，才發現電話線已被剪斷。部隊已在中級軍官的帶動下，逃的逃，避的避，到處是遺棄的武器、輜重。這時山西的隊伍陸續開進車站，首領是同盟會的仇亮，何遂才定下心來，輾轉開始了部隊北進的計畫。當時並未查出兇手，十幾年後的一九二四年，國民軍佔領北京的時候，段祺瑞被捧了出來，有一次何遂與段氏的長子段巨集業閒談，段巨集業稱讚馬蕙田：「馬蕙田夠朋友，夠英雄，他的行動省了不少的事。」何遂先生認為，這是破案的線索，因為袁世凱是通過段祺瑞來策劃這一陰謀的（參見《辛亥革命回憶錄》第一輯四七七——四八一頁）。吳祿貞先生之死，令人扼腕。黨人之心，可比日月，以己身之正而失卻防人之心。

萬耀煌先生晚年談及吳祿貞，言下不勝惋惜之至。他以為吳祿貞在清末曾以陸軍協都統銜督辦吉林延吉邊務大臣的身分，就間島事件對日人強硬交涉，甚為成功，早為國人所尊敬。「才氣不凡，志大心雄，惟眼界太高，目無餘子，態度傲慢，因此易遭人忌。」武昌起義爆發後，清廷和袁世凱都猜疑他，遂派人將他刺殺於石家莊，使他壯志未酬身先死，這種悲劇的結束，恰是此一英雄人物必有的歸宿。萬先生回憶當時他出營時發覺有人跟蹤，只好返隊，當日又設法避過監視，前往第六鎮司令部，一個參謀一見他面神色緊張地說：「我們四周都有巡防營的人監視，朝廷已在懷疑吳統制，你以後不要再來，你上次講的那些話，統制叫你不要和任何人提起，至要，至要。」萬耀煌感到他的計畫全泡湯了，彼時他由第六鎮司令部走出來，心灰意冷，剎那間一連串的問題湧上心頭：巡防營敢監視第六鎮嗎？按部隊常理說，巡防營是不夠格的；朝廷既然已經對吳先生起了疑心，並派巡防營監視，那他的安全就有問題了。為了國族的現在與未來，為了他個人，都應該起來幹一番驚天動地的事業，為什麼這樣畏縮呢？！他也是為了做官嗎？他為什麼不先害萬耀煌以免他向朝廷邀功告密呢？萬耀煌越想越悲楚、越想越歎惋：「這些問題一直到稍後吳被簡放山西巡撫在石家莊被刺時，才得到了答案，才明白了清廷的用意，原來先調虎離山，在火車站上容易下手，要是吳按我的計畫行動，不但可以免殺身之禍，而且不會使袁世凱以後有竊國的機會了。」

辛亥年秋間，清廷命吳祿貞統率其部，沿平漢路南下，預備開赴四川，鎮壓為修築川漢鐵路所引起之風潮。師次石家莊時，適逢武昌首義，清廷恐其回應武昌革命軍，使人行刺，不幸被擊身亡。嗚呼痛哉！吳先生之死，對湖北軍民生命之犧牲，財產之損失，影響太大。如果吳先生不死，為響應武昌首義之革命軍，必在適當地點與時機，宣佈獨立。是時迎擊南下之清軍，不在河北，亦在河南。而武昌首義的起義軍勢必向吳祿貞部隊增援，聯合作戰，兵力亦必較為雄厚，決不致使鄂軍倉猝應敵，孤軍苦戰，而繁華富庶之漢口，亦不致焚燒如是之慘也。

閻錫山於九月初八日起義，占了太原，即派兵駐守娘子關。一個半月之後，清廷部隊，由娘子關打入山西，這一支清兵是第三鎮，其帶兵官鎮統為曹錕，協統盧永祥，營長吳佩孚，隊長王承斌，特務長張福來，皆為後來北洋軍閥之重要人物。

陝西光復與辛亥風雲

說陝西的舉義是辛亥革命的第二槍（隨武昌之後），這個說法大致過得去，但也不是很準確。試看一下呂思勉的《中國通史》現代部分，在武昌首義之後，緊接著，各地的光復日期是長沙，九江、南昌，西安……要說是第二槍，那應該有許多並列。

陝西對武昌首義的回應非常積極，一九一一年十月二十二日，同盟會、新軍、哥老會首領秘密集合，共商起義大事。據當事人郭孝成先生《陝西光復記》（載於上海人民出版社《中國近代史資料叢刊》）回憶，滿清地方官吏當時已經發現苗頭，並試圖分化，清大吏錢能訓命令搜捕革命黨人，「曾秘密兩次面議，探其內容，謂主張革命，多係軍官，若以躁切從事，必致釀成大變；不若陸續將陸軍調出分防。」

到了十月二十二日，由錢鼎邀集同志，於曠野森林中召開秘密會議，計畫進軍之秩序，及各人應攻應守之地點，首由一協參謀官兼二標一營管帶張鳳翽領隊佔據軍械局，三營管帶張益謙擔任佔據四門，錢鼎率領陸軍中學堂學生佔據藩庫及其他重要之局所，二標二營隊官劉自新、周子貞負責週邊。佈置既定，各路人馬各向預定各地點進攻。但頑固之清軍，還想負隅頑抗，出城與起義軍開戰。然而清軍在此前所領之子彈，多不合用，駐防又素無訓練，一聞炮聲，慌忙退守城中，堅拒不出。當夜起義軍齊集軍械局，公推張鳳翽為全陝復漢軍大統領，錢鼎副之（因不知東南各省信息，故舉統領人暫定名義）。即以軍械局為總司令部，佈置隊伍。次日凌晨四點鐘，圍攻滿城，清軍死力相拒，轉戰於大菜市門北城門，張風翽親自指揮，哥老會頭目劉世傑、馬玉貴等衝鋒在前，義軍屢戰屢勝，清軍潰散，城被攻破，所有清吏，潛逃一空。

起義軍佔領西安後，錢能訓藏匿於老百姓家中，陝甘總督升允逃往甘肅，將軍文瑞投井自殺。

十月二十七日陝西「秦隴復漢軍政府」成立，張風翽為大統領，錢鼎和萬炳南為副統領。張鳳翽、張益謙，皆日本士官學校畢業。設立了軍政、財政、教育、司法、交通等一系列機構，委派了一批大小官員。於是出示安民，廣布演說，倡辦民團，招集民吏，以恢復秩序。西安光復，各州縣紛紛回應，迅速波及省內四十餘縣。起義後的陝西軍政府軍械、糧餉極端匱乏。半個月後，陝西民軍進駐潼關，清軍同時進攻，遂有十五日秦嶺之戰。民軍大勝，清軍退出靈寶。及民軍追及，清兵又退至鄭州。起義軍勇敢善戰，均一以當百，惟因交通不便，槍械缺乏，不能大舉。

這些事蹟現在編成電視劇，除了秘密策劃、戰爭場面、敵我心戰之外，起義軍同時剿滅土匪，也可成為編劇的焦點。當時土匪蜂起，戰亂時節更想乘機劫掠，所幸民軍既派學生回籍辦團，又遣使分路招討安撫，故秩序未至大亂。

陝西回應武昌首義非常靠前，仰賴同盟會元老的先期醞釀。其爆發的原因，一是清廷輕視西北諸省，往往以極其庸俗惡劣之滿清官吏，給以陝撫重任，草菅人命，民眾非常失望。二是川鄂陝唇齒相連，陝人聞川路慘獄，即同深義憤。三是關中民氣沉摯，志士鼓吹已久，川路事起，頗有籌畫。西安將軍文瑞有所警覺，手書民黨名單百餘人，密交錢能訓，按名拘捕，凡軍學兩界稍有聲望者，都在其列。結果消息走漏，更加激起反彈。

而在張鳳翽等前鋒的後面，活躍著同盟會骨幹奔走運作的身影。早在一九〇五年井勿幕即回陝創建同盟會陝西支部，他是陝西早期的留日學生。稍後又有于右任、以及山西的景梅九等人加入運作。他們都為孫中山先生大氣磅礴的革命思想所感動，願意在孫先生的指導下，回鄉宣傳同盟會的革命綱領，創建革命組織，相機發動起義。在辛亥革命爆發的前夕，上海已是革命派報刊活動的中心。當時革命黨在上海出版了十五家報刊，于右任主持的《神州日報》、《民呼日報》、《民吁日報》、《民立報》，作為革命派反清革命的喉舌，影響尤大。他是陝西三原人。

井勿幕回陝後，積極宣傳中山先生的民治、民有、民享的政治現代化思想，數月間，其足跡遍佈西安及渭北各縣，到了一九〇六年春，發展的同盟會會員已有三十多人。兩年後，他在東京與同志創辦《夏聲》，撰文鼓吹革命，孫中山、黃興稱井勿幕為「西北革命巨柱」。是年十月又返回陝西，參加並領導了轟動全省的反清學生運動。

同盟會骨幹同時在哥老會、刀客和新軍中迅速滲透革命的思想，井勿幕、李仲持、焦子靜、吳虛白、張贊元等以及四川、甘肅、山西、廣東幾省在陝的同盟會員，以重陽節祭黃帝為名，在黃帝陵墓前宣讀祭文，表達革命決心，大大吸引了各級幫會的注意力。同盟會在渭北十多縣建有秘密據點，並掌握了《興平報》、《教育界》等報刊雜誌。

一九一〇年初夏，井勿幕又從上海返回西安，參照東南各省革命黨人的意見，準備在西北起事。隨即在西安召開同盟會陝西分會會議，與會者井勿幕、宋元愷、樊靈山、柏筱餘、高又明、吳虛白等十餘人。醞釀起義，當在西安和渭北兩地分頭進行。渭北由宋元愷、井勿幕、鄒子良、柏筱餘等負責，主要任務是在各縣建立據點，成立分會，聯絡渭北一帶的哥老會。西安由郭希仁、張贊元、李桐軒、錢定三（鼎）等領導，主要任務是擴大同盟會的組織，力爭儘快掌握新軍。

同盟會革命黨人多年運動，秘密據點遍及西安、關中和全省各地，革命思想傳播迅猛，形勢日益發展，陝西可謂「山雨欲來風滿樓」。

幫會與革命的生死契闊。辛亥革命各地志士與幫會的關係，可以說是陝西新軍、幫會成員衝鋒在前，而革命黨人策劃在後。

晚清時節的幫會組織跟今天人們的印象不大吻合。可以說，當時的幫會是一種革命的週邊組織。

洪門在南方和海外影響巨大。

洪門這個秘密組織起源於明末清初，以反清復明為職志，對外通稱天地會。後來演變成多個社團或會黨，包括致公堂又稱義興公司，並隨華僑遷徙南洋而遠播海外。致公堂總部設於三藩市，另於紐約、芝加哥等地設有分堂。戊戌變法後康有為令梁啟超、徐勤等都加入其中，可見其與晚清革命的一體兩面的關係。

至於哥老會，又稱漢留，俗稱袍哥，則在北方影響深遠。它也是洪門的一個分支。大致在清初隨湖廣、閩、粵、贛移民傳入四川，並從川北向陝西蔓延。一般認為，哥老會乃鄭成功在臺灣創立，所以它對反清復明的思想傳播不可小覷。

同盟會知識份子對幫會的提攜教導，在當時也可謂達於極點。秋瑾、徐錫麟，對浙江下層社會的幫會，黃興對湖南哥老會，均收達良好效果。陝西自不例外。

陝西光復另一要角張雲山，他早年也在新軍中為下級軍官，不過他和哥老會的關係非同尋常。他的輩分高，徒眾也多，且大多是新軍士兵。其中也有極少數哥老會成員加入同盟會，這就促進兩雙方的聯絡。西安光復後，協商軍政府領導人選問題，由於張雲山與萬炳南均欲據大統領之位，會議不歡而散。十月二十七日正式推舉張鳳翽為大統領，錢鼎、萬炳南副之，張雲山頗表不滿，兩天後又舉行會議，另設六個都督，張雲山任兵馬都督，事態才轉向平靜。次年春上，袁世凱奪取革命果實後，以光復西安有功，授張雲山陸軍中將銜，補秦軍第一鎮統制職。不久，又縮編秦隴復漢軍為兩個師，張雲山任第一師師長。同年八月，陝西同盟會與統一共和黨陝西支部合併成立中國國民黨陝西支部，選張鳳翽為支部長，張雲山等為評議員。

早在一九〇三年，黃興、馬福益等謀長沙起義失敗後，哥老會首領馬福益被清吏捕殺，會黨中的同志積極籌畫再行舉事，龔春台奉孫中山先生之命赴湖南邊境組織革命機關，公議立洪江會，以忠孝仁義堂為最高機關，分內外八堂各司職務，聲勢甚壯。秋瑾分洪門部下為八軍，策劃反清起義，都是看出下層社會潛在革命勢力，而得出「知中國之可為」的結論。中山先生認為明朝遺老，想要保存中國的民族思想，不得不將這種思想藏在很鄙陋的下流社會中，因為朝代陡換，異族來主，純文人被「博學鴻詞科」所網羅，有頭腦的明末遺老見大勢已去，便收羅江湖與下層社會的勇士，結成團體，來傳承民族主義的血脈。對此中山先生有極精彩的譬喻，來加以說明：「至於他們要這樣保存民族主義的意思，好比在太平時候，富人的寶貝，自然要藏在很貴重的鐵箱裏頭；到了遇著強盜入室的時候，當然要把寶貝藏在令人不注意的地方；如果遇到極危急的時候或者要投入極污穢之中，也未可知。」（《中山叢書》，第一冊，四十四頁）同盟會所做的幫會工作，一部分就是在民間打撈、滌洗、重鑄這種極有分量的民族思想。

辛亥革命前兩年，幫會在海外南洋一帶的組織以洪門為首，相繼集體加入同盟會的，就有萬興、同協、義群、義和、祥勝、關帝廳、東勝堂、番邑堂、梁春堂等十餘個（參見〈革命文獻〉六十二輯四八〇頁）。又哥老會、三合會等，在民國建立以後，還曾站在同盟會一邊，參加各省反袁的獨立鬥爭。

但當時同盟會知識份子的非同凡響亦在這裏，他們不但自身以極高理論，來切身投入革命，同時又游刃有餘控制袍哥，設立總公口，以聯絡指揮各地袍哥。這首先在於同盟會員自身知死不避，蒙難愈堅，令袍哥不得不服，甚且成為其精神偶像。其間擘劃大局的，仍是知識份子。

北方回應武昌首義功虧一簣

武昌起義爆發，清軍正在灤州秋操演練，由軍咨大臣載濤總成其事。只得讓不學無術的陸軍大臣蔭昌帶兵鎮壓，而載濤仍忙於他的演練，他的演練分為東西兩軍，相當於現代軍演的藍軍紅軍之屬。但他居然分區也有用意，就是其中的東西兩軍，西軍為滿人，東軍多漢人，載濤意在以演習擊敗漢人而獲心理之制勝。馮國璋為東軍總監，第六鎮統制吳祿貞、廿鎮統制張紹曾為輔。舒清河為西軍總監，禁衛軍諮議官田獻章、哈漢章為輔。新軍第六鎮統制吳祿貞、第廿鎮統制張紹曾、第二混成協協統藍天蔚諸位秘密決議，當趁此機會以實彈射擊，衍成兵變，然後攻入北京。此時恰遇清廷運送大批軍火到前線，途經灤州，負責押運軍火的彭家珍及其隨屬商震、程起陸、熊斌、劉驥等秘密決定，通知第廿鎮統制張紹曾，請其在灤州將該批軍火扣留。十月二十九日張紹曾聯合吳祿貞、藍天蔚以及第三鎮協統盧永祥等致電清廷提出十二項要求，要點為：在辛亥年年內召集國會，由國會起草憲法，由國會選舉責任內閣，清皇族不得充任內閣國務大臣。並要求其在兩個月內完成。這天恰值山西獨立，都督閻錫山宣佈組織革命軍集中娘子關。這道要求，猶如霹靂一聲，使清廷遭到重擊一般，不知所措，因此甚至迫其下罪己詔，詔書中說：「黨禁之禍，自古垂為炯戒，不獨戕賊人材，抑且消沮士氣……嗣後大清帝國臣民……非據法律不得擅以嫌疑逮捕……」，看來他們全明白，可是稍加緩和，他們即回過神來，利用告密的軍官，使趙爾巽帶領舊巡防軍介入，起義被撲滅，形勢又回到從前。

辛亥年十一月二十九日，直隸革命黨人按照汪精衛與袁克定的約定，在北京正陽門、崇文門、宣武門三處發起對紫禁城進攻。可是，晚上放火為號進攻時，遭到事先埋伏的清軍包圍，革命軍先鋒隊隊長陳雄、高新華自殺，李漢傑被捕，三天後遭凌遲處死。

至十一月底，全國宣告獨立、脫離清政府的有十四省。北方未獨立各省，有的地方是清王朝統治較強，如直隸、山東、河南；有的遠在邊陲，如新疆、奉天。這些省份也不平靜，革命黨勢力較弱，革命黨仍然組織了一系列武裝起義。北方同盟會成立較晚，遲至十二月一日，京津保同盟會才在天津成立，方出獄不久的汪精衛被推舉為支部長。

北方辛亥革命的失敗，也即北京周邊地區的響應運動的失利，馮玉祥以為，其根本因素在於，「這樣一個在帝制勢力的重圍裏生長起來的革命運動，因為本身的脆弱，領袖人物的幼稚與急躁，以及奸人的詐騙破壞，終於瓦解，成為一場失敗的悲劇」（《我的生活》第十三章）。

北洋軍人的公然押寶，魯莽滅裂，奴性深重。

馮玉祥《我的生活》回憶，武昌首義的檄文傳開來，各省紛紛響應，新任東三省總督趙爾巽覺出軍隊不穩，召集新舊將領會議。

傍晚時分，一個統領在其前面，兩手托著一個毛巾包。進到屋裏，他就把包往桌子中間一放，胸一拍，眼一瞪，氣喘吁吁地指著包裹說：「媽拉巴子，知道嗎？這是炸彈，咱們今天誰要說妨礙皇上的話，咱就戳響它！誰也別想逃出這屋子。」

趙爾巽發言，說是大家都是拿皇上的俸祿，各位連骨頭都是皇上的。皇上深恩厚澤，為臣子的一刻不可忘記。

將領中也有不少怒目而視，趙爾巽感到那目光的殺機，膽寒之下他轉圜說道，我們東三省最好不動聲色，湖北果然成功，咱們再回應，如果失敗了，自然也沒有我們的事。後來他要求舉手表決，新軍將領態度消極，他又以乞憐的口吻來哀求。終於有人舉手。

這時袁世凱被起用。他要求第二十鎮的將領攻擊起義軍。

但這第二十鎮的將領，分成三派，一派是革命派，要進攻北京，如王金銘、施從雲等；一派是保皇派，要開赴平漢前線攻擊民軍；一派是騎牆派，耍滑頭，看形勢，靠觀望來押寶。

張紹曾統制受著這三派包圍，一會兒革命派來告知形勢緊迫，要他行動；革命派一走，保皇派又進來了，要他緊跟皇上。

張紹曾本與吳祿貞、藍天蔚有約，合兵進攻北京，第二十鎮由灤州西進，吳祿貞率第六鎮由保定北進，兩路夾擊，藍天蔚預備策應。可是計畫不如變化快，吳祿貞被刺，第三鎮拖後腿。於是計畫流產，張紹曾潛回天津了。

中下級軍官不管這些高階將領，就自行起義了。十一月十二日成立北洋軍政府，宣佈獨立，推王金銘為大都督，施從雲為總司令，馮玉祥為參謀總長，白雅雨為參謀長。發出回應武昌的電文，要求袁世凱回應停戰，給與軍人參政之權。袁世凱哪管這一套，當即決定派王懷慶前往鎮壓。

武昌起義爆發後，王懷慶大概在十一月中旬調任直隸省通永鎮總兵，駐防京東開平鎮。他的防區灤州駐軍第二十鎮青年軍官王金銘、施從雲、馮玉祥等亦籌畫發動革命起義，十二月三十日，王金銘等在北關師範學堂營部召開會議，決定起義部署，推舉標統岳兆麟為北軍大都督，但岳氏陽奉陰違，三十一日岳兆麟逃往開平，立即向王懷慶告發，王懷慶馬上電請直隸總督陳夔龍轉報袁世凱，袁世凱一面派王懷慶赴灤州軟硬兼施，一面準備來硬的一手。轉天即是一九一二元旦，王懷慶到達灤州鎮撫軍心，以威脅利誘手段，試圖抹平，王金銘義正詞嚴駁斥王懷慶，同時立即派人把他軟禁。

一位排長張振甲提槍上膛頂著王懷慶的胸口，要他參加起義，並說舉事後大都督的位子就是他的。若不幹，馬上開槍，王氏看到這個情形，不得不假裝應允。

不料這個王懷慶是馬弁出身，大家騎馬帶他宣誓就職的時候，他乘機掉轉馬頭，死命奔逃而去。這些青年軍官不得已，帶著幾個營和王懷慶的部隊交火。王部多為舊巡防隊，戰力脆弱，漸漸不支，遂要求談判。可憐王金銘、施從雲不疑有詐，施施然到了對方陣地，即刻被伏兵逮捕。袁世凱復電後，即先將王金銘殺害，其後殉難者有施從雲、白雅雨、張振甲、孫諫聲、戴錫九等十數人。

北洋軍閥，是在辛亥革命後篡奪上位的。如袁世凱以下王懷慶之流，實為不折不扣、改頭換面的新滿清，到了黨人決計北伐的時候，馮國璋等頑固派雖已死去，但其子遺卻都長成起來，他們殺戮同陣營的革命派，毫不手軟，此則較清末王公更不如了。

清軍南下彈壓

黎元洪就職後，擬進攻漢口清軍。鄂軍都督府設在諮議局，其組織分為：

秘書處，楊玉如為秘書長。

參謀部，部長楊開甲，他是原第八鎮統帶，次長吳紀麟、楊璽章。

軍令部，部長杜錫鈞。

軍務部則單獨設在兩湖書院，部長孫武，副部長張振武、蔣翊武。

當時學生軍已經成立，系團的的建制，團長為劉繩武。

戰時總司令部參謀長是李書城（筱垣），次長吳兆鱗，秘書田桐（梓琴）、蕭驥、張大昕。

在都督府中，軍務部的權力最大，軍務部的首腦是三武：孫武、張振武、蔣翊武，他們是起義的領導人物，很受人尊敬，但實際上他們對黎元洪和黃興還稱得上惟命是從。光復之後，戰事展開，蔣翊武被牽制。武漢三鎮光復，舉黎元洪為都督，黎元洪任命蔣翊武為軍事顧問，擬出兵武勝關，阻遏清軍南下，正猶豫間，清軍已直抵漢口，蔣翊武決定馬上迎戰，否則無以生。遂受命為防禦使，又有人跳出反對，改以張景良為總指揮，以牽制之。凡蔣翊武的計策，他都予以推翻，於是導致指揮丟分，難以抵禦馮國璋部隊。

萬耀煌當時從滬軍都督府前往鄂軍都督府任參謀之職，當他至武昌都督府見過黎都督後，他即派顧問黃愷元持令將張大昕、寧調元等接到西大街招賢館，黎元洪曾對萬耀煌過去的經歷以及華北及上海的情形，問了好多話，萬耀煌從四十一標時組織群治學社起一直至建議吳祿貞舉義及津、滬的情形分條陳述，黎元洪當即任命他為參謀部參謀之職。

早先攝政王要給光緒帝報仇，待他掌權之後，立將袁世凱開缺，而對親貴委以重任，載洵負責海軍，載濤為軍咨府大臣，蔭昌任陸軍大臣，載澤為度支大臣，瑞澂為兩湖總督，他和載澤互為姻親。滿朝親貴，賄賂公行，乃真實之寫照。載洵掌海軍，到英國購置戰艦，貨未見到，先談回扣，聲名狼藉，貽羞中外。

這是滿清自取滅亡之道，也造成武昌首義的有利條件。當時滿清軍界又出現分化，即舊軍出身之軍官和北洋將領的互相輕視和抵觸，對於瑞澂的因應之策，當時外部左侍郎曹汝霖認為很有失著之處，即已搜得起義參加者的花名冊，牽涉新軍士官很多，這些軍官害怕株連或秋後算賬，於是一不做二不休，乾脆紛紛躍起響應。「假使瑞澂處以鎮定，將名冊銷毀，即可以使反側者安心，徐圖處置，何至釀成大禍，乃瑞澂操切從事，不查真偽，一律按冊嚴捕，遂使未變之軍，全部叛變，其為無能，實堪痛恨。迨兵變後，性又怯懦，倉促逃入兵艦，只顧性命，不能收拾時局。」（曹汝霖《一生之回憶》第三十一節）。

南來鎮壓的蔭昌，帶著副手姜桂題，兵力為毅軍二十營。蔭昌本是在德國留學專修軍事，他娶了德國的太太，德語嫻熟，但對軍事不感興趣，更未經實戰，而新軍在灤州秋操，載濤正忙著，蔭昌還不大敢惹他，載濤年少氣盛，傲慢成性，就是慶親王也讓他三分，所以蔭昌只得和姜桂題南下，姜氏帶的兵，也缺乏新式訓練，這班傢伙各自為政，出發至劉家店，兵車阻塞，亂成一團，經京漢鐵路局長率領一批精幹人員前來疏通調度，才勉強通行，到了接近湖北的地方，才發現武器多不能投入戰鬥，有攜炮身而忘炮彈的，有炮彈不合炮膛的，有炮身炮彈相合而基座又不合的，這樣已經遷延一月有餘。

清軍在湖北的原有駐軍多潰散，於是清廷湖北當局臨時加封委爵，以打爛帳方式收拾潰兵，近一營之數即為營長，得一團之數即派為團長，拼湊起來有將近兩個師的部隊。這時清廷首先派遣陸軍大臣蔭昌率近畿兩鎮援鄂，不料此公行動遲緩，起義軍恰好利用此機會編練部隊。蔭昌司令部設於火車，車前後各置一車頭，勝則揮師前進，敗則開足馬力後退，行動堪稱靈便，而其用兵的虛怯，由此可見。

蔭昌無心戀戰，清廷將其調回，起用袁世凱為湖廣總督，節制援鄂各軍，袁世凱派馮國璋率生力軍前來鎮壓。

馮國璋對武昌起義的鎮壓，並不全是對清廷的盡忠，而是北洋集團別有懷抱。一九一一年的秋間，清廷於直隸永平府舉行秋操，馮國璋任東路軍指揮。秋操進行中，武昌起義發生，辛亥革命軍佔領武漢三鎮。清政府派陸軍大臣蔭昌率領第一軍南下鎮壓革命，派馮國璋組織第二軍南下赴援，但馮國璋等北洋諸將領不願聽從蔭昌指揮，進軍遲緩，馮率軍至河南彰德時，便隻身看望袁世凱，袁氏授意他「慢慢行，等等看」六字秘訣。清廷迫不得已，起用袁世凱總攬軍權。馮國璋兒子馮家邁回憶道：袁世凱奏請馮國璋接替蔭昌任第一軍總統，並對馮說：「非籌備周妥，計出萬全，斷難督師進攻。」

袁世凱重新出山後，督師南下，命馮國璋攻打漢口、漢陽。馮國璋第一軍協統李純、王占元、陳光遠都是其心腹。

辛亥戰爭開局

十月十二日，城內秩序大亂，盜匪趁機搶掠，熊秉坤的軍械所受到旗兵的兩次襲擊，還好均被打退。當天晚上七點，陽夏駐軍也投到革命黨這邊來，當時的陽夏地區是指漢陽府所轄的漢陽和漢口（即夏口廳），不是河南的陽夏。該駐軍係緝私營以及第四十二標，都是文學社劉復基和王憲章先前就有所運動的。到了十六日，熊秉坤被委派為第八標第三營營長，他也推辭了。當天晚上組織第五混成協，黎元洪電檄各省請求支援，這時候，清軍開始反撲，第三十八混成團從河南開過來，本日起義軍與清軍大戰於大智門跑馬廳，義軍大勝，繳獲輜重、馬匹、武器甚多，革命軍在這次戰鬥的指揮官是謝元愷，他讓指揮工程營的同志組織兩百精銳為敢死隊，由馬榮、金銚龍、方興等率領，在漢口連續作戰。

十七日，何錫藩和清軍在劉家廟決戰也取得重大勝利。十八日清軍不斷向劉家廟增兵，圍攻漢口，漢口保衛戰開始，北洋第六鎮（師）開到武漢。當天，革命家敢死隊第一隊長徐少賓於三道橋陣亡。又過了一天革命軍在劉家廟大敗清軍，漢口保衛戰首戰告捷。

二十日，敢死隊二隊長馬榮落入敵手，遭活生生剝皮而死。何錫藩以協統資格率起義軍守衛頭道橋，稍後即勝任前敵總指揮，這時起義軍戴家山失去陣地。

兩天後，熊秉坤率第九標渡江助戰，張景良為總指揮，防守劉家廟。熊秉坤臨江擔任右翼。打到二十四日，清軍水陸並進，張景良逃逸。熊秉坤第九標被清海軍所包圍，死傷慘重。營長李濟廣陣亡，團長謝元愷被流彈擊中身亡。此時張景良私通清軍種種跡象，已被起義軍覺察。

清軍來勢兇猛，革命軍群龍無首，各自為戰，部分陣地戰變為慘烈巷戰。「軍民死傷枕藉，計不下三萬之眾。其中清軍約占萬人」（近代史資料叢刊《辛亥革命》第五卷，九十五頁）。

二十六日。革命軍喪失外沿鐵路、華洋街、橋口等處。革命軍漢口前敵總指揮張景良被處死。原來這個張景良，是第八鎮二十九標的標統，他看到革命的形勢一時蔚為大觀，不好當下反對，遂假意靠攏，攫取一定的指揮權，妄圖以曲線方式在清廷的反撲中分一杯羹。於是他就答應做北洋軍的內應，唆使奸細縱火燒毀起義軍倉庫，致使起義軍糧彈兩缺，他的伎倆很快就露餡了。當日被士兵搜出，亂刀砍死。

和馮國璋一起來的還有貪鄙專橫的武夫、自稱「白虎精投胎」的王占元，他原在小站練兵時代是王士珍手下，一九一〇年升為記名總兵，次年春上被賞陸軍協都統銜。此時王占元隨第一軍南下鎮壓。

當天清海軍開炮掩護王占元所部陸軍過三道橋，佔領造紙廠和劉家廟，起義軍在大智門抵死反攻，在槍林彈雨中節節突進，奪回劉家廟。馮國璋、王占元令所部死守三道橋，僅過了一天，在馮國璋指揮下的清軍又攻佔劉家廟，王占元縱兵燒殺搶掠，極為殘忍。

二十七日清廷忍痛派袁世凱為欽差大臣，統領海陸各軍。這一天馮國璋部攻佔漢口劉家廟火車站，好像是獻給他主子的一道大餐。

馮國璋來到鎮壓前線，幹得賣力起勁，清廷看他表現不錯，立馬予以大賞，封他為二等男爵。在漢口的第一軍司令部裏面，他奉到電旨，情緒激動到哽咽！他的一個秘書回憶當時情形，馮國璋對身邊親近說：「想不到我一個窮小子，現在封了爵啦。這實在是天恩高厚，定要出力報效朝廷」（《我所知道的馮國璋》二二三頁）。邊說邊流淚，臨了竟然大哭起來。三番五次要求踏平武昌，而袁世凱此時另有算計，讓他問訊袁克定，幾通電報後，他得知大事不好，袁世凱要走曲線，當時傻了。袁世凱看這局面，趁勢就讓他另一忠實走卒段祺瑞接統第一軍，而把馮氏從前線調回。

而在這一天，黃興也馬上就要抵達武昌。這一天不平靜。

登壇拜將　黃興蒞漢指揮

原來在武昌起義發動之次日，也就是十月十一日，宋教仁即電邀黃興儘早趕赴武漢，共商進行之道。十二日，湖北軍政府電促黃興、宋教仁、居正來鄂參贊戎機，並請轉電孫中山年先生啟程回國，主持大計。

本來，早在一九一一年九月二十四日，文學社、共進會在武昌舉行聯合會議，商量起義之動員計畫。同時，中部同盟會電邀黃興、宋教仁、譚人鳳速到漢口主持大計。當時黃興還在香港，他認為，須推遲至十月初，待各省聲氣打通，同時起義最佳。隨後有詩贈陳家鼎，暗寓武昌起義之重要性，詩曰：

懷錐不遇粵途窮，露布飛傳蜀道通。
吳楚英豪戈指日，江湖俠氣劍如風。
能爭漢上為先著，此復神州第一功。
愧我年來頻敗北，馬前趨拜敢稱雄。

十月三日，他給同盟會中部總會寫信，贊成在武漢起義計畫。「蜀中風雲激發，人心益憤，得公等規劃一切，長江上下，自可聯貫一氣，更能力爭武漢。老謀深算，雖諸葛復生，不能易也。光復之其，即肇於此」，贊其規劃之得宜，字裏行間，抱有極大之期待。

現在，這一切已經確鑿發生，青山遮不住，對黃興本人的期待，不是呼之欲出，而是箭在弦上了。

十月十七日，黃興離開香港取海道北上，趕往武昌前線，來前數日，到處拍發電報佈置安排，籌集款項，並採購武器、炸藥。二十三日，從上海啟程赴武昌。當時上海清軍已是驚弓之鳥，查禁很嚴，口岸搜緝通行極難。於是由女醫生張竹君組成紅十字救傷隊，開往武漢服務，黃興化裝混在其中，黃太太扮作護士，同去者還有宋教仁、陳果夫、朱家驊、馬伯援……等等。到九江時，見原清軍湖口炮臺已樹白旗，於是不惜公開身份。黃興在船上向百餘同志說：我們已到自己地帶！眾人向著岸上歡呼不止。

五天後黃興抵達武昌，即與黎元洪會商作戰事宜。黎氏孤單怕事，黃興到來，不啻一劑強心針，打在他身上，陡然來勁兒了。他興致不錯，下令趕做一面專用旗幟，上書：黃興到。遣人在城內和陣地邊沿四處巡遊，各處則燃放鞭炮以示歡迎。

黎元洪派吳兆麟、楊璽章、蔡濟民、徐達明四人，作為黃興的助理隨他前往漢口視察。此時，清軍和民軍正在歆生路附近拉起陣勢，互相發炮轟擊，但都未曾發起衝鋒，而是各據陣地不進不退。下午回武昌，被推為戰時總司令，節制所有民軍及各省援軍。晚上又渡江到漢口，設立總司令辦公處。

黃興到來時，軍民各方面都較為欣慰，以為黃公乃長期革命黨的領袖，辦法必多。黎都督在閱馬廠築壇，拜黃為總司令，黃足著草鞋，腰懸水壺，受任後即趨赴漢陽督戰。

他辦公處設在滿春茶園，隨即展開四晝夜的血戰，敵方係馮國璋直屬部隊。次日早晨黃興在火線命令徐國瑞、郭秉坤率隊攻打歆生路一線，熊秉坤率領第十一標向橋口進攻。徐部旗開得勝，奪回前此丟失的山炮四尊，子彈幾十箱。熊部在麵粉廠附近的鐵路外沿和清軍遭遇，敵人隱於松林射擊，易守難攻。熊部軍官陣亡數名，士兵進攻不力，戰況轉消沉。

黃興到武昌第三天，抽身往都督府前面的廣場，向湖北陸軍第三中學和南京來的陸軍第四中學學生發表演講，第四中學來者有陳果夫、蔣光鼐等數十人。他講話時聲如洪鐘，態度自若，當時的聽眾周武彝回憶說：「黃興在講話回禮時，右手僅有三個手指，大家均感奇怪。那時並不知道他在黃花崗起義中打傷兩指，後在香港動手術截掉了」（《辛亥革命回憶錄》第七卷，十七頁）。

起義軍這邊打得辛苦極了。陳果夫當時在南京讀陸軍中學，他和同學輾轉抵達武漢，恰值馮國璋率軍攻擊漢口，陳果夫一到漢口，即到起義軍軍務部找到部長孫武，中領工作。孫武以為，漢口眼看就要丟失，漢陽則必須守住，便要求他們前往漢陽。學生們血氣方剛，表示為赴難而來，任何危險的地方都可以去。到達漢陽民軍司令部，陳果夫被安排到炮兵排當士兵。

一天晚上，陳果夫和眾士兵搬運子彈到黑山，回程不停搖動鐵道上的手搖車，精疲力竭，幾乎昏倒。

不久，黃興發現陳果夫只是一名士兵，將其調入漢陽府軍政科，專管招訓新軍。陳果夫竭力在民眾中宣傳保衛漢陽的重要性，動員群眾踴躍參軍作戰。宣傳效果不錯，市民和郊縣農民多有回應，居然編練成一支近千人的城防營，緊急訓練後，即投入戰鬥。

二十八日後，黃興渡江，戰況在拉鋸中。黃興指揮部隊攻擊橋口清軍前隊。打至十月的最後一天，清軍入街，巷戰兩天，馮國璋部發動大型攻擊，漢口失守。起義軍放棄漢口。陸軍中學的學生士官等均受命退守設在漢陽兵工廠的民軍司令部。

馮國璋焚城　戰況趨烈

進入十一月的頭一天，清廷任命袁世凱為內閣總理大臣。清軍攻陷漢口後，馬上圍攻漢陽，漢陽保衛戰開始。

此前，在馮國璋指揮下，北洋軍與起義軍激戰四晝夜，於十一月一日攻陷漢口。馮國璋縱兵燒殺搶掠，從橋口到蔡家巷繁盛之區變成一片廢墟，無辜居民死傷甚眾。

馮國璋激勵他的部隊，不難看穿這些人的鄙陋嘴臉，所用口號是「打下漢口，黃金萬斗；人人升官，美女搶走」，根子上就是一絲不掛赤裸裸的小流氓心態。

清軍佔據漢口市街後，則反其道而行之，大肆焚燒，大火五晝夜不熄，煙塵蔽天，火焰遍地，以數十萬民眾之漢口，一時避敵情急，東邊武昌方面，遭敵人射擊，而且是武昌之防線，當無渡船可達。僅有西邊蔡店方面，雖能由漢水北岸陸路可通，但亦有敵人側射之危險。惟有直渡漢水過南岸，較為接近。而浮橋雖有數座，僅供軍隊轉移，尚屬擁擠不堪，稍一不慎，直落水底。其時渡船雖屬不少，但俱是小船，小者容五、六人，大者亦僅能容七、八人，試問何日可運完？如稍有爭上搶下，或站在一邊，很容易沉沒或傾覆。況且民軍一退，敵軍即追蹤進至漢水北岸，時有槍炮彈落於兩岸。當是時也，真是屍浮長江，血紅漢水，悲慘之狀，實非筆墨所能形容於萬一。偌大繁華街市，數日之間，付之一炬，僅餘遍地灰燼和敗瓦頹垣而已。民眾生命之犧牲，財產之損失，難以數計。提起清軍，令人髮指。但在當時民眾心裏，對革命政府，毫無怨言，只一心期望打倒萬惡滿清，建立中華民國，為唯一之願望。

北洋軍暴行激起國人極大憤怒，全國各地紛紛通電聲討馮國璋及北洋軍的罪行。北洋軍開始隔江炮轟武昌，起義軍指揮部受到嚴重威脅。清政府為酬答馮國璋戰功，賞給他二等男爵。馮國璋當時不瞭解袁世凱操縱議和及謀奪政權的底蘊，所以一味主張乘勝進軍，以便攻下武昌，撲滅革命。袁世凱擔心馮國璋壞其好事，急調段祺瑞接替馮的職務，統率湖北各軍，而將馮國璋調任察哈爾特別行政區都統，馮氏返抵北京還未及赴任，又奉命留京統籌京畿防務，兼任禁衛軍總統。

十一月一日後，戰況轉激烈，黃興率領敢死隊督戰。傍晚清軍自王家墩來攻，民軍三面佈防，右翼首先遭到敵人大炮轟擊和機槍壓制，漸覺不支，稍後左翼及正面亦被突破。又過一天，清軍在劉家花園一帶開炮亂射，藉以造成心理壓力，同時竟在漢口街上四處縱火焚燒，火勢兇猛，到傍晚時分，老百姓紛紛出逃。黃興返武昌與黎元洪會商，因當時起義部隊中新兵太多，軍官中不少人畏葸不前，再加以舉事倉促，民軍各隊士兵看見死人漸多，恐懼感大增，有的乾脆棄槍逃亡。武器方面，民軍所用重武器為山炮，北方來的清軍所用為退膛炮，火力懸殊大。三日，黎元洪在閱馬廠登壇拜將，以一大旗贈與黃興，上繡「戰時總司令黃」。黃興隨後發表演講，特意強調民軍面臨的危險性，他特意指出，若不拼死作戰，待敵人攻入我軍心臟，後果不堪設想。於是以李書城為司令部參謀長，王孝縝、吳兆麟等人副之，從事漢陽作戰計畫。拜將次日黃興率幕僚登上龜山山頂，觀測漢口敵方動態。遭敵方炮擊，不過炮彈均越過龜山落入後面江中，幸未造成傷亡。

苦撐待變　戰況膠著

張任民〈我參加辛亥武昌起義憶述〉談到這幾天的戰事，說是黃克強先生已到武昌，黎元洪特地築台拜將，將前方部隊官兵都交請黃先生指揮，黃氏亦過江身赴前線。此時北兵已展開對漢口革命軍的攻擊，激戰頗烈，支持了兩天多，北兵已有一部突破了漢陽的陣線，革命軍大部退了下來，因此漢口的左翼已受威脅，軍心開始動搖。都督黎元洪檄調武昌守軍悉數渡江增援漢口。此刻陸軍中學生大部份也上了火線。張任民所在的廣西陸軍中學生一百餘人，參加了漢口大智門的攻防戰，那幾天，戰事至為激烈，終因第十五協的老兵太少，新兵太多，支援不住，終於潰了下來。在此次戰鬥中，廣西同學，幸無死亡，只傷了三人，計一期同學李孟庸（桂林人）負了重傷，子彈由左胸穿肺，透過背部。另一個一期同學陸華（桂林人）傷了左手掌。二期同學黃紹璟，左腿被子彈透入擊穿。其他同學都平安無事，由漢口渡江狼狽退回武昌。

日本《報知新聞》記者內藤當時在黃興司令部採訪，寫下了他的觀察：「談笑間，文書札子自都督來者絡繹不絕，黃興一一予以復書，裁決如流，雖甚繁劇而處之裕如，且語且判答。」記者見他忙甚，遂起身告別，黃興取雲箋，援筆書「秋高馬肥」四字相贈。

隨後指揮王隆中部，佈防於漢陽一線。程潛自上海來，黃興即命令他指揮炮兵團。其間還寫了一封信給袁世凱，勸他起義歸誠，勿為清廷所用。袁世凱親至前線督戰，此時他是欽差，節制各軍。他先修書致黃興，玩兩面派手法。黃興復書，談到清廷治下，生靈塗炭，滿清官場，衣冠禽獸，沒有一件事情不與人道相背道而弛。漢口本是商賈百貨流通之地，現竟被清軍焚燒成廢墟，信中也恭維袁世凱，目的是使他反戈一擊，直搗虜廷。

十一月二日，黃興移駐漢陽昭忠祠。總兵站設在龜寵寺。第四協守衛南岸嘴，梁邦福率一標守黑山，熊秉坤守十里鋪，其間，熊秉坤上書請求阻斷三眼橋。黃興親往一觀，覺得有道理，派遣兩支敢死隊守衛湯山、三眼橋。

十一月中旬，黃興下令反攻漢口，此時袁世凱已殺吳祿貞，遂能毫無顧忌，大打出手，以全力對付武漢。馮國璋部試圖渡河偷襲。王隆中、甘興典兩旅到，黃興下令反攻。

十五日，萬耀煌等參謀人員隨黃興出發，徒步到花園，企圖切斷清軍後路。途中遇到湘軍協統王隆中，大家向琴斷口前進。王隆中問黃先生有何新消息，黃興告訴他：「福建已經獨立，都督孫道仁，又是我們湖南人」，萬耀煌聽到後，「心為之一冷，像克強先生這樣的英雄，當以天下為己任，怎麼也會有地域之私」，萬參謀心中不禁嘀咕起來（參見《萬耀煌口述自傳》二十六頁，中國大百科全書出版社）。

十六日下午三點，民軍在花園和武昌鳳凰山據為陣地，向清軍展開炮擊，王隆中、甘興典、熊秉坤分呈扇面陣形，展開梯次渡河。當晚，兩軍相持於玉帶門一帶，射擊猛烈，無一刻間斷。黃興率指揮部渡過浮橋指揮。因部隊新兵過多，不知應戰，射擊技術粗疏，戰事失利，次日退回漢陽。不料因午飯拖到兩點以後士兵疲憊已極，狼吞虎嚥，大快朵頤。正在此毫無防備之際，清軍發起攻擊，以機關槍持續射擊，民軍陣營頓時大亂，因以瓦解，參與指揮的石陶鈞說，黃興親自督戰，仍無救於全線的崩潰，漫山遍野，無法收拾，士兵爭先恐後搶回右岸逃生，不少人擠落水中。本來已經長時間鏖戰，馮國璋部隊已不能支，且看黃興指揮，心中畏懼，備車將逃。不意這一偶然反衝鋒，竟打中起義軍的軟脅。回到漢陽後，黎元洪派蔣翊武慰勉黃興。

那幾天，連續下雨，道路泥濘，到琴斷口潛渡襄河，士兵穿草鞋，一步一滑，過浮橋時不斷有人掉進河裏。工兵司令唐蟒點燃一棟無人居住的民房作為照明，才勉強過河。行軍到了漢口上游的羅家墩，官兵疲憊不堪。

他們所面對的是北洋四、六兩鎮，乃訓練有素的勁旅。兩鎮野炮加過山炮八十餘門，火力強大。左襄河，右後湖，前據張公堤，地形有利防禦。

起義軍這邊呢，有湘軍王隆中一協，多為新兵補充；再就是甘興典一協，原是巡防營，戰力脆弱；還有熊秉坤的第五協。至於武器，大火力的僅有山炮六門。夜半才到羅家墩，原擬夜襲強攻，也因作戰位置不清而作罷。

漢陽失守前，甘興典部守衛三眼橋，毫無紀律，司令部各參謀對之甚為擔心。結果首先敗退的就是他的部隊。革命軍其他部隊只好死守。過了幾天，張振武帶人來到參謀本部，見到萬耀煌，問訊下一步動作，萬參謀回答說，請他親率敢死隊渡江往漢陽，協助黃總司令。張振武率五百人渡江而去。接著參謀部副部長吳兆麟也來了，他要求另一副部長楊璽章代他去黃總司令那裏，換吳兆麟本人下來休息。倆人說不到幾句話就大吵起來，甚至拔槍威脅。萬耀煌只好做和事佬，折中說乾脆大家都去漢陽好了，吳、楊二人這才接受了。次日到了漢陽，正值張振武率領敢死隊攻擊鍋底山，「我們到了千里鋪，同往高地視察戰況，不幸，我們走了不遠，楊璽章即被流彈射中睾丸，他連笑不停，當我們用門板把他抬到漢陽西門時，他已氣絕。我們的夥伴就這樣離開我們而去了，實在令人痛惜！」（《萬耀煌口述自傳》三十二頁，中國大百科全書出版社）

黃興先生坐在一民房內，神情疲憊，當時有參謀和一個日本人陪著他，有人建議黃興退卻，萬耀煌就站出來說退卻不妥，因為退卻比進攻還危險，出了那間小屋，又遇到工兵司令唐蟒，這位唐先生性格莽撞，他就說這時候要退卻，我是不幹的。於是照原來部署進攻，這時已經天亮了，左右兩翼進展還算不錯，中路軍受到敵人的猛烈火力壓迫，進展緩慢，激戰至中午時分，傷亡漸多，部隊出現動搖的情形，下午部隊就開始潰退，黃興拔刀阻止也無效果，又受到敵軍炮火的延伸轟擊。黃興憤恨交加，幾乎就要拔刀自裁，余鴻勳等人趕緊扶著他後退，敵人也沒有來追，部隊差不多退光了，萬耀煌還在尋找戰友耿丹等人，不見蹤影，意外遇到了熊秉坤率隊等待，大家一同後撤。

對於這個戰役的失敗，萬先生以為打正規的攻防戰不是指揮者的長處，在戰鬥之前不能不先衡量敵我雙方的力量。

恰在這期間，章太炎發電報來，申論他的「革命軍起，革命黨消」之論，認為以黨組軍不是正途，黃興忙於戰事，覺其莫名其妙，沒工夫搭理他。

橋口之戰，甘興典部遇敵即潰，導致黃總司令亦退。熊秉坤未及撤離，遂被包圍。力戰得脫。這是十一月十七日的事情。

當日六協十一標標統楊選清結婚貽誤戰機，被正法。不幾天，甘興典縱兵殃民被槍斃。甘興典這個人，誇誇其談，酗酒無度，不懂訓練，起先自薦於黃興，黃興急於火線覓將，委以重任，竟遭大敗，其人畏罪，率兵逃亡湖南，沿途劫掠，被都督譚延闓擒獲殺之。

稍後幾天無戰事。

十一月二十一日至二十五日，互相進攻互有勝負。但是起義軍方面，每天耗費的子彈不下六萬發。二十三日，清軍向漢陽猛撲過來。陳果夫組織來自南京陸軍中學的學生，集中編成一支百餘人的隊伍開赴前線，這支特殊隊伍在戰鬥中英勇善戰。不久漢陽失守，陳果夫隨軍撤至武昌。

戰局逆轉　黃興南撤

下旬，清軍又集中數千兵力，由新溝渡河至蔡甸，準備向漢陽進攻。黃興召集各部隊長官打氣，認為全國十分之七、八為民軍所有，各省紛紛回應，請大家努力支撐。

在上海的各省代表，陸續致電黃興、黎元洪，承認武昌為民國中央軍政府。學者黃侃拜訪黃興，本來黃侃從湖北蘄春周邊各縣已糾集三千餘人，欲作為補充兵力，投到黃興麾下，惜因奸人阻撓，功虧一簣。兵力缺乏，能戰之士更少，於是黃興致函江西李烈鈞，促贛軍速派部隊支援。二十一日，清軍以馬隊向三眼橋反復衝鋒，均被打退。隨後，清軍因在此處難以得手，遂轉攻美娘山，並迅速佔領。民軍騎兵由馬隊第二標第二營管帶祁國鈞率精兵七十餘人抵死反衝鋒，擊斃清軍指揮官，斬獲甚多，陣地由此奪回。幾乎同時，武昌花園一帶陣地由來援的湘軍協統劉玉堂指揮，和清軍展開劇戰，衝鋒多次，均被敵方機槍壓制，未能攻克，劉玉堂在此役不幸中彈陣亡。

二十六日早晨，熊秉坤所部為敵人所截擊，力戰突圍。走到南門，眾人爭船搶渡，士兵紛紛落水，溺水而亡者三百餘人。隨後，花園山、扁擔山等處陣地被清軍突破，總司令部所在地已暴露在敵人炮火之前，於是緊急搬離漢陽兵工廠的物資。

戰局逆轉，軍心渙散，黃興失去駕馭能力，部隊全線坍塌。總司令部為敵炮摧毀。輜重營長胡祖繩唯恐倉庫被敵人利用，縱火焚燒之，黃興見援兵無望，又見倉庫烈火熊熊，認定大勢已去，即放棄指揮。

此時參謀部副部長楊璽章因督戰而陣亡，可用的成建制部隊更少。黃興見漢陽已失，欲自裁以謝同胞，被黎元洪派人保護阻攔。至此軍政府在不得已情況下，黃興主張放棄武昌，率所餘火種轉攻南京，將南京建為穩固根據地後，再圖恢復。現武昌不支，若強撐至坍塌，導致動搖各省，將得不償失。

黃興等人撤至武昌後，軍政府召開緊急會議。黃興在會上主張棄守武漢。陳果夫也認為黃興所言有理，既然武漢難保，不如光復南京，來個圍魏救趙。未能取得共識，孫武、張振武，立即起而頂撞黃興的言論，他倆以為，現在各省勢力最堪依靠，如果急電乞援，必有收穫，勝負尚未可知，主張固守武昌。張振武甚至拍案而起，拔劍斫地，表示憤慨，聲言必將抵抗到底。黃興於十一月二十七日夜渡江至漢口，次日搭船東下。

當天熊秉坤由沌口渡江，尋找黃興，則黃先生已退往南京了。城內民房被敵彈擊中燃燒，人人自危。黃興退卻前，黎元洪召集軍事會議。座中有人請報告漢陽情形，黃仍著草鞋懸水壺，方渡江而來，神態如常，並未驚慌。他說：「兄弟決心放棄漢陽者，因鄂軍與湘軍不能一致，湘軍中防營與新兵意見亦異，而敵勢猛銳，戰守毫無把握，逐焚糧台，毀槍炮廠，免資敵用。今日開會，如都督決心放棄武昌，以免炮火累及無辜：余更將率全軍增援南京。」

據張之本回憶，當時情形尷尬而緊張，大家聽黃興這樣打算，滿座無語。

在場人士咸抱有不成功便成仁之決心，豈肯輕言棄守？如果不是黃興平素的威望，只怕早已群起而攻之了！當時由留日海軍學生范騰霄起立發言：「苟漢陽失守，係在於軍隊之不和，此輩軍隊，既不能守漢陽，又奚能攻南京？且南京已另有革命黨人作戰，鄂軍千里跋涉，能有若何助力尚不可知；而武昌首義，全國矚目；輕易棄守，或以為我輩勢力已告崩潰！諸公必須抱與城共存之決心，以待天下英豪之回應。」全體熱烈鼓掌，空氣頗為緊張。黃興說：「眾志成城，武漢付託諸公；兄弟決率一部助攻南京。」其民主風度，予人印象甚佳。

退卻期間的奮鬥

馬超俊先生所述武昌首義之後黨人退卻期間的細節，也頗令人震顫。民國元年二月，中山先生就任臨時大總統，馬超俊等人前往謁見，先生翹著大拇指讚揚他們：「你們冒險犯難，是真正革命志士，此舉為我廣東爭光不少。」

「正暢談時，黃克強以陸軍部長的身份，著陸軍上將戎裝，佩劍，來謁總理。我見到他後，想到死守漢陽兵工廠一段慘痛回憶，不覺怒火中燒，責罵他說：『你做大官了！升得好快呀！你要我們死守漢陽兵工廠，不但援兵不來，你自己卻溜到上海了。』想到廣東同志犧牲慘重，真欲飽以老拳，經總理排解而作罷。」（《馬超俊回憶錄》十九頁，《馬超俊口述自傳》，中國大百科全書出版社，二〇〇九年二月版）此不特有補民國史之闕，也足堪調整人事之認識。

辛亥元老，如馬先生等一大批人，功勳卓著，卻只知做事，鄙視夤緣。毅然以聖賢之道自任，其心坦蕩如見肝肺。老同盟會健將梁喬山先生，入民國後已是耄耋老者，有名的白屋詩人吳芳吉先生以晚輩執弟子禮甚恭。他們有過一次長談。梁先生頗為傷懷地說道：「同盟會中，真正革命的人，現在都是窮的。可是這話說來長了，也不必向人說」（《吳芳吉集》三九五頁，巴蜀書社版）。可見革命黨自黨魁領袖，至赴義戰士，其初衷所寄，絕不在生前名利的攫取，也不在死後峨峨之銅像與巍巍之穹碑。

讀馬先生回憶錄，深沉純粹的感情，光明猛進的性格，在在可見可感。

原來，武昌首義後，馬超俊在香港接到黃興電報，迅即組建一支七十餘人的華僑敢死隊，由海外華僑與輪船現役海員組成，馬超俊為總隊長，馬伯麟為副總隊長，下轄三個分隊，由劉定邦、嚴兆聰、劉元興三人分別擔任。到達漢口，又有粵籍同志十多人參加。當時革命軍已退至漢陽，敢死隊歸金洪鈞統領指揮，正式參加作戰。

十一月十七日，敢死隊自琴斷口渡河，向漢口大智門進攻，張彪率隊反攻，敢死隊英勇作戰，以一當十，兩次大敗敵軍，後以援軍不繼，乃退守漢陽。

十一月二十一日，馮國璋派重兵攻漢陽兵工廠，黃興急調該隊防守。馬超俊率隊進廠時，員工早已星散。只有他從前所組織之工運同志陳鏡如等數十人尚在。馬先生請他們加入，共同捍衛工廠，他們慨然應允。當時清軍攻勢甚銳，敢死隊堅守伯牙台、梅子山等險要，學生軍亦參加作戰，苦守四日，傷亡甚重，二十五日，北軍即將合圍，黃興於下午五時來廠，親自對馬超俊說：「武漢三鎮，革命軍諸多失利，漢陽兵工廠，為重要據點，萬不可失，此次義舉之成敗，胥賴此戰，希望廣東同志，務再堅守一日，湖南、江西援軍，即可到達。」言時，聲淚俱下。

馬超俊臨危受命，死守待援，哪知連守三天，未見援軍，部隊死傷大半，彈盡糧絕，分隊長嚴兆聰、馬福麟均陣亡，馬超俊亦負傷，北軍佔領龜山，革命軍已放棄漢陽，退守武昌，得知黃興已離漢赴滬，眾感不平，馬超俊決定率部突圍，奪取小艇十餘隻，自觀音閣偷渡長江，至江心遭北軍炮擊，舟小人眾，不堪震盪，僅馬先生跟馬伯麟、凌定邦三小艇所載二十餘人倖免外，其餘均中彈沉沒，所有同志，隨波逐流，葬身黃鶴樓下。這是敢死隊死守漢陽兵工廠的慘重犧牲。

倖存的官兵過江到武昌漢陽門，守城的是張振武、蔣翊武、方維等將領，都是起義將士。馬上延之入城，護送至武昌都督府，謁見黎元洪，黎氏大加慰勉。當時清廷已將瑞澂革職，派薩鎮冰統帥兵艦赴援，泊漢口下游，準備以巨炮轟武昌，黎元洪焦急萬分，擬致書薩鎮冰，曉以大義，勸他反正，但又無人敢冒險前往送信，馬超俊看到此種情形，就毛遂自薦，願一死報國。當天夜晚，他帶著信，用小划子偷渡長江，到漢口租界，找同鄉韋紫封，託他設法找船，韋先生向某洋行借得小火輪一艘，由在招商局服務的同志黎玉山陪伴，向薩鎮冰所乘海圻旗艦駛去，小火輪懸英旗，未遭阻拒，等接近旗艦時，船上詢問小輪來意？馬超俊回答說給薩軍門送信，乃准許隻身登艦，海軍列隊握槍，戒備森嚴，經過周密檢查後，薩鎮冰向他要信，馬先生說機密要件，必須面交，獲薩應允，乃得晉見，並將黎元洪信函面呈，上款寫：「丁文夫子大人！」內容主要是勸降，語甚婉轉，略謂識時務者為俊傑，薩鎮冰閱畢考慮三小時之久，這漫長的時間裏，馬超俊一直在旁摒息等候，最後薩鎮冰乃親筆作覆云：「宋卿學弟：示悉，各盡其職，此覆。」下款簽薩鎮冰三字。馬超俊接信後，即返輪赴武昌報命。此時，黎元洪為避清軍炮擊，已遷居洪山寺。馬先生乃到洪山寺晉見，並將薩氏的回信呈上，黎元洪看信說：「語雖雙關，但無惡意，你不虛此行」。馬先生當時向黎報告道：「在我登艦時，艦上炮衣已脫下，正向武昌方面準備射擊；等我下船後，炮衣又都穿上了」（參見《馬超俊口述自傳》，中國大百科全書出版社，二〇〇八年版）。馬超俊所運動海軍反正，其事本已有一定基礎。十一月中旬，進攻武昌的清海軍反正，海軍提督薩鎮冰，與黎元洪是師生，艦隊參謀湯薌銘與湯化龍乃屬昆仲。

其後，各艦自武昌下駛九江，薩鎮冰稱病離艦赴上海治病，黃鍾瑛任艦隊司令，經九江林森勸說，艦隊歸附革命軍。海軍下駛後，武漢轉危為安，黎元洪又約馬先生面談，大為嘉許，要馬超俊作他的參謀，所有華僑同志也留在都督府工作，大家商量後，認為大家從廣東北上，是為革命，非為作官，都不願留在武漢。大家分乘幾條小船漂到九江。那時，吳鐵城也在九江，他派人到船上慰問，並按名每人贈川資五元。殘存的華僑敢死隊遂離開九江，乘江永輪順江而下。途經安徽、江蘇，兩岸各城，均先後光復，船行無阻，到上海已是舊年除夕了。

十一月二十八日，王占元和李純等部隊聯合攻陷漢陽，清廷晉升王占元為陸軍第二鎮統制官，並賞陸軍副都統銜，正二品。

這一天，在革命軍方面，戰略上採取劃段防守，第一協防守白沙洲，第二協防守武昌城，第三協防青山，第四協防筷子街，第五協防守氈呢廠，第六協住房洪山為總預備隊。第七、八兩協，守衛金口、君山等處。黃興南下後，代理總司令蔣翊武駐洪山。

黃興率部在漢陽堅持和清軍對峙一月之久，為各省光復騰出時間和空間，清廷看到大勢已去，方遣使著手南下議和。民國肇建之基礎在此。十二月二日，清軍炮擊軍政府，導致大火不滅，黎元洪出城走避。恰逢傳聞袁世凱同意談和，又將其迎回。不久，和議果然成功。

辛亥之戰檢討

武昌起義後戰事不利、戰鬥失利的成因甚多。老兵多為下級幹部與各級班長，列兵之中，新招之兵，幾超半數，一時無軍裝可穿，原穿著長衫者，即以布帶纏腰，紮其下段；著短衫者，亦以布帶束其腰，部隊迅急編成，倉猝應戰，新兵訓練，只能做到裝退子彈，各種射擊姿勢與衝鋒技能，均不熟練，其他均無時間教授，此系就步兵而言。如像炮兵、工兵，根本不能成建制編成，因其無時間可以訓練。當戰鬥打響，第一線老兵開始射擊，而新兵竟有在第二線開槍者，其無軍事知識可知。

張任民先生回憶，武昌自黎元洪出任鄂軍都督後，開始臨時大招新兵；此時武漢完全受了革命氣氛所籠罩，人民意氣奮發，尤其那些苦力壯丁，如拉車的車夫，當時在武漢三鎮即不下數萬人，因此一呼之下，他們盡變成新兵。武漢的軍用物資，甚為充足，歷來就是軍需工業的供給之區，漢陽兵工廠及軍械庫均為貯蓄槍彈之所，據聞存槍不下數萬枝，子彈存量之多，為任何地方所不及。故革命軍一旦佔領了武漢，也就是革命黨人最理想的計畫，更是最成功的舉動。「不過當時最感困難的，就是軍事人才太少，部隊中的官佐幹部原已缺乏，雖然有成千的陸軍中學生，但多數年紀太輕，尚未成熟，學術固然膚淺，經驗更談不上，所以忽然要增加編組幾萬人的軍隊，只有將當時第十五混成協的步、炮、工、輜原有的部隊來擴充漲大，這麼一來，變成了新兵多、老兵少。原來的士兵都要變成軍官。質素既變，戰鬥力就弱了。所以後來漢口、漢陽的戰事，最初氣勢很盛，與北軍初步接觸，還可以小勝；後來北兵多了，革命軍就有些頂不住。至於我們這些陸軍學生，當然也有很多做了下級軍官，但多數是湖南與湖北本地人，其他省份時同學多數仍留在武昌城中，不易外用。」

至於軍政府參謀長李書城對武昌起義與清軍戰後的總檢討，則以為：

戰略上，應拖延時間不進攻或緩進攻漢口，因漢陽防禦工事板牢固，宣傳有聲威，按兵死守。則敵不敢輕舉妄動，假使他們試圖來攻，則地形於我極有利，敵人將吃虧。如此拖延，使各省鞏固，民軍支援增多增強，則於武漢戰事大有利。

戰術上，漠視新兵訓練程度，運用超出預期。基礎與戰力嚴重脫節，重書本乃輕實際。造成這樣的戰例：退卻途中並無敵軍追擊，我軍倉皇驚亂，落水而死者一次達數百人之多！敵軍則訓練有素的北洋軍。於是進攻漢口不遂，更引起漢陽失守，言之痛心。（《辛亥革命回憶錄》第一卷，一九三、一九四頁）

談和條件甚荒謬

黃興回到上海，心情不佳，自認戰事失利，責任難推卸。人或勸他說，自黃花崗起義以來，全國人心皆趨向革命，這就是了不起的成功啊！黃興心中仍著意於北伐。

於是致電催促廣東都督胡漢民，促他派數營兵力，前來壯大北伐隊伍。胡漢民回電說，已公推姚雨平為正司令，馬錦春為副司令，已向上海出發。黃興與柏文蔚、林述慶等商量後，議定，北伐應將攻擊目的推進到黃河南線，以期屏障將在南京成立的臨時政府。同時要派出暗殺團，插入敵後，擾亂其大本營，相機奪取山東、河南。

在同盟會會員策劃和支持下，新軍第九鎮統制徐紹楨，於南京城郊秣陵關起義。徐紹楨與上海都督陳其美及蘇浙起義軍將領商定組建聯軍會攻南京，徐紹楨任總司令。十一月十一日，聯軍司令部在鎮江成立。十一月二十四日至十二月一日，在總司令徐紹楨的統一指揮下，聯軍相繼攻佔烏龍山、幕府山、雨花臺、天保城等據點。後黃興趕來加入指揮。十二月二日一舉攻佔南京城。至此，長江以南全部為革命軍所有。

議和的事，袁世凱的歪腦筋動輒就有餿主意。此時他已受清廷之命，回京組織內閣。他以為必須攻克漢陽，方能挫煞民軍銳氣，這樣談判桌上才有足夠的籌碼。十一月一日，清軍攻陷漢口。同日，攝政王載灃宣佈解散皇族內閣，交出全部軍政大權，以袁世凱為內閣總理大臣。黎元洪和黃興、宋教仁等過高估計了袁世凱的力量和自身的困難，企圖利用袁世凱和清朝貴族之間的矛盾，以大總統的位置動員他倒戈，將傾覆清廷的希望寄託於他。十一月二十七英駐華公使朱爾典向其本國發電報告：「清軍攻克漢陽，革軍退避武昌，軍心已挫。黎都督元洪現預備承認立憲政府」，起義軍指揮層見北伐無望，且武昌也有失陷的可能，遂同意黎元洪通過英國駐漢口總領事與袁世凱聯絡。袁氏的密使劉承恩、蔡廷幹過江，和黎元洪談判。假座漢口英租界順昌洋行，各省代表議決，請黎元洪以大都督名義，執行中央政務，與袁世凱有對等之談判地位。十二月一日，雙方議訂停戰三日。此後又擬定雙方派出代表討論大局。隨後陸續簽署六次協定，延長停戰期到次年一月底。

十二月七日，清廷命袁世凱為全權大臣，由他委派代表馳赴南方，討論大局。於是袁世凱就委託唐紹儀為議和全權代表。南方十一省軍政府則公推伍廷芳為民國議和全權代表，隨同參贊有溫宗堯、汪兆銘、王寵惠、鈕永建，湖北特派代表為胡瑛、王正廷，這班人共組議和代表團。

其中，汪精衛剛於一個月前從監牢中赦免出獄，他和楊度組建了國事共濟會，在十一月底，給軍政府都督黎元洪寫了一信，交袁克定的手下送往武昌，密約南北停戰議和。兩天後，他們抵達漢口，唐紹儀也來了，但這時得知，伍廷芳受張謇、趙鳳昌等人說項，不願來武昌，邀往上海談判，於是，袁世凱又命唐氏赴滬討論。十八日，雙方代表在英租界議事廳舉行首次會議，南方主議題：清帝退位，建立共和。北方唐紹儀說「共和立憲，萬眾一心，我等漢人，無不贊成。不過宜籌一善法，使和平解決，免致清廷橫生阻力。今所議者，非反對共和宗旨，但求和平到達之辦法而已。」則屬話中有話。

不過就在唐紹儀南下前一天，清廷方面開出和談條件，共有二十二款：其中說，大清帝國改號中華聯邦共和國……但又說，第九條：國王例為世襲，但大總統以四年為任期；第十二條，國王為萬世一系；第十四條，除大總統外，所有國民皆為臣民；第十六條，凡與國王為敵之國家或其君主或大總統，吾大總統亦視之為仇敵……（見《鄭孝胥日記》一三七一頁，中華書局）。

一般事務，鄭氏記載簡略，鄭孝胥何以將此條款記錄如此詳細？不憚其煩逐條記錄，蓋出於投機也、觀風也、押寶也。如在新朝有其地位，則擁新朝，當然這不太可能。如不能棲身新朝，則恢復到他原來的「忠心耿耿」。

就在和議尚未達成的時候，在北京的親貴，將宮中款項，設法移出，約有九百萬兩。但親貴自家的私蓄，就有兩千九百餘萬，他們都不肯借作國債，只有慶親王出十萬而已。所以，鄭孝胥以為「雖謂親貴滅清可也」。

知識界的反應

一九一一年秋冬之際，當時年輕的讀書人如白堅武，他倒對辛亥革命別有看法，「余再返津，奔走於秘密團體者再，品流雜甚，不足語」，蓋因革命到來時，趁火打劫者有之，因利乘便者有之。

武昌起義的第二天，鄭孝胥日記：「聞鄂亂，湖北兵變，先據兵工廠，漢陽已陷。瑞帥在兵輪上……電奏破獲劉耀璋，正法三人，擒三十二人。」可以說把這一天的大事都獲知並予以記載了。十月十九日則寫道：聞武昌今日進攻，匪敗退入城。

鄭孝胥一九一一年十二月二十一日日記，對端方、趙爾豐之被戮頗表惋惜。武人中，他認為張懷芝較強硬，比張紹曾好得多。「官吏中皆不逮張懷芝遠甚。」對於學界情形，值此轉型的巨流，他引他朋友的話說，「經此世變，士君子面目可概見也。南方學者，果不值一錢也。」

這樣的詼皫，真可謂，算來算去算自己。不值一錢者，正鄭氏之輩也。

這期間他似乎並未憂心忡忡，仍在和一班官僚名士賞畫、買書、鑒賞古玩玉器，他也寫到北京的亂象「大清銀行取銀者數萬人，市中不用大清鈔票，金價每兩五十餘換，米價每擔二十元，銀圓每元值銀八錢餘，訛言廿八（十月十九日）有變，居民出京者相繼。火車不能容，天津船少，內外城戒嚴。」

武昌起義的第三天，一九一一年十月十二日，在美國留學的胡適即已得到起義的消息。他在日記中簡略記述，說是革命黨起事，新軍為內應，又過了兩天，他寫道：「武昌宣告獨立，北京政府震駭失措。乃啟用袁世凱為陸軍總帥，美國報紙均袒護新政府。」這幾天，他很關心國內的消息，關心袁世凱究竟是否為清朝所啟用；及至得到肯定的消息，他在十七日的日記中罵道：「相傳袁世凱已受命，此人真是蠢物可鄙。」

羅振玉如何看待袁世凱呢？辛亥年，學者羅振玉在學部任職。武昌變起，都中人心惶惶，當時他的朋友王國維也在京，遂相約各備大米、鹽巴等生活必需品，以備急需。對袁世凱的出山，他的看法則是，「及袁世凱再起，人心頗安，然予知危益迫矣」（江蘇人民版《雪堂自述》三十九頁）。

這時他的日本友人安排他東渡，遂舉家遷日。後來他回憶說，他將出行時，漢陽已被清軍攻下，武昌還在革命黨手中，那些人勸他等到時局完全不可為之際再走，因為在那些人心中，以為大局還有挽回的可能。羅振玉不顧這些，依然成行。其間一個焦點，乃是他們對袁世凱毫無信心，在某種程度上，這些小型號的清朝遺老視袁世凱，並不比革命黨更好。

保皇派梁啟超等人對中山先生頗多誤解，到了武昌起義之際，他給他的朋友發一電報，說是「用北軍倒政府，立開國會，挾以撫革黨，國可救，否必亡。」（丁文江《梁啟超年譜長編》五五三頁）。

除了立開國會算是不錯的提議，其餘整個基本不成話！北軍成了他的政治天平，眼光既差，用心亦甚可疑，北洋軍倒清廷，還要鎮服革命黨，他的算盤不出袁世凱的那點小九九，其政治智慧亦云小哉。

他又在給他朋友的信中說，「天禍中國，糜爛遂至今日。使革黨而可以奠國家於治安，則吾黨袖手以聽其所為，亦復何恤。無奈其必不能矣。彼先有割據之心，不能先機直搗北京，已為失計……」這封長信接下來大肆詈罵黃興、孫中山，竭盡挑撥、潑污、謾罵、自慰之能事，然而，於事不符。所謂不能直搗北京，正是他所冀望的北軍在上下其手，而以為中山先生所領導之同盟會破裂分崩，也屬小人之心而度君子之腹。事實是，當時中山先生正在趕回中國的途中，而且一分鐘都未閒暇，四處籌集款項，與外國政經各界的大佬說明革命的意義，使其對中國革命抱有好感，並在具體進程上助力於關節樞紐，譬如在十月二十號的時候，他正抵達紐約，得知情報，他的部屬正急於攻打廣州，於是中山先生果斷致電兩廣總督張鳴岐，勸之獻城投降，同時電令部屬保全張氏的性命，這個目的果然達到。當時國內各種組織或傾向革命的團體，莫不希望中山先生早日回國領導，因為他們知道，黎元洪缺乏將才，難以維持。是故各地對先生的企盼，乃如久旱之望雲霓。他的經驗、經歷、眼界、學殖、胸襟，等等，都是保皇派難以望其項背的，至於他在民間的影響，不要說富裕華僑傾資襄助，就算「至貧困之人，亦樽節其用以助吾事者」（《歷史檔案》一九八五年第一期〈孫中山與法記者談話記錄〉）。

正如學者高良佐先生指出的：梁啟超以及一切保皇派的種種懷疑和猜測，恰似愛德華（英國政治學家）所說，是由於他們從法律假定上所生出的迷信，他們距離瞭解革命意義的程度，不免太遠了。

何以梁啟超等醋勁大發？乃出於一種酸葡萄心理，對清朝廷恨之入骨，而無能為力，他們那一套不靈嘛！看到他人成果，立馬雞蛋裏面挑骨頭，否則還怎麼活下去？輿論界又有何市場可言？

共和之來，民氣復蘇

這時各省代表籲請黃興出面組閣，呼聲日高。

到了十二月下旬，黃興明確發表他的意圖：「孫中山先生正在歸國途中。先生是同盟會的總理，他未在時我作代表，他已啟程我若還到南京就職，將使黨內同志發生猜疑。太平天國初步勝利後領袖爭權，導致慘敗，我們要引以為鑒。」

十二月二十五日，中山先生返國抵滬，黃興即與陳其美等人前往吳淞歡迎。

一九一八年，中山先生追述辛亥革命爆發時他的活動情況說：「武昌起義之次夕，於時行抵美國哥羅拉多省典華城（即科羅拉多州之丹佛市）……時予本可由太平洋潛回，則二十餘日可到上海，親與革命之戰以快生平；乃以此時吾當盡力於革命事業者，不在疆場之上，而在樽俎之間，所得效力為更大也。故決意先從外交方面致力，俟此問題解決而後回國……吾之外交關鍵，可以舉足輕重為我成敗存亡所繫者，厥為英國」，於是經紐約前往倫敦。在該地約十天，任務完成，「乃取道法國而東歸」（見《孫中山選集》一九八一版，第二〇八－二一一頁）。

「過巴黎，曾往見其朝野之士，皆極表同情於我，而尤以現任首相格利門梭（即克列孟梭）為最懇摯。」

當時還會見東方匯理銀行的經理西蒙，問西蒙能不能儘快向臨時政府提供貸款。並商談一筆借款，使中國能夠用以付清庚子賠款，中國「已經表現出來的民族感情」要求「收回海關的徵稅及控制權」。中山先生請西蒙轉告法國政府，希望「對它的盟友俄國施加一點影響，阻止俄國去同日本沆瀣一氣」。

中山先生回到上海，在哈同花園和黃興、陳其美、伍廷芳、汪兆銘、胡漢民等多人會晤。這幾天，各地各團體歡迎電報翩然而至。同盟會、各省都督、江浙聯軍總部、江西軍政府及軍、紳、商學各界公電紛紛馳來，表示共和之來，民氣復蘇，在上海期間，中外人士來訪者絡繹不絕。

在上海，當天下午，前往伍廷芳宅會談，黃興等參加。各報記者紛至遝來。因《民立報》記者問到財政和外交，孫先生就說這兩方面致力尤多，相信種種困難雖有破除之望，但意想不到的阻礙會接踵而來。又對另一家報紙的主筆談到：「革命不在金錢，而全在熱心。吾此次回國，未帶金錢，所帶者精神而已。」（《孫中山年譜長編》五九六頁）這一番談話，同道、記者多人在場，但後來到了章太炎的筆下，就變成說，孫中山回到上海，攜帶足量的金錢，還有四艘兵艦云云；而到了吳景濂筆下，就更其離譜了，他說孫先生帶了上千萬的美金回來，還有十艘兵艦跟隨（參見《辛亥革命回憶錄》第八卷，四〇七頁）。可見這些人，目光所及，心思所聚，究在何處，不問可知了。

隨後，各會黨代表、各省都督、起義軍司令、各省紳、商、學界，紛紛致電呼應中山先生，均希望先生「登高一呼，乾坤回轉」。接著各方請謁，目不暇給。同盟會在中山先生的主持下，召開了最高層幹部會，參加者有孫先生、黃興、汪精衛、宋教仁、陳其美、張靜江、馬君武、居正等人。

代表投票選總統

十二月二日，江浙聯軍攻克南京，代表會議決定以南京為中央臨時政府所在地，各省代表隨即自武漢齊集南京。南京光復次日，革命軍公推蘇州都督程德全為江蘇都督，十二月四日各省代表於漢口英租界開會，限各代表於七日內齊集南京，如到有十省以上代表，即召開臨時大總統選舉會，選舉總統，組織臨時政府。各團體均看好中山先生，當時輿論對推舉他為總統一事頗形熱烈。美洲全體同盟會致電各省代表謂「孫先生德、才、望，中外相孚，請舉為總統，內慰輿望，外鎮強鄰」，最具代表性。包括進步黨的前身共和建設會，由湯化龍、林長民等人致電十四省代表：「組織臨時政府，請舉孫中山先生為總統，以救國民，兆眾一致，全體歡迎。」

十二月二十八日舉行總統選舉預備會，決定第二天正式選舉時，採用無記名投票辦法。

在一九一二年元旦到來的前三天，各省代表在南京舉行預備會，投票選舉臨時大總統侯選人。十二月二十九日，採無記名投票法選舉。共有十七省代表投票，各省代表為：

山西：景耀月，李素、劉懋賞。

陝西：張蔚森、馬步雲、趙世鈺。

江蘇：袁希洛、陳陶遺、雷奮、馬良。
安徽：許冠堯、王竹懷、趙彬。
江西：林森、趙士北、王有蘭等。
浙江：湯爾和、黃群、屈映光等。
福建：潘祖彝。
廣東：王寵惠、鄧憲甫。
廣西：馬君武、章勤士。
湖南：譚人鳳、劉揆一等。
湖北：馬伯援、王正廷、胡瑛、居正等。
四川：蕭湘、周代本。
雲南：呂志伊、段宇清等。
山東：謝鴻燾、雷光宇。
河南：黃可權等。
直隸：谷鍾秀。
奉天：吳景濂。

議長湯爾和任選舉會主席，劉之浩任監選員。侯選人為孫中山、黃興、黎元洪。到會十七省代表，每省一票。開票結果，孫先生得十六票、黃興得一票。十七省代表會議以十六票的絕對多數選舉孫中山為中華民國臨時大總統。結果公佈後，音樂大作，在場代表和列席之軍界學界人士起立歡呼。即推正、副議長湯爾和、王寵惠赴上海迎迓孫中山先生。

一九一二年元旦，中山先生從上海赴南京就任中華民國臨時大總統，車站附近等候瞻仰先生丰采者，多到不可勝數，以致道途為之壅塞。沿途鎮江、蘇州、常州都有上萬人歡迎，到了南京，自動來歡迎的民眾多達五萬以上。

晚上八點鐘在南京制台衙門，中山先生和胡漢民一起走進來，兩人都穿著大禮服，戴大禮帽，胡漢民手拿文告，站在中山先生身邊。中山先生宣誓就職後用廣東話演講，有些人還聽不懂。發佈〈臨時大總統宣言書〉、〈告全國同胞書〉等文件，正式宣告中華民國的誕生。儀式很快就結束了，一些年輕人覺得儀式不免草率，第二天才明白原來是趕在這天改元，用新曆。三日，選舉黎元洪為副總統，確定臨時政府組成人員，中華民國臨時政府成立。此後正式組織臨時政府，任命各部總長，選舉臨時副總統。南京成為革命政治中心，許許多多的人都到南京來。中山先生電各省派參議員組織參議院。同時任命：黃興為陸軍總長，蔣作賓為次長；黃鍾瑛為海軍總長，湯薌銘為次長；伍廷芳為司法總長，呂志伊為次長；陳錦濤為財政總長，王鴻猷為次長；王寵惠為外交總長，魏宸組為次長；程德全為內務總長，居正為次長；蔡元培為教育總長，景耀月為次長；張謇為實業總長，馬君武為次長；湯壽潛為交通總長，于右任為次長；並任命胡漢民為總統府秘書長，宋教仁為法制局長，湯化龍為副局長。各總長經各省代表會同意，初擬以宋教仁長內務，章炳麟長教育，為部分代表所反對。武漢方面以鄂人未獲任總長，頗為不滿，但次長多為鄂人。又各總長實際在南京任事者，僅黃興、王寵惠、蔡元培三人。

就職宣言披肝瀝膽

中山先生當天發表《中華民國臨時大總統就職宣言》，堪稱中國的《獨立宣言》：

中華民國締造之始，而文以不德，膺臨時大總統之任，夙夜戒懼，慮無以副國民之望。夫中國專制政治之毒，至二百年來而滋甚，一旦以國民之力踣而去之，起事不過數旬，光復已十餘行省，自有歷史以來，成功未有如是之速也。國民以為於內無統一之機關，於外無對待之主體，建設之事更不容緩，於是以組織臨時政府之責相屬。自推功讓能之觀念以言，文所不敢任也；自服務盡責之觀念以言，則文所不敢辭也。是用黽勉從國民之後，能盡掃專制之流毒，確定共和以達革命之宗旨，完國民之志願，端在今日。敢披瀝肝膽為國民告：國家之本在於人民，合漢、滿、蒙、回、藏諸地為一國，即合漢、滿、蒙、回、藏諸族為一人，是曰民族之統一。

武漢首義，十數行省先後獨立，所謂獨立，對於清廷為脫離，對於各省為聯合，蒙古、西藏意亦同此，行動既一，決無歧趨，樞機成於中央，斯經緯周於四至，是曰領土之統一。

血鐘一鳴，義旗四起，擁甲帶戈之士遍於十餘行省，雖編制或不一，號令或不齊，而目的所在則無不同，由共同之目的以為共同之行動，整齊劃一，夫豈其難，是曰軍政之統一。

國家幅員遼闊，各省自有其風氣所宜，前此，清廷強以中央集權之法行之，遂其偽立憲之術；今者各省聯合互謀自治，此後行政，期於中央政府與各省之關係，調劑得宜，大綱既挈，條目自舉，是曰內治之統一。

滿清時代藉立憲之名，行斂財之實，雜捐苛細，民不聊生，此後國家經費取給於民，必期合於理財學理，而尤在改良社會經濟組織，使人民知有生之樂，是曰財政之統一。

以上數者，為政務之方針，持此進行，庶無大過。

若夫革命主義為吾儕所昌言，萬國所同喻，前此雖屢起屢躓，外人無不鑒其用心，八月以來，義旗飆發，諸友邦對之抱和平之望，持中立之態，而報紙及輿論，尤每表其同情，鄰誼之篤，良足深謝。臨時政府成立後，當盡文明國應盡之義務，以期享文明國應享之權利。滿清時代辱國之舉措，與排外之心理，務一洗而去之，與我友邦益增睦誼，持和平主義，將使中國見重於國際社會，且將使世界漸趨於大同，循序以進，不為幸獲，對外方針，實在於是。

夫民國新建，外交、內政，百緒繁生，文自顧何人，而克勝此！然而臨時之政府，革命時代之政府也，十餘年來從事於革命者，皆以誠摯純潔之精神，戰勝所遇之艱難，遠逾於前日；而吾人惟保此革命之精神，一往而莫之能阻，必使中華民國之基礎，確定於大地，然後臨時政府之職務始盡，而吾人始可告無罪於國民也。今以與我國民初相見之日，披布腹心，惟我四萬萬同胞共鑒之！

萬耀煌回憶孫中山先生回國後的情形，那時各省已相繼獨立，政治重心也隨新的情勢漸漸轉移到上海。各省都督所派代表紛紛至滬，準備成立中央軍政府，最初議決以武昌為中央軍政府所在地，黎元洪為大都督。並決定各省代表趕赴湖北召開會議，每省留一人在上海為通信機關。其後南京攻下，抵達湖北的代表又決議臨時政府改設南京，並議決臨時政府組織大綱。但在滬各省代表則於十二月四日推舉黃興為大元帥，黎元洪為副元帥，鄂人聞之大為不滿，迨赴鄂代表返抵南京後，黃堅辭大元帥職，乃又改推黎元洪為大元帥，黃興為副元帥，暫行大元帥職務，以為調和之計，但鄂人仍不主張黎元洪就此職，遂成僵局，幸孫中山先生自美歸國抵滬，各省代表在南京開會選舉孫先生為大總統，各方憤慨之情始稍平。孫先生於中華民國元年元旦抵京就職，各省代表旋即推選黎元洪為副總統。惟孫先生提出國務員九人，包括陸軍部長黃克強在內無一人為參與武昌首義之人士，遂又引起了鄂人的極度不滿。而孫武在南京、上海頗受冷落和歧視，尤為憤慨。後來孫武在武昌都督府會議席上將京滬政客要人對鄂省的情形報告後，引起全場的不平，憤激之餘，遂決議擴軍，以現有軍隊成立八鎮，期能保持實力，謀求發展，乃至孫武發起組織民社，以湖北人擁黎為中心，致啟同盟會分裂之端，亦種因於此。

而尹呈輔〈參與辛亥武昌首義之回憶〉談到，中山先生對武昌起義的精神影響，孫武沾光不少：數月之間，中華民國得以成立，清廷二百六十餘年之天下，於焉終止，我國數千年之君王專制政體，一舉推翻，此實我黃帝在天之靈，「我國父孫中山先生革命精神之感召所致也。當時並有一巧合之事，更是證明國父精神之偉大，威望之隆盛。緣國父諱孫文，湖北革命幹部有孫武先生，平時在民眾心目中，以為是國父之弟，同志間亦藉此相號召。適逢首義之後，清廷令馮國璋率師南下，征討湖北，而各省回應之事，尚未普遍。一時謠傳紛紜，武漢民眾，未免有點不安。於是請孫武先生冒國父令弟之名，乘四人大轎（是時孫氏炸彈之傷未愈，故而坐轎），前呼後擁，遊行街市，藉安民心。同時《大漢報》亦刊載此事，大意是：『孫中山先生，在海外正辦理外交事宜，不日兼程，先命乃弟孫武，趕赴武漢，宣慰軍民，並襄助一切』等語。一時武漢三鎮，軍民聞之，莫不歡欣鼓舞，振奮異常，從此，民心士氣，更感安慰。此事雖小，足見國父革命精神與聲威之偉大也。」

到了二月十二日，清帝溥儀（宣統）奉隆裕太后懿旨，下詔辭位。清廷頒佈宣統帝〈退位詔〉：

奉旨：朕欽奉隆裕皇太后懿旨：前因民軍起事，各省回應，九夏沸騰，生靈塗炭，特命袁世凱遣員與民軍代表討論大局，議開國會，公決政體。兩月以來，尚無確當辦法，南北睽隔，彼此相持，商輟於途，士露於野。徒以國體一日不決，故民生一日不安。今全國人民心理多傾向共和，南中各省既倡議於前，北方諸將亦主張於後，人心所向，天命可知。予亦何忍因一姓之尊榮，拂兆民之好惡。是用外觀大局，內審輿情，特率皇帝將統治權公諸全國，定為共和立憲國體，近慰海內厭亂望治之心，遠協古聖天下為公之義。袁世凱前經資政院選舉為總理大臣。當茲新舊代謝之際，宜有南北統一之方，即由袁世凱以全權組織臨時共和政府，與民軍協商統一辦法。總期人民安堵，海宇安靖，仍合滿漢蒙回藏五族完全領土為一大中華民國，予與皇帝得以退處寬閒，優遊歲月，長受國民之優禮，親見郅治之告成，豈不懿歟。欽此。

此詔出自張謇手筆，原本無即由袁世凱「以全權組織臨時共和政府」之句。袁世凱擅加此句乃示以其政權取之於清廷，而非得自於民軍。孫中山見之大怒，詰責之。袁世凱與唐紹儀則推諉於清廷，且謂其為遺言之性質，故無再起死回生使之更正之理。

卷二

爭取自由的樞紐

迭仆迭起
定點清除撞擊專制酷虐

若謂夏完淳是以抒情的方式哀婉痛陳，發出痛苦的絕叫，那麼章太炎就是指天戳地的詈罵。從大哀賦到章太炎的痛罵，可見問題出在滿清長期的非法統治。

講究仁義，信奉溫、良、恭、儉、讓的聖人孔子，更是用天地四時變化，比喻革命的道理：「天地革而四時成；湯武革命，順乎天而應乎人：革之時大矣哉！」

他的高明之處在於道中憲政的奧竅。簡言之，憲政之實施，必有可見、可行、可用之硬指標。一人一票，民選政府，三權分立……捨此無以言憲政，而清廷所作所為和立憲卻是背道而馳的。

辛亥革命前幾十年，社會制度的窳敗導致其處處死結，一個好人處處無奈的社會，必定是壞人如魚得水的社會。

這次起義雖然失利，但對民間的觀念大有影響。先是輿論對革命者稱為亂臣賊子，大逆不道，多所咒罵；這次起義途中與民交流甚多，深得民心，所以失敗後民間對此事大為歎惋，但恨其事不成。

但他的特出，在於將定點清除的政治意義、方式方法、社會影響，作用源流，闡發得淋漓盡致。這就是二十世紀初葉不朽的奇文〈暗殺時代〉。

「事已如此，一死而已。殺身成仁，我難道還怕死嗎？不怕……又要提審了。這次大約不能再活了。妹妹，我們永別了！你要記住二哥的話，只要我們努力，革命總會成功，妹妹！和你來生再見吧，你不許哭呀……」

蔡元培在德國，回吳稚暉函說他得知汪兆銘被拘，深為震驚。「此公屢經同人苦勸而不回，良可敬佩，然未下手而敗，則尤可悲也。」

革命青年有權利定點清除專制魔王，從史堅如、吳樾，到溫生才、彭家珍，他們的行為正是如此，理應流芳百世，萬眾景仰。

歷時十餘年的定點清除，它是辛亥革命的重要組成部分，也是核心部分。武昌起義則是壓垮駱駝的最後一根稻草，是在定點清除的基礎上的推導和推倒。

定點清除是對生命的無限關注，卸下絞肉機上機動的螺絲，打掉其幾乎無意識無休止的絞肉功能，菩薩慈悲，善莫大焉。

中國人不得不做許多無奈的選擇，一個重要的原因是他們被禁止做許多別的選擇。

項羽曾對劉邦說，天下大亂不止，都是你我兩個人造孽，我們來決鬥吧，不要再苦了蒼生。可是劉邦不幹，他要讓無數的炮灰來替他攫取天下。

錢鍾書先生引英國民間諺語說，把那德國的君王將領，以及英國相應的內閣大臣，放置在近處的戰壕裏面，讓這班人互相拋擲炸彈，其結果，只消三分鐘，這兩個國家就必然和好如初，《管錐編》二七七至二七八頁：第一次世界大戰時，英國民間語曰：「捉德國之君王將帥及英國之宰執，各置一戰壕中，使雙方對擲炸彈，則三分鐘內兩國必議和」，其遺意也。

清末政象再認識

史學家錢穆先生就晚清政象發表他的卓見：「晚清之季，其病入膏肓，非輕易所能拔除。異族統治至三百餘年，其對我國家社會文化生機之束縛與損害，固已甚矣。然中國以二千年廣土眾民大一統之局，王室為其客觀之最高機關，歷史沿習既久，則驟變為難。」「且滿清政腐敗，猶得憑藉其地位，借外債，買軍火，練新兵，整理交通，加強管轄，遂使腐敗之政權，黑暗之勢力，既得外力之助，又因外患之顧忌，迄未得徹底澄清之機會。」（《國史大綱》引論）另外加以貪瀆奢侈之風大盛，財政積虧累累，政界中略有一二真知灼見之士，他們的變法要求亦觸動上層利益而擱淺。朝廷即使到了壽終正寢之日，仍免不了最後的掙扎，作回光之返照。前代贓吏，多於朝堂杖殺；而當清朝，章太炎先生指出「多爾袞以盜嫂為美談，玄燁以淫妹為法制。」「官常之敗，互相什保。以官為賈，以法為市，子姓親屬，因緣為奸；官邪之成，為古今所未有。」（〈討滿洲檄〉）

真正是入木三分罵亦佳呵！

現實的狀況迫使中國不得不實行一種劇烈之變動。辛亥前幾年，革命黨的《民報》與保皇的《新民叢報》論戰甚烈。但即如梁啟超，他也積極推揚「建設一種進取冒險的精神」。提倡學習歐洲民族的「其向前途也，有鞠躬盡瘁，死而後已之志。曷克有此？曰惟進取故，曰惟冒險故」（《飲冰室文集》三十七頁）。此外，希望與熱忱，智慧與膽力都是他竭力闡揚的。思索社會的年輕人，自然不免受其潛移默化的暗示。

回頭觀照章太炎的呵斥清廷。太炎先生一定是痛徹肺腑，乃從根柢上這樣予以痛罵。多爾袞盜嫂事，史籍備載，張煌言〈建州宮詞〉有謂：「春官昨進新儀注，大禮恭逢太后婚。」又云：「掖庭又聞冊閼氏，妙選霜娃足母儀。」皆指其事。多爾袞系努爾哈赤第十四子，福臨即位時年幼，他以皇叔身份執政，獨攬大權，史稱攝政王。福臨（順治皇帝）的媽媽（孝莊后，博爾濟吉特氏）下嫁給他。王橋《述清秘史》載，「太宗死，世祖立，因年幼，政事一委其叔多爾袞，入關僭號，多酋之力為巨，尊之為攝政王。多由此益驕。出入宮禁，恣意淫佚，嫂叔並處，有如家人。……居無何，多酋復殺太宗長子豪格，而取其妻，日夜淫蕩，爰以招疾……」歷史學家陳登原先生認為，清初禮樂政制，由明末大知識份子變節為降臣者制定，「王鐸亦降臣，知其非禮，聽其亂倫，所謂將順其惡。」（中華書局《國史舊聞》第三分冊）

多爾袞入關之初，與南明殘朝決戰，曾修書賚大學士史可法，有謂：「豈意南州諸君子，苟安旦夕，弗審事機，聊慕虛名，頓忘實害，予甚感之。」語多輕慢。史可法以閣部資格率部守揚州，兵敗被執，多爾袞誘降不成，乃殺之。多爾袞早先在關外時，借酒澆愁，胸無大志，且形容枯槁，博爾濟吉特氏以詢其故，招之留宿，談後竟夕，嗾其大爭天下。次日多爾袞精神煥發，所向披靡。明末兵部尚書洪承疇松山會戰失利被俘，後更成為漢奸，多爾袞的嫂嫂出力亦劇，因她「姿色冠於虜中，因偽為侍婢，遺之以往，密攜人參汁焉。洪閉目，面壁泣。妃勸之，初不省，妃即以壺承其唇，情態宛轉，洪不得已而飲之。」（《述清秘史》）甚矣不惜以國母之尊為洪伴宿！一介女流能顛倒鼓舞豪傑如此，且左右歷史偶然性，其魔力亦大矣。章太炎先生的痛罵，蓋源於此，玄燁淫妹不知出處。對此，許嘯天先生是另一種解釋。

許嘯天先生的《清宮十三朝演義》則謂玄燁（康熙帝，順治之子）與其姑母（順治胞妹）亂倫。玄燁姑母只大他五歲，小時候常就一處讀書做詩，從耳鬢廝磨到做出風流事體，後為玄燁封為淑妃，滿朝文武均極詫異。

許嘯天先生書中對多爾袞事也有敘述且極形象。

這位多爾袞所盜之嫂孝莊文皇后，原是赫赫有名的關外第一美人，滿洲第一貴婦。確為誘降洪承疇的第一功臣。據說這位皇后有一種獨有的體香，蝕鼻沁脾，姿態又是那樣的嫵媚嫣然，大有勾魂攝魄之效，當洪承疇問她何人時，民國名作家許嘯天先生寫她說道：

「好一個殉國的忠臣，你死你的，關我甚事？」洪經略聽她鶯聲嚦嚦，不覺精神一振，但已坐起身來：「我殉我的國，與你什麼相干？」文皇后說道：「妾身心腸十分慈悲，見經略在此受苦，特意要來救經略早日脫離苦海……。」

結果，清太宗也因她有勸降之功，而刮目相看。有時甚至指著洪承疇說：「他是投降皇后的！」可見其魅惑力之大。

清順治二年（一六四五年），清兵下江南，那時少年英雄夏完淳才十五歲。他父親投水殉國後，乃追隨陳子龍抗擊清軍。不久，太湖義軍陷於重圍，夏完淳泅水脫險，曾作長文〈大哀賦〉，痛感國家遭難，山河變色，情緒輾轉復遝，全篇染滿指天問地的痛烈心境。屈大均稱之為「春秋一貫」，「為一代之大文」。「豈高廟之馨，十七世而旁移，孝陵之澤，三百年而中斷乎！此天時人事，可以疾首痛心者矣。國屯家難，瞻草木而撫膺；岳圮辰傾，睹河山而失色……誇夫有投杖之心，魯陽無揮戈之計，兵弱虜強，地柔人脆，傷心於王子白衣，絕望於將軍蒲類；田橫之五百軍人，項籍之八千子弟。平陵東而黃犢可賣，大澤左而烏騅不逝。天蕭蕭兮不明，日荒荒兮欲曀；傷兩鎮之不歸，痛孤城之已潰。聞楚歌則部曲蕭條，聽胡笳則征夫歔欷，國殤悲而陰雨深，戰鬼哭而愁飆厲。煙草依然，江湖如是，毅魄歸來，靈風涕泗。」

若謂夏完淳是以抒情的方式哀婉痛陳，發出痛苦的絕叫，那麼章太炎就是指天戳地的詈罵。從大哀賦到章太炎的痛罵，可見問題出在滿清長期的非法統治。原來滿清趁甲申年中國內亂，竄入北京，竊取大寶。而當時明朝在南方仍然存在，滿清為了掩蓋其鳩占鵲巢的罪行，倒打一耙，不承認明朝在甲申年以後的繼續存在。也即在一六四四年以後，明朝還有十八年的國祚，應算至一六六一年永曆失國。滿清以福王、唐王、桂王稱之，是為了自身的「政治正確性」。

專制實體的朽壞，無論內外因，總不能維持其命運於永久。當時外族來侵略，令明帝國解體。後則混雜通婚融合之。但他們當時洶洶而來之際，無論明朝怎樣腐朽，他們前來，卻並不是推翻專制、打擊腐朽，不過是乘其危而遂其欲。城破之日，遷怒於老百姓，放肆殺戮，可百姓並未得罪他。今有人以當下眼光視往事，他們今天完全不能想像先人是怎樣從那場浩劫中活過來，煞有介事以為抵抗錯誤。

難道應該引頸受戮嗎？須知，他們是殺戮來的，是竊掠來的，是鎮壓來的，是蹂躪來的，是持刀揮鞭來的……不是送壓縮餅乾也不是送美國罐頭更不是送自由的生活方式而來的……他們所依賴為統治合法性的背景，乃是皮鞭大棒和刀槍炮。

左光斗在京擔任主考的時候，在郊區的廟宇裏遇到複習應考的史可法。風雪嚴寒，一生伏案臥，文方成草。左公即解下貂皮袍子蓋在他身上。後來考試時又將他批為第一。他已看出文卷中的擔當，等到左公被魏忠賢構陷下獄，備受酷刑，面額焦爛不可辨，左膝以下筋骨脫盡，史可法去探望他，嗚咽不止。而左公以糜爛之國事曉諭，力促其離開。史可法後來流涕告人：「吾師肺肝，皆鐵石所鑄造也！」這是方苞的名文〈左忠毅公逸事〉所載。可窺史可法的精神資源之所由來，他的良知、以及作為民意代表的分量。

當慶親王奕劻秉權期間，其黨羽如耆善、良弼、載洵、鐵良、蔭昌等等，都握有生殺予奪之重權。當政貪婪，群小囂囂，斂錢的名目，也越來越多。如當時江蘇的上海道台，每年須貢銀十萬兩，名目是太后的脂粉費，各省若撫台以下，藩、臬兩使，到位即須交納五萬元，喚作衣料金……至剝無可剝時，索性大開賄賂之名，公開標價售官，若知縣五千元，則知府一萬元，按官職上升而遞增，只要錢財充足，烏龜強盜也可即刻上任，行政終於窳敗到不可收拾，要說清廷的覆滅，在其自身，慶親王也真是一個拆臺的大主角。

專制政權日漸腐惡，若無異議者的異動，則離憲政愈遠，以其機制先天排斥異己。即晚清龐大的官僚機器而言，不是一個正常的階層，而是一個壟斷權力的結構，它不會給社會上任何非吾族類的勢力放權，也不會給其階層內的異己分子讓出半分權力。在其本心深處，問題不是什麼社稷、國族，也不是什麼道德、道統，當然，更不會是什麼人的價值，而是權力的佔有攫取，這是它實施專制暴虐，無法無天的全部基礎。

清朝末年，人民所受壓抑，業已達於極點，而大眾的生活情形又如何呢？國人中似人非人、似獸非獸、神經混沌的多數馴奴既呻吟叫喚於無地，又視威權炎赫之專制魔王若神聖不可侵犯，而己身的膏血日漸乾枯以至於無；當智識先進被綁入法場，猶蚩蚩嬉笑作壁上之觀，索解不得，則以為其人神志未昏，利益不獲，何以不惜七尺身軀而與袞袞高官相抗衡？積代的壓抑，令其猶如傀儡，即便不受直接卡壓，亦會自動爭做奴才，既是弱者，又為畜類，面對本國的專制，外國的侵迫，顯示出既愚且怯，既劣且孿的醜陋面貌。即在智識階層，也有不少人「待斃可憐還束手，圖榮不恥盡低頭」（徐自華詩），隨波逐流，毫無是非可言！清廷的顢頇治世者其政治密碼又屬麻將之道，沒有雙贏的內在肌質，有的只是「自己糊不了，也不准別人糊」的劣質文化，表現出對外死要面子，對內不要良心的血腥人格，李叔同的友人曾寫了一首感切時事的詩給他「天子重紅毛，洋文教爾曹。萬般皆上品，惟有讀書糟。」（見《天津文史資料選輯》五十九卷，三十六頁）時在一九〇〇年前後。而當短期內不能改變民族氣質之際，時勢自然要求智識先進必須儘快對國民前景作出回應，民氣既樂觀可言，奮進而起，從事狙擊暗殺，以期陡然連續震動，也就是他們求索民主，改善國族劣質的歷史任務。歷史機緣中定格的種種事實，證明了這批知識份子中的英豪烈士，確為國人中不可多得的賢人精英，是最有頭腦的人中之龍。

僵死的社會有待標本皆治

近代中國社會備受宰割的危機乃是專制王朝的自私、貪婪，而其思維方法，則大率自以為是、自欺欺人。一旦洪水猛獸般的問題出現，他們立即將所有問題打包，全盤拋向民間。

專制者仍然以為，憑藉自己集權的組織優勢和政治優勢，可以老調照彈，老路照走。

面對危機，不是正視危機；面對危機，反而是阻斷全國上下提出改革的迫切要求，繼續走彎路、老路、盲人瞎馬的險路，當然避免不了腐敗和各種社會矛盾的產生，當然是遠水不解近渴，社會矛盾激化，社會問題叢生。

如此一來，打擊異己，壓制不同政見，鎮壓不同信仰者就成為必然！如此一來，封鎖言論，隔斷歷史就成為必須。

亂象叢生越演越烈。

最為黑暗殘酷的極權就是在法律外殼與正義名頭下的長治久安。實際上，清廷作為一個政府的信譽一開始就已完全喪失！以統治者應該有的道德與能力，以及對中華民族所起的作用來說，清廷確實不配再統治這麼大一個國家。

歷史發展到一九〇〇年代，中國已經到了必須正視現實，必須正面歷史，必須大膽檢討過去，必須有勇氣掌握自己未來的時候了，中國人並不缺少智慧。

中山先生建立正義政府的信念，是構築在對晚清社會狀況、政體結構的精密分析之上的。如論中國司法的改革（一八九七年）嘗謂：「也許沒有什麼部門比司法制度更迫切需要徹底改革，這一奧吉亞斯牛圈要清除之是完全不可能的。」奧吉亞斯是希望神話中的厄利斯國王，養牛三千頭，牛圈三十年未曾打掃，牛糞堆積如山，骯髒已極。中山先生意謂局部清理為徒勞，必須徹底改建。他又說：「在中國對任何社會階層都無司法可言，民事訴訟程式只不過是受刑的代名詞。」（《孫中山集外集》第七頁）而對此種腐惡已甚的極權制度，要推翻它，研究、推廣新思潮絕對不夠，狙擊也是有效手段之一種。

道光二十二年（一八四二年），劉蓉致某官書信，沉痛已極，有云：

「今天下之吏亦眾矣，未聞有以安民為事者。而賦斂之橫，刑罰之濫，朘民膏而殃民命者，天下皆是！……又有甚者，府吏胥徒之屬，不名一藝，而坐食於州縣之間者以千計，而各家之中，不耕織而享鮮羹者，不下萬焉。鄉里小民，偶有睚眥之故，相與把持愚弄，不破其家不止。」

「今之大吏，以苞苴之多寡，為課績之重輕，而黜陟之典亂。今之小吏，以貨賄之盈虛，決訟事之曲直，而刑賞之權乖。」

「民之黠者，既巧為規避，而非法律所得制，富者又得以獻納鬻免，雖罹罪網而不刑。是以法之所及止於愚魯貧民，而豪猾者流，日寢饋於法禁之中，而常逍遙於文網之外。於法律之施，不惟不足以整齊夫風俗，又且驅天下之風俗而益敗壞之」

（參見繆鳳林《中國通史要略》）

其所言可謂沉痛已極！這和中山先生之所以要採行革命之路，其出發點之所生發的背景，是如出一轍的。

民主的社會制度，其優長之根本，在於充分解放人的個性和才智。毫無疑義，權衡利弊，就算在晚清的最後十年裏實行政治改革，主動得多！比不改革，假改革，風險要小得多！只要打破慈禧老太婆的專制弄權，就可以「玉宇澄清萬里埃」，就可以結束這個國家錯誤不斷重複的歷史和現實！

所以〈辛亥革命軍奉天討滿檄文〉中就說：

遂因緣禍亂，盜我神器，奴我種人者，二百六十有八年。凶德相仍，累世暴殄，廟堂皆豕鹿之奔，四野有豺狼之歎……

在昔虜運方盛，則以野人生活，彎弓而鬥，睒目讒舌，習為豺狼，是以索倫凶聲，播越遠近。入關之初，即擇其強梁，遍據要津，而令吾民輸粟轉金，豢其丑類，以制我諸夏。傳且九葉，則放誕淫侈，夤緣苟偷，以襲取高位。枯骨盈廷，人為行屍，故太平之戰，功在漢賊，甲午之役，九廟俱震……

近益岌岌，祖宗之地，北削於俄，南奪於日，廟堂闃寂，卿相嘻嘻，近貴以善賈為能，大臣以賣國相長，本根已斬，枝葉瞀亂。虎皮蒙馬，聊有外形。舉而蹴之，若拉枯朽，是虜之必敗者一……雖有縉紳，已污偽命，以彼官邪，皆與金輦璧，因貨就利，鄙薄驕虛，毋任艱巨。虜實不競，漢臣復匱，盲人瞎馬，相與徘徊，是虜之必敗者二……邦國遷移，動在英豪，成於眾志，故傑士奮臂，風雲異氣，人心解體，變亂則起……星星之火，乘風燎原。川湘鄂粵之間，編戶齊民，奔走呼號，一夫奮臂，萬姓影從，頹波橫流，敗舟航之，是虜之必敗者三。

昔我皇祖黃帝，肇造中夏，奄有九州……返性則明，知恥則勇，孝子不匱，永錫爾類，則漢族之當興者一……牧野洋洋，檀車煌煌，復我自由，還我家邦，則漢族之當興者二……不去慶父，魯難未已，廓而清之，駿雄良材，握手俱見，萬幾肅穆，群敵銷聲，則漢族之當興者三……。

湯武革命的至意

清河王太傅轅固生者，齊人也。以治詩，孝景時為博士。與黃生爭論景帝前。黃生曰：「湯武非受命，乃弒也。」轅固生曰：「不然。夫桀紂虐亂，天下之心皆歸湯武，湯武與天下之心而誅桀紂，桀紂之民不為之使而歸湯武，湯武不得已而立，非受命為何？」黃生曰：「冠雖敝，必加於首；履雖新，必關於足。何者？上下之分也。今桀紂雖失道，然君上也；湯武雖聖，臣下也。夫主有失行，臣下不能正言匡過以尊天子，反因過而誅之，代立踐南面，非弒而何也？」轅固生曰：「必若所云，是高帝代秦即天子之位，非邪？」

這段有名的關於暴力革命的論辯見諸《史記．儒林列傳》。錢鍾書《管錐編》（《史記會注考證》三六九－三七〇頁）釋湯武革命，錢先生引《韓非子》云：「湯、武人臣而弒其主，刑其屍，而天下譽之，此天下所以不治者也……人主雖不肖，臣不敢侵也……孔子本未知孝悌忠順之道者也……忠臣不危其君，孝子不非其親。」是以錢先生說「黃生雖儒，而持論同法家之韓非」。

湯，即商湯、成湯。西元前一六〇〇年，他率領同盟部族，也即商部族及各路諸侯興兵討伐夏桀的殘暴統治，以正義的暴力手段，起來推翻垂死腐朽的夏王朝，建立全新社會秩序。戰前他召開誓師大會，發表了討伐夏桀的檄文，這就是流傳於今的名文〈湯誓〉。

這就涉及到革命的本意，革除欺壓人民暴虐政權的命，以武力的手段變革廣大人民群眾被奴役的命運。革命就是徹底地、根本地變更專制制度，古人云，湯武革命，順天應人，講的就是這個意思。

講究仁義，信奉溫、良、恭、儉、讓的聖人孔子，更是用天地四時變化，比喻革命的道理：「天地革而四時成；湯武革命，順乎天而應乎人：革之時大矣哉。」革命一詞，出於我國最古老的著作之一《易經》。孔子鐵嘴鋼牙作《彖辭》，用「水火相息」、「二女同居」來形象地說明「革」卦的變革之意。水火不相容，必生變化。二女同居，志向各異，同極相斥，終將生變。

「湯武革命」指的就是商湯滅夏桀，周武王滅殷紂。《正義》解釋孔子的湯武革命：「天地之道，陰陽升降，溫暑涼寒迭相變革，然後四時之序皆有成也。」「夏桀、殷紂，兇狂無度，天既震怒，人亦叛主；殷湯、周武，聰明睿智，上順天命，下應人心，放桀鳴條，誅紂牧野，革其王命，改其惡俗，故曰『湯武革命，順乎天而應乎人』。……湯、武干戈，極其損益，故取相變甚者，以明人革也。」孔子贊成用武力去推翻暴政，建立起仁義公正的政權。

民眾使用武力，與暴虐政權對人民施加的暴力，有著本質的區別。暴政使用武力虐壓人民，含有強烈的欺壓、劫掠無辜民眾的險惡動機，因此是暴力。

而在暴政之下轉徙溝壑，哀哀無告，下跪求饒而命且不保，遂被迫以武力反抗，捍衛生命與尊嚴，這種行為不是暴力，而是正當防衛。

專制之下，民主就是革命，因為民主的本質就是對專制的根本否定，全盤否定！

在一意孤行的集權專制之下，民主就意味著對其制度框架的完全變革，它不是修修補補，而是一場徹頭徹尾的革命，所以，立憲派根本的要害就是背棄了革命的原則，這就不可避免地把民主運動拖進了泡沫化和邊緣化的死胡同。

人民與獨裁者之間不是個人對個人，兄弟對兄弟，朋友對朋友，家族對家族，國家對國家的關係，而是正義與邪惡的勝負問題。從這點上講，沒有妥協可言，因為正義與邪惡不可能雙贏。

人民正受奴役，隨時可能被武裝到牙齒的殺人機器吞食。可是立憲派卻還想向它拋繡球，他們不知溫情討好，反而離自由愈遠。當一個人深陷煉獄般的生活，如果他還能坦然處之、毫無反應，他就不算是一個人！鐫刻於傑弗遜的紀念碑上的銘文：「我向上帝發誓，以人類的精神力量永遠敵視任何形式的極權統治」。

如果僅從人性或現實利益看，民眾都沒有革命的必要（即必須性）。但是，革命是因為統治者堵死了所有民眾的非革命之路，蓄意累積社會矛盾，造成非用革命手段不能解決的社會問題。於是革命就不由某人需要不需要而發生了，民眾也不得不無奈地接受了。

「極權之下無改良」，不是概念之談，而是從事合理常識和邏輯推導的結論。

社會需要公平正義，需要基本的良知，而清朝廷的公信力早被專制者透支殆盡了，所謂大清天空儼然是灰暗的，無法看到陽光。同盟會及其所屬的壯士、勇士令後人肅然起敬，他們是在替天行道，除暴安良，做了很多人想做而不能做的事，是替所有受壓迫的人討回應有的尊嚴。

非暴力與革命

到了晚清時節，慈禧毒殺了正宮東太后，舉國的政治權力，實際掌握在她一人之手，而她背後竟還站著一個太監李蓮英，就算封疆大吏，軍機大臣，也要向這皮哨李低頭下心，馬首是瞻。梁啟超傳記作者吳其昌感慨道：「以中國五千年悠久的文明，四萬萬五千萬優秀的人民，而把全付命運，放在一個目不識丁、鴉片入骨、非人非物的怪東西皮哨李手裏，嗚呼哀哉！」怎不引發全國上下人等一致的痛恨呢？慈禧和李蓮英等，實為淫慾的需求，變態的心理，而令全國做出犧牲，為之買單。再加上慈禧集團的各層級的附庸，沉浸在金錢中溫柔中權慾中，誰也拔不出來喲！過那權力癮就足夠他覺得這輩子值了。正是這些政治老闆及其附庸使政治改革無法啟動。他們的大腦卻緊跟專制的步調，跟機器直接壓模出來似的，慈禧就是再白癡，周圍的人也會誇她天才，長此以往當然官能退化了。底層民眾是什麼？是一盤散沙嘛。不是沒有阻力，畢竟太多的人寄生在這個制度上了。所以，晚清政治腐敗，必然導致革命。

戊戌變法就是一班青年企圖與皇帝合作，起而推翻西太后與李蓮英統治的政治革命。

不分青紅皀白的非暴力論者，應將論點打回時間隧道向清廷去說，那些人寧願下墳墓，也不會理睬他們。康有為當年說得如何？纏綿悱惻，文采深沉，幾乎聽得見每個字在嗚咽，看得見每個字在泣血，然而清廷的回報如何，不外乎掌嘴、砍頭、毒斃，滅族，這就是清朝廷回答他們的不二法門。

慈禧的認知竟然如此粗淺，但這並不太令人驚訝。她的言行不是有所保留，她的腦容量確實只有那麼大；人們更可以相信這不是她一個人的問題，而是代表了清廷內部的普遍狀況。

戊戌變法現在看來，根本就不可能存在真正的對話。你跪下三拜九叩而求之，他都能認為你是在搞陰謀詭計，你還妄想坐下來與之平等對話，那不是犯上作亂嗎。

有那麼一批人，喜歡鼓吹漸進改良、自上而下的改革、非暴力不合作，對此類迷幻的最好回應，只有四個字：放棄幻想。慈禧集團早就已經被他們的恐懼蒙蔽了自己的理智，他們只剩下動物求生的本能，而喪失了作為一個人去思考的理性。跟一頭垂死掙扎的野獸是沒有辦法溝通的，只有用鞭子抽它才是正道。也正因為喪失思考能力，朝廷對眼前危機的認識也是很粗淺的。他們雖然草木皆兵，但絕對不會考慮自己會不會下臺的問題，在他們眼裏困難永遠是暫時的，未來永遠是美好的。

民間如此懦弱，如此麻木，為什麼偏偏攤上一個這麼狡猾邪性的妖婦？其實也不難明白，慈禧才是最低能的獨裁者。他們永遠想不明白一個問題：清朝廷活得越久，死得就越慘。無數的歷史機遇擺在他們的面前，他們卻選擇了跟人民作對，以人民的鮮血換取他們的苟延殘喘。但中國究竟是中國人民的中國，不是滿清獨裁者的中國，專制朝廷總有一天是要滾蛋的。

關於立憲的虛幻，宋教仁早已痛駁之。宋先生在〈希望立憲者其失望矣〉（《民立報》一九一一年七月九日）中寫道：「立憲之根本，孰有大於憲法者？立憲之精神，孰有大於立法機關之作用與政府立組織者？天下豈有虛懸於憲法於此，政府不必遵守，徒責人民之服從，而猶謂之立憲者乎？又豈有立法機關之作用與政府之組織不合憲法政治之原則，而猶謂之立憲者乎？……」

今日常見懵懂文士，縱筆使氣，責備孫中山、黃興，以為他們只要不革命，靜待清廷立憲，中國就有明朗前途，以為中國近現代的板蕩，儘是孫、黃造成。

其實，如此見識，非僅近視、直是瞽者，或為矮人觀場，全無所見。宋教仁此一反駁，言簡意賅，洵為肯綮之論。他的高明之處在於道中憲政的奧竅。簡言之，憲政之實施，必有可見、可行、可用之硬指標。一人一票，民選政府，三權分立……捨此無以言憲政，而清廷所作所為和立憲卻是背道而馳的。

清末立憲的不可能，一提到非暴力人們自然想到印度的甘地，美國的馬丁·路德·金，南非的曼德拉等著名的非暴力不合作的典範。並能聯想到非暴力的幾個關鍵因素：和平、理性、不合作等。因為甘地等前賢所作出的榜樣，所以，今天不少論者反觀辛亥革命，提出了非暴力的方式去實現晚清時節的民主。此屬於夢中說夢。

甘地當時所進行的非暴力不合作運動所面對的對象，那雖然是英帝國主義。但英帝國主義卻是世界資本主義的發源地，是建立民主自由法治的第一批國家。在其國內是按照民主、憲政的邏輯程式治國。即便在其殖民地，其法治程度也大於晚清時節。它是有一定的遊戲規則的，這些遊戲規則，即令他們自己也必須遵守無誤，因此甘地以此為屏障，乃可反挫。馬丁·路德·金博士所處的美國社會就更不用說了……而晚清的統治者卻是一個從來沒有過自由民主傳統的國度，民眾面對的是鐵桿專制極權的統治者，而且他們所維護的體制，正是其賴以生存和剝奪寄生的制度，是一群暴力成性血腥屠殺過民眾的朝廷，是一群把暴力看成真理的統治者。如果在這樣的一個政治生態環境下，搬進甘地式的非暴力不合作，那結果只能是不斷地將綿羊填進狼群。

代替了明朝的滿清統治者，實施了新專制的一波又一波的鎮壓，而且密集地對準具有反抗精神的民間勢力，行徑暴虐而用心毒辣。

南京條約第一道枷鎖，以後無數的桎梏，緊接著是瓜分的慘禍。國中精英則是冒頭即殺滅，國人精神，面臨時刻威迫著的凌遲的慘刑，天災、人禍、民變……道德的墮落，民智的固陋，社會的腐化，昏官充斥，外交、軍事的腐爛，貪污的常態化……從清初的剃髮令開始，不斷的肉體殺滅，然後是精神的奴役。

晚清惡政的惡症

晚清的問題不是一個現代化的問題，而是一個社會轉型的問題。這個轉型一定要有現代性的一些核心價值觀和制度來作支撐。對自由、民主、人權等價值的追求，不只適用於西方，而具有普世意義。

辛亥革命前幾十年，社會制度的窳敗導致其處處死結，一個好人處處無奈的社會，必定是壞人如魚得水的社會。看不到當時國人能夠走出這個困境的希望。朝廷有足夠的金錢和力氣，制止好人去做好事，卻沒有本事制止壞人做壞事，結果是，越來越多的好人也無奈地作出不道德的選擇，社會蓄意屢屢突破人類底線。

滿清朝廷和一切的專制政權一樣，看上去很堂皇，似乎很拽很強大，但是專制政權的致命之處在於，只要專制鏈條的一個小小的環節產生鬆動和斷裂，政權就會像多米諾骨牌一樣，迅速崩垮。據說，在甲午戰爭爆發之際，清朝的GDP相當於日本的四倍左右。清朝的海軍，從艦船的噸位、火力、航速上看，總體上要比日本強得多。但人口不到中國的四分之一和GDP不到中國五分之一的小日本，卻最終戰勝了人口眾多、GDP數量龐大的大清朝。原因是什麼?就在於社會制度的優劣。

日本經歷過明治維新以後，政治制度、社會制度雖然跟英、美等自由民主國家尚難一究高下，但英、美國家的社會生態，有利於人才成長、有利於政經發展，卻已經被日本學到了精髓。就是這些使日本脫亞入歐的制度創新，使日本以彈丸之地將滿清老大帝國打至落花流水。

知識份子，對時勢應有基本的洞察力與責任感，睿智與良心。

于右任發表於《民立報》的百字短文論列清朝必然滅亡的三大原因：「民窮財盡，社會破產，國家破產。國有金，吝不與人，為他人藏。此其一。善不能舉，惡不能退，利不能興，害不能除。化善而作貪，使學而為盜。此其二。宮中、府中、夢中，此哭中、彼笑中，外人窺伺中、宵小撥弄中、國際偵探金錢運動中，一舉一動，一黜一陟，墮其術中。此其三。」

其一是說生存空間逼仄，財富歸權貴壟斷或私有，貪官污吏糟蹋和出賣國家資源。其二是說社會道德崩潰。官災氾濫且作惡濫權，制度淪於惡化的軌道。其三，揭示腐敗政權只能用欺民與賣國勾當來維持其統治，出賣國家利益；搞金錢或賣國外交助紂為虐，以維持其禍國殃民的統治。

專制政府的一個特色是蔑視生命。動輒殺伐大開，便是他們治世的手段。殺人之多，真令空山久無哭聲，長夜惟聞鬼語。靠欺騙、高壓、甚至耍賴支撐其政權的命脈。老百姓沒有知情權、資訊，不是被封鎖就是被迫選擇性的接收，一次又一次盲目的憤怒，一次又一次上當受騙，每每氣得還沒緩過神來，又眼睜睜地看到清廷跟別人勾勾搭搭起來，把那國恥拋在腦後。不瞭解實情，你被賣了，還幫人數錢。

當時和後來的媒體，也有稱清廷為清政府的，但實際上似乎不是一個政府、一個治國中心，只是一個機構，進行殘酷虐殺的機構。一堆無知的狗官，一個脆弱的政權。他們也實施了洋務運動，口口聲聲這樣現代化、那樣科技化，可禁錮人的思想，卻原始落後到如此地步，如此荒唐，與文明世界的落差如此之大。

中山先生倫敦蒙難

一八九四年十一月，孫先生在檀香山成立興中會。次年春，復在香港建立興中會總部，規定誓詞為「驅除韃虜，恢復中國，建立合眾政府。」

中山先生寫於一八九七年的重頭文論〈中國的現在和未來〉，他這篇二十九歲時所寫的長文扣住了中國數千年以來的病灶，像全息攝影般寫出，觀之悚然不能自安。此文充溢鞭辟入裏的通透分析，無以倫比的敏銳觀察，流暢而不乏頓挫的敘述。

他說，不完全推倒當時極其腐敗的統治，而建立一個賢良政府，則社會難以實現任何改進，更無法建立起純潔的政治。

他認為中國的成文法還算好，但是絕大多數違法的事情都被曲解來附和僵死的字眼，因此就算是英國短時間到中國任職的官員也會隨行就市，變成官僚貪污階層的成員。先生認為中國長期遭受四種巨大的苦難：饑荒、癔病，以及生命財產的毫無保障，他指出前面三種在很大程度上都是可以預防的，對於苦難來說，它們只是次要的原因，中國所有的一切災難只有一個根源，那就是普遍又有系統的貪污，造成了饑荒、水災、盜匪長年猖獗……中國的這些災難絕非一種自然的狀況或者氣候地域的產物，也不是群眾懶惰無知的後果，因為群眾的無知在很大程度上也是官僚貪污所造成。

黃河的管理人就是河道總督，他下面有一群屬員，他們曾經花了很大一筆錢來買他們的職位，因此他們必然要貪污。滲透在海關的賄賂能夠使一切貿易，包括外來的和本地的——完全癱瘓。跟水患和饑荒一樣，瘟病也是人為造成的。中國氣候總的來說還不錯，清帝國的一些城市人煙稠密，污穢到了極點，飲用水骯髒到了難以形容，未來的資本家肯定不願意到這樣的國家來投資，因為財產和生命同樣為行政當局所漠不關心，遍佈全國每個角落的貪污使得生命財產毫無保障，它直接促使了盜匪的產生。

根深蒂固的貪污遍及於全國，如果不在行政體系中造成根本的改變，那麼即使局部和逐步的改革都是無望的，誠實的官員無法生存，他也必須接受賄賂才能支付他的上級對他的索取。

中山先生論證這惡性循環的套中套，說明任何局部的改革都無濟於事，而必須自根本下手，他還證明了中國官場的所有提升的途徑都已全盤糜爛。譬如，科舉出身、行伍出身、捐班出身、保薦賢才出身，所有這些都要行賄，就算是最出色的應試生員亦然，如不行賄，那就連很卑賤的職位也輪不上，只好當一個白丁賦閒在家。

派到外省的官吏，一到省裏就必然向督撫及其隨員行賄，少數的官缺自然就給出價最高的行賄，另外升官會受到皇帝的召見，但他到北京需要先去登記，就算是李鴻章進京朝見時也不得不付出巨額的門包和賄賂，貪污惡習是如此冷酷的公開。

清廷盯上了孫先生，不久便發生孫先生倫敦蒙難的事情。

清廷駐外公使館，自甘為滿奴。在國外大耍流氓，丟臉丟到國外。對孫中山先生採取極陰暗之手段，來實施其下三流的營求。

一八九六年的秋天，在英國的華僑友人，接到美國的電報，說是孫先生要從美國到利物浦上岸。然後，便到乘火車到倫敦，及抵達，已是晚上九點多鐘，他就自個兒到一家旅館休息。不料，這一切，都被暗探偵悉，而報告給中國使館。

孫先生見到老友康得黎，大家欣幸逾常。平時就到各處參觀，觀察民風和貿易。而這時，駐英大臣龔照瑗早已將先生的行蹤報告給總理衙門，成天都有探子鬼鬼祟祟的跟蹤。還害怕孫先生到法國去，因而又叫法國使館預備著。

一般以為孫先生的被清廷拘禁，是因為清廷走卒的欺瞞誘騙，到了使館使用武力加以囚禁的。但是孫先生後來也對人說過，其實是他自己要察看使館的情形，才被他們窺破從而求之不得的立即逮捕了。

原來孫先生具有一種天生的無畏和勇毅，貫穿在他的形神之中。他從友人家裏，到使館所在的波德蘭區距離很近，他在路上看見了使館的大門，就想一探虛實，恰好遇到使館的翻譯鄧某，此人得悉情報，就以老鄉的資格邀請孫先生次日來吃飯。雖說孫先生和他寒暄時，用的是化名，但這個鄧某從種種跡象，判定這就是清廷欲得之而甘心的人。孫先生果然赴約，飯後，參觀使館。

本來先前在美國的時候，出使美國大臣楊儒，就和清廷電報往來，設法抓人，甚至還在日本、香港、三藩市、廣州……等處佈置，設想一切孫先生可能到達的地方，要他們萬勿放過。本來他們以為要抓一個人是很容易的，誰知時代變了，要在民主國家抓一個政治犯，他們必將付出慘痛代價，於是他們就試圖勾引孫先生購買軍火，以便栽贓，誰知竹籃打水，先生是空手赴英，於是駐英的清廷走卒，忙著到處撒網。

現在到了使館的樓上，到了第二層，又要他到三樓參觀。馬格裏和鄧某將他引入死角，說道，這裏就是中國了，現將你逮捕。他們把孫先生鎖起來，就下樓了。

他們抓到孫先生，立馬邀功請賞。接令解回廣東。

那個鄧某，就是鄧廷鏗。他來到拘禁的屋子裏面，譏笑孫先生委託的三個英國僕人，說他們都將孫先生的委託報告了使館，而不是先生的友人。他還要套取孫先生的口供。他威脅要將孫先生押到廣東，進行審判，然後正法，或者，裝在貨物包裹，從船上拋入大海，沒有人會知道。甚至，就在使館中，就可以殺人，殺後便可回國領取大賞。孫先生見他如此囂張，乃不得不正告他，如果他要殺人滅口，將來在廣東的會黨，必對鄧某的家族採取嚴厲報復。這才打掉了鄧某的囂張氣焰。不過，他一心領賞，所以還是悍然不顧的。

先生被拘禁到第六天，盡可能找尋廢紙片，裹著硬物拋到樓下，不料卻被發現了，於是使館走卒就把窗子釘死，這下便和外界完全隔絕了。

天無絕人之路，一個較為忠厚的英國僕人，叫做柯爾，在使館打雜，他進來看視的時候，孫先生便極為精煉的從基督的意義、講到專制的兇殘，而他所進行的政治改革，就是解救專制下的苦難。這樣富有感動力的言辭，終將柯爾打動了。次日柯爾取走了要轉交康德黎的信件，後來的史家稱為「這一張維繫著中華民國創造者生命的救命書」。

康德黎先生清早起來，看見門縫下的紙條，非常驚訝，立即到了警署和總員警廳，但他們還是愛莫能助。這時，柯爾又傳來消息，清使館準備以押解瘋子的名義，將孫先生殺戮於押解途中。

康先生一方面雇請偵探在使館外守候，防止他們把孫先生押解上船，一方面尋求報界支持。給泰晤士報的新聞線索是「中國使館之誘捕案」，但是紳士氣十足的泰晤士報，卻還不肯發表。

好在又過了一天，英國外交部長終於知道這嚴重的情形了，於是派遣了保護人員，監視中國使館。接著《地球報》上出現了這樣的標題：〈駭人聽聞——使館誘捕革命家〉。英國輿論界出來干涉了。然後，英國外交部正式派員向中國使館要人。先生被釋的那天，無數的新聞記者和歡迎的群眾圍著他。

一九二〇年代中期，中山先生的〈國事遺囑〉，全文不足二百字，其內容則字字珠璣，有綱有目，其間便談到他起而革命的因由。「余致力國民革命，凡四十年，其目的在求中國之自由平等。」這是先生追求自由、平等、博愛的天賦權力為宗旨。目睹晚清王朝夜郎自大，閉關自守以至日趨衰敗，世界列強以鴉片戰爭大敗清廷為切入口，隨之而來的對其任意欺凌，割地甚至瓜分，喪權辱國，民不聊生。先生認定其根源，在於主權被欺凌，自由遭蹂躪。乃憤然與志同道合之輩，醞釀革命以挽救中國。繼而組建革命黨揭竿起義。其首要要求，則是國家和民族的自由平等。樹正義，振民心，順潮流，振臂一呼，天下歸心。

中山先生的歷次起義

中山學生二十八歲時寫的〈上李鴻章書〉（《孫中山全集》第一卷八頁起），結尾也還有援用當時體制內套語，對李大人加以恭維。如「我中堂佐治以來，無利不興，無弊不革……」云云。一八九四年夏，他和陸皓東前往天津，通過李鴻章的幕僚羅豐祿，向直隸總督李鴻章投書，李氏還不予接見。

此文底子本來就好，復經大文學家王韜修飾潤色，雖係經世文字，卻也彬彬可誦。他論證國家富強之道，明說關節不盡在堅船利炮，壁壘森嚴，而在於內在的四大端：即人能盡其材、地能盡其利，物能盡其用，貨能暢其流。這些是根本，其餘是標末。探尋歐美富強之本，即是人盡其才，地盡其利，物盡其用，貨暢其流，這些都是制度的根本所造成，他指出李鴻章輩只著眼於堅船利炮，是捨本逐末。明朗通透的分析，擊中專制社會的命門。

他並孜孜矻矻，希其驚醒，導其改變。

但李鴻章輩的知識頭腦僅止於此。所以最終結果也是雞同鴨講，咽塞難通。道不行，乘桴浮於海；中山先生不是這樣，他是道不行，起而革命。

陳述治國之大經，強國之大本，但遭到李鴻章拒絕。上書的失敗，才使孫中山「知和平之法無可復施。然望治之心愈堅，要求之念愈切，積漸而知和平之手段不得不稍易強迫。」在這之後，至一九一一年武昌起義推翻清朝統治之前，中山先生發動了十次武裝起義。

到了一九〇五年盛夏，同盟會在東京成立。中山先生在留學生歡迎會上發表了〈中國應建設共和國〉的演說。同盟會召開成立大會，孫中山被推為總理，黃興被推為執行部庶務，會議確定了「驅除韃虜，恢復中華，創立民國，平均地權」的十六字綱領。十一月，同盟會機關報《民報》出版，中山先生在發刊詞中首次提出以民族、民權、民生為核心內容的三民主義。戊戌維新運動失敗後，康有為、梁啟超流亡海外，仍以保皇相號召。《民報》創辦後即同梁啟超主編的《新民叢報》展開論戰。辯論結果，革命派佔據上風，改良派的政治影響大為衰落。

首次撞擊

一八九五年舊曆八月，中山先生實施對清廷的首次撞擊，那時是新曆十月底的樣子，先生集合興中會領導層集會，陸皓東、鄭士良、楊衢雲、陳少白等都來到香港，拿出一個很龐大的計畫，決定聯絡廣東各地會黨和防營，於當年重陽節在廣州起義，就是要佔領廣州，並試圖建立臨時政府。這時候中山先生才二十九歲。起義的總指揮部就設在香港興中會總機關，對外稱乾亨行，以商業作為掩護。不久陸皓東等人又在廣州設立了起義的指揮機關，對外稱農學會。計畫由會黨集中三千精銳，將槍械藏在木桶，再由船運，瞞報稅關，抵達省城後，突然取出槍械進行強攻。此後因楊衢雲在香港措置失當，決死隊不能如期到來。楊氏迷戀爭權奪利，到了起義的前夕，忽然發來電報，說是貨不能來，也就是武器運送全泡湯了！中山先生沒辦法，只得通知各位綠林好漢，取消計畫，一面就把領來的錢，發給他們。叫他們暫時解散。他自己留下，遣陳少白回香港。九月十日（新曆十月二十七日），起義的機關被破獲，孫先生這時才和鄭士良換了苦力的衣服，在緊迫的關頭逸至碼頭，乘亂走脫。陸皓東本來也上了船，又堅持回去取機密文件，不料就中了清廷鷹犬的埋伏。過了一個星期，陸皓東等志士遇害。中山先生無法，只得暫時走避日本。不過這次胎死腹中的起義，作為他傾覆清廷戰爭事業的發端而載入史冊。

再次出手

一九〇〇年閏八月，中山先生發動對清廷的第二次打擊，即庚子惠州之役。鄭士良發難於惠州，屢挫清軍，旋以外援不繼潰退，此事早在這年的春天就在策劃了。自從五年前的廣州起義失敗，中山先生和鄭士良等人，便在策劃新的反清武裝起義。他派鄭士良前往廣東惠州聯絡會黨發動起義，又派史堅如到廣州策動，他自己則從日本到香港，準備潛入內地領導起義。但香港殖民當局不准他登岸，只好又折回日本轉渡臺灣，打算再從臺灣潛入內地。到了舊曆六月份，先生在新加坡，本欲聯絡康有為一起起義，反被康氏陷害，於是聯絡又流產了。中山先生於是回到香港，在商議的時候，日本志士建議乘夜晚從九龍上岸，火速進入內地，以神風突擊之勢襲擊廣州。中山先生不同意此項策劃，以為不過飛蛾撲火。到了新曆十月八日，先生派日本志士山田良政赴海陸豐發動起義，八月十三日（一九〇〇年十月六日），鄭士良在惠州三洲田率三合會眾六百多人起義（今深圳鹽田區的三洲田），以黃福為元帥，鄭士良、何松為參謀，黃耀庭、廖慶發、林海山為先鋒，分兩路出發。東路從馬巒村、金龜洞出禾崗，打新圩，直撲鎮隆，在佛子坳伏擊清軍取得大捷；西路從橫崗出沙灣攻打蘭花廟，大獲全勝，進一步攻打深圳、南頭受阻。東路義軍在永湖、崩岡圩連戰皆捷，勢如破竹，二十二日乘勝進入三多祝，在白沙紮營，隊伍迅速發展到二萬人，其中不少是富有革命傳統的當地客家人，聲勢浩大。後因形勢急劇變化，原擬突擊至廈門時獲得接濟的計畫無法實現，後援不繼，陷入困境，孫中山電令鄭士良可自決進止，義軍不得不解散，剩下千餘洋槍手分水陸兩路返回三洲田，至十一月七日無奈解散。

此次起義半月內都很順利，到了下旬，因糧食武器失去後援，被迫解散。從打擊的力度來看如果糧餉充足，則事情很可能大有可為。起義軍進擊途中，中山先生曾緊急致函日本友人，就談到武器的問題有謂「若今得洋銃萬杆，野炮十門，則取廣州如反掌之易耳。」義軍解散後，鄭士良率部分人馬退回香港，山田政良被清軍捕獲，旋即殺害。中山先生稱之為「外國義士為中國共和犧牲者之第一人。」

這次起義雖然失利，但對民間的觀念大有影響。先是輿論對革命者稱為亂臣賊子，大逆不道，多所咒罵；這次起義途中與民交流甚多，深得民心，所以失敗後民間對此事大為歎惋，但恨其事不成。

第三次革命

進入一九〇七年，採取了極其密集的打擊速度和力度。

潮州黃岡起義，又稱丁未黃岡之役，這是中山先生的第三次革命。

一九〇七年初，日本政府為了同滿清朝廷相交易，下令迫孫先生離境。二月初一到香港，黃興運動郭人漳未遂，返回日本，中山先生乃於三月下旬經新加坡到達越南，建立同盟會分會，在旅越華僑中募集起義經費，並在河內設立了粵、桂、滇武裝起義的總機關。其後，孫先生派許雪秋、余既成到廣東潮州，派鄧子瑜到廣東惠州組織起義。胡毅生跟郭人漳到欽州，相機行事。汪兆銘、劉師復、鄧子瑜等分頭行動。

中山先生帶胡漢民到達新加坡轉往安南，意在粵、桂、滇邊起事。在新加坡期間，他自行發明了一種新的密電碼，具有難以破譯的優長。以後一直由同盟會用到辛亥革命前為止。

他離開日本時，從日本造船企業家那裏籌到一萬三千元，二千給民報作出版費用，其餘都留作各同志的路費。

現在到了河內，又從在法國銀行當買辦的曾錫周那兒籌得不少資金，一邊又寫信到香港，指示馮自由、陳少白向富商籌集鉅款。同時委派許雪秋預備發動。許雪秋係新加坡華僑富商之子，起初曾向清廷捐得候補道銜，後立志逐滿興漢。一九〇四年回國後，以召募團練為名，聚眾千餘，約期舉義，未及發動而事情洩露，再赴新加坡。兩年後得識中山先生，加入同盟會，返粵為武裝起義做準備。他對在香港的馮自由說，起義時機已成熟，惟人才缺乏，請電同盟會總部速派同志歸國相助。後中山先生派人配合許雪秋，加緊了起義籌備工作。

中山先生派遣余既成回潮州準備，不料事機不密，潮州黃岡都司隆啟聞風聲偵悉大略，即向潮州鎮總兵報告，形勢頓變。會黨到香港向汪兆銘、胡漢民報告，群情激憤，胡漢民就安慰他們，說是須待中山先生命令到後，和惠州、欽州、廉州同時舉事，因為這是軍事計畫的重點。

五月初，黨人決定先發制人。

二十二晚，由餘永興主盟誓師，集眾千餘人起事，與官兵激戰一夜，後攻打守備署。佔領黃岡後，出安民告示，剔出苛捐雜稅，清廷兵備道沈傳義逃竄至汕頭，電報兩廣總督告急。

二十三日，義軍成立軍政府，以廣東國民軍大都督名義宣佈同盟會的革命宗旨，以中華國民軍的名義張貼佈告，義軍隊伍一度增至五千餘人。許雪秋接報後急派助手到黃岡，但清廷大批援軍亦已趕到。二十七日大批清軍趕到，余既成等以為槍械過於窳陋，不能再戰，宣佈解散。

義軍失敗後，官兵搜得義軍遺落的名冊，大肆捕殺黨人。

第四次打擊

一九〇七年六月，中山先生命鄧子瑜於惠州七女湖起義，即丁未惠州七女湖之役，這是他向清廷發起的的第四次打擊。

在剛剛過去的黃岡起義期間，本向日本訂購了大批軍械，運械的計畫只得中止。這時孫先生命黃耀庭、餘紹卿、鄧子瑜從南洋到香港策劃有關惠州、陽江、陽春一帶的軍事，以便回應黃岡。但前兩人或貪財、或怕事，臨陣脫逃。

指揮事遂落在鄧子瑜一人肩上。

聯絡內地會黨，原分三路進行，結果只有七女湖一處發動。鄧子瑜在惠州得知黃岡起義已經發動，即率領會黨武裝起而回應，起義軍在惠州城外七女湖截獲清軍水師槍械，並攻克泰尾、楊村、三達、柏塘等村鎮。各鄉會黨也紛紛趕來響應。起初還進展順利，顯出相當的戰力。義軍與清軍戰鬥十餘日，後因李准的水師來增援，敵我力量懸殊，最後不得不自行解散。

防城起義　第五次革命

一九〇七年九月初，中山先生命王和順等破防城，圍困靈山，不克。斯為第五次革命。即丁未防城之役，也稱欽廉防城起義。王和順受命至廣東欽州，發動那黎、那彭、那思各鄉人民起義。九月五日，王和順率領兩百多人攻入防城，以「中華國民軍都督王」名義發佈〈告粵省同胞書〉、〈告海外同胞書〉、〈招降滿洲將士佈告〉，申明以自由、平等、博愛為根本，掃專制不平之政治，建立民主立憲之政體，行土地國有之制度，使四萬萬人無一不得其所。革命軍在戰鬥中擴大隊伍達三千多人。但革命軍進攻欽州府城及廣西靈山等地均未得手。後因腹背受敵而告失敗。

本來潮州黃岡起義按中山先生的意圖，是要等到延後，和欽州、防城一起發動，兩翼同時拍擊清廷，當時派黃興和郭人漳聯絡後，就是要按兵不動。而當潮州已發動，中山先生又叫許雪秋等暫時不動，以利整體起義。但事件的發展，有時很少的一個偶然，就會牽動全盤的大局。一旦牽及命脈，就由不得人了。此所謂計畫不如變化快。

欽州、防城起義也是這樣。

這裏地瘠民貧，土產以蔗糖為最大宗，但這方面的賦稅重得不得了。人民推舉鄉紳要求減免，官方竟把他們拘禁起來。於是鄉民議論紛紛，以劉思裕為首，召開一個萬人大會，這就和清軍發生肢體衝突導致其開火，人民就以扁擔、鋤頭還擊。

七十來歲的老者兩廣總督周馥即命郭人漳率巡防軍三個營、標統趙聲帶新軍一個營，炮兵、機槍各一隊，馳赴欽州，實施鎮壓。

中山先生在河內得知此事甚為欣慰，一者人民已能自己起來，二者郭人漳已倒向黨人；而趙聲根本就是革命者。

鎮南關之役　第六次猛撞

兩個多月後，即一九〇七年十二月，中山先生發動了對清廷的第六次打擊，這就是有名的鎮南關起義，也稱丁未鎮南關之役。

其實在防城起義以前，中山先生已在注意鎮南關的軍事，從戰略上，他是這樣考慮的：以鎮南關為主要牽制，同時攻取水口關，兩日內襲取憑祥、龍潭；再二日克復龍州，進取南寧。南邊襲擊河口，擁有風魔嶺天險，這就可以直接控制蒙自了。通過這裏，又可走建水一線，襲擾昆明；同時潮州陳湧波、許雪秋正待再起，黃興家鄉，正有馬福益會黨也在臥薪嚐膽……四面蜂起，就是清朝廷的四面楚歌。

黃明堂首先發動。此前兩月，中山先生已派黃明堂為鎮南關都督，預為準備。

十一月二十一日，在越南河內，中山先生招集黃興、胡漢民及三合會首領多人，密商起義事宜。十二月初，黃明堂奉孫先生之命，率廣西健兒攻打鎮南關，攜帶快槍四十支，由山背間縋繩直取右輔山第三炮臺，守軍猝不及防，紛紛投降，革命軍乘勝佔領第二、第一炮臺。清軍大舉反撲，義軍暫時撤至河內等處，但翌日義軍即開始反擊。中山先生、黃興、胡漢民、胡毅生以及日本義士池亨吉、法國退職軍人狄氏等人，乘火車北進，傍晚抵達鎮南關，以火炬照明登山。目的地是鎮南關的山背，至少爬山四個小時，黃興因為胖，胡漢民因為瘦，法國軍官因為背有工具箱，他們三人皆氣喘吁吁。起義軍所據者，是山上三個炮臺，四日上午，清軍援兵龍濟光、陸榮廷部隊開始攻擊，孫、黃命令發炮，狄氏親自操炮，向遠距離清軍隊形轟擊，狄氏平時雖抽鴉片煙，技術卻不含糊，一炮過去，正中敵心，頓時死傷六十多人，其前進隊形立馬混亂。於是大、小炮更密集轟擊，只見敵營處處冒煙。

敵人靠近時候，中山先生、黃興親自操槍射擊，打中不少敵人。起義軍有人負了傷，中山先生親自去搶救包紮，他早年就翻譯過紅十字方面的專業救護著作，又是醫生出身。先生感慨地說，「反對清政府二十餘年，此日始得親發炮擊清軍耳！」

晚上，黃明堂率部留守，中山、克強從小路下山，因天下大雨，無法火炬照明，夜半方抵達山下同志家。陸榮廷即率四千清兵反攻，黃明堂率部堅守七晝夜，以援軍未至，眾寡懸殊，乃突圍下山。鎮南關之役打到這個地步還算不錯，但就整個戰略而言，未達目的。原先的意圖是襲取鎮南關後，即佔領三要塞，集合十萬大山一帶的會黨，會攻龍州。因為戰事失利，只好放棄了。

欽廉、河口　連續撞擊

一九〇八年三月，孫先生舉行第七次革命，即欽廉上思起義。孫命令黃興率領旅越南華僑中的同盟會員兩百多人，組成中華國民軍南軍，攻取欽州馬篤山，取得不錯戰果，在欽州、廉州、上思一帶幾十個村鎮之間，轉戰四十餘日，義軍隊伍發展到六百多人，戰鬥中先後擊敗清軍一萬人。後因彈藥耗盡，乃解散隊伍撤退。

僅僅一個多月後，中山先生又命令部屬發動了河口起義，也即一九〇八年四月的戊申河口之役。這是對清廷的第八次打擊。

在黃興率領起義軍轉戰於欽州、廉州、上思一帶的同時，中山先生又派黃明堂、王和順、關仁甫等人率領從鎮南關撤出的革命軍開赴雲南邊境，發動了河口起義。

鎮壓南關失敗後，孫、黃在欽州一帶活動。郭人漳對前來遊說動員的黃興，不懷好意，黃興何等聰明的人，他覺察到這一點，卻不動聲色，拿到護照後迅速走脫。在這一時期，孫、黃感慨尤深，就是深知依靠別人的勢力是靠不住的。於是決心自己編練隊伍，不久編成二隊，每隊一百餘人，一隊持長槍，一隊持盒子炮。繞道安南的時候，還受到法國守兵的歡迎。於是向欽州進發，到了小峰，清兵愚蠢，以為是自己人，民軍立即開火，將這一個排的清兵殲滅。郭人漳知道後，帶大隊清兵出戰，民軍乃佯裝撤退，將據山為陣的清軍引下，迅速分三路，將其包圍式夾擊之，清兵措手不及，損失巨大。隨後，進攻馬篤山，清軍調三營防守，本來很有優勢，黃興又採取打側翼的方式將期擊潰，俘獲郭人漳的軍旗和自用戰馬。黃興派人把軍旗送還，並捎口信：「軍旗有關你的責任，所以送還，表示我們的友誼，馬匹則暫時借用了」！郭氏不甘心竟調集三千人的大隊軍力，追趕革命軍。黃興知道戰事將大不利，遂乘夜色濃重，派精銳向郭營拋擲許多炸彈。清軍自相驚擾，立即逃竄，死傷許多。郭人漳、龔心湛受此打擊，竟向兩廣總督哭訴，電請廣西巡撫協助。

正在這時，黃明堂在河口發動起義了。四月二十九日起義軍與清軍中的反正部隊會合，攻克河口。在河口，起義軍張貼了〈中華國民軍都督黃告示〉。此後，起義軍又分兵出擊，連克新街、南溪、壩灑，直迫蠻耗、蒙自；部隊也由三百餘人發展到三千餘人。中山先生即委黃興為雲南國民軍總司令，節制各軍，並命他趕到河口督師。但終因寡不敵眾而失敗。後因敵人援軍源源不斷，乃率眾退入安南。

新軍發難 第九次革命

一九一〇年二月，中山先生舉行第九次革命，這就是廣州新軍起義，也即庚戌廣州新軍之役。

河口起義失敗後，中山先生集中部屬總結經驗，以為起義僅以會黨為中心，波及面難以擴大，應在軍隊尤其是新軍中運作。一九〇九年十月，在香港成立以胡漢民為支部長的同盟會南方支部，策劃以新軍為主力的廣州新軍起義。由倪映典負責發動工作，朱執信等人分頭運動防營、巡警及廣州附近的會黨綠林。此前的年初時分，欽、廉起義失敗後，趙聲在同盟會南方支部的支持下，和朱執信、姚雨平、胡毅生等積極籌畫新的革命行動，準備在廣州發動新軍起義。趙聲便趕往廣州，在華寧里一家客棧建立指揮部秘密機關，大年初三上午，倪映典回到新軍一標駐地，適巧清吏來一標訓話，竭力壓制部隊鬧事，倪先生見此情景當機立斷，拔槍擊斃清吏，當場即宣佈開始起義。倪映典率新軍千餘人準備襲擊廣州大東門，打得清方措手不及，一舉攻入廣州。不料城內清軍已有準備，水師提督李准已坐鎮東門設防，兩軍對陣於城東牛王廟一帶。這時趙聲等人也都趕到廣州城內指揮機關，而清軍關閉城門，不准任何人出入，嚴加封鎖。趙聲見勢知道情況嚴重，問城外倪映典方面新軍動向如何，已失去聯繫，當時新軍各部隊都分別駐紮在城東和城北一帶，城外新軍主力不起義，城內作為配合力量的巡防營則不便舉動。趙聲焦急萬分，竭力設法與城外倪部聯絡。而此刻倪映典正率領一部分起義新軍在牛王廟與清軍展開激戰，清軍中管帶、同盟會員李景濂臨事叛變，於陣前誘殺倪映典。倪先生犧牲後，起義戰士雖然仍在不停攻擊，惜乎終因指揮系統失靈，傷亡慘重，彈藥不繼而失敗。隨之，清方在城內大肆搜捕革命黨人，趙聲在同志們的掩護下，化裝出城脫險。

怒濤排壑　第十次革命

一九一一年四月二十七日，中山先生進行第十次革命，起事於廣州，即黃花崗之役。七十二烈士殉難。

檳榔嶼會議結束，趙聲隨即趕赴香港，預備指揮黃花崗決戰。仍和數月前在廣州一樣，聯繫新軍，組織「選鋒」，他任統籌部副部長兼交通課課長，目標是拿下廣州後，取長江而直搗幽燕，這自然不是孤立的，須取得各省支持回應。趙聲派人攜款到蘇、鄂、湘、浙、贛等長江流域各省聯繫黨人，籌建機關，發動新軍，起義行動前夕，以趙聲在新軍中的資望，被推舉為起義總指揮。

四月二十七日下午五時許，黃興率一百二十餘名敢死隊員直撲兩廣總督署，發動了同盟會的第十次武裝起義，即廣州黃花崗起義。

此前已有幾個月的籌畫準備，黃興於四月上旬在香港召開統籌部發難會議，將在廣州舉事的時間定在十三日，並擬分十路進攻，志在必得。因溫生才刺殺孚琦，廣東當局加強戒備，加之部分款項、槍械未到，原定計劃被迫延期。

二十三日，黃興潛入廣州，成立起義指揮部。廣東清吏風聲鶴唳，多方防備，並四出搜捕革命黨人，形勢越發緊張。二十七日晚，黃興召集會議倉促間決定起事。剛出發時，衝鋒隊吹響螺號，號聲有風起雲湧之勢，途中遇到員警來阻攔，立即開槍將其擊斃。到了總督署，一班衛隊舉槍頑抗，起義軍馬上喊話，令其歸順反戈一擊，這就給其機會，而其人甚為冥頑，居然開槍射擊，義軍迅將其管帶金振邦射死。敢死隊突入總督署，殺進二堂時，衛隊已魂不附體，紛紛走避，總督張鳴岐逃走，但在大堂後面的衛隊，則以欄杆、樑柱為掩體，負隅頑抗，導致幾位黨人連續中彈犧牲，黃興組隊對衛隊實施截擊，衛隊被壓制舉槍投降，於是令其為引導，向深隱處搜索，發現敵人已逃避一空，乃點火焚毀總督署。在東轅門外與水師提督李准的大隊親隨遭遇，黨人林文、劉元棟認為其中必有同志，於是趨前喊話令其投降，不料對方猛烈開槍，遂遭射殺，黃興兩手指即在此處擊斷。眼見形勢不利，黨人分三個方向突擊。其一遇到巡防隊，方聲洞等人中彈犧牲。另一隊衝到小北門街上，以米店米袋作掩體還擊，堅持到次日下午，因張鳴岐下令燒毀街道房屋，只得越牆四散逃逸。起義軍浴血奮戰，東奔西突，終因兵力嚴重不足而潰敗。此役，陳炯明、胡毅生、姚雨平等部均未能按照預期發動，至嚴重影響大局。

起義失敗後，黃興負傷逃回香港，喻培倫、方聲洞、林覺民等或戰死或被捕殺，死難的同盟會會員有名可考者八十餘人，其中七十二人的遺骸由潘達微等出面收葬於廣州東郊紅花崗。潘達微並把紅花崗改名為黃花，這次起義因而被稱為黃花崗起義。

這是辛亥革命前夕一次決定性的起義，中山先生評曰：「是役也，碧血橫飛，浩氣四塞，草木為之含悲，風雲因而變色，全國久蟄之心，乃大興奮。怨憤所積，如怒濤排壑，不可遏抑。不半載而武昌之大革命以成，則斯役之價值，直可驚天地，泣鬼神，與武昌革命之役並壽」。

黃花崗事敗，趙聲悲憤欲絕，憂心如焚，返回香港就臥床不起。五月六日開始病情加重，幾天後開刀手術，不久病情惡化。他將陳英士等同志召於床前，勉勵甚切，悲憤地說，「我負死難諸友矣，雪恥唯君等」。並連吟「出師未捷身先死，長使英雄淚滿襟」，聲淚俱下，此後再不能說話。到十八日下午與世長辭。世人無論識與不識咸痛悼之。

趙聲遽爾故去，黃興、胡漢民代表同盟會作〈告南洋同志書〉，並致函中山先生，報告這個不幸的消息。函中講到：「以伯先（趙聲字伯先）平日之豪雄，不獲殺國仇而死，乃死於無常之劇痛，可謂死非其所。廣州義舉，盡喪我良士，今又失我大將，我同胞聞之，悲慨憤激，況若弟等目擊者傷心狂憤」，字裏行間染滿痛烈心境。

辛亥革命勝利後，民國元年（一九一二年），中山先生領導的中華民國南京臨時政府，為了表彰先烈事功，追贈趙聲為上將軍，並歸葬骸骨於其故鄉鎮江南郊竹林寺。

革命黨無數次的點火，到黃花崗起義，可謂火勢熊熊，再難澆滅；到了四川保路運動，更是風借火勢，直接向十月十日的武昌定點飆燎而去。令人扼腕的是，黨人犧牲慘重，如黃興所說，「此次死義諸烈士，皆吾黨之翹楚，民國之棟樑，其品格之高尚，行誼之磊落，愛國之血誠，殉難之慷慨，興亦不克言其萬一」（黃興，〈黃花崗之役周年紀念會上的演講〉）。

定點清除：霹靂手段與菩薩心腸

晚清國策「祖宗之法不可變」，主張「富國強兵」和「船堅炮利」，所謂「師夷之長技以制夷」，外交上，晚清有「外須和戎」，故簽《馬關條約》、《辛丑合約》，口號背後的政策實質是維護對政治權力的壟斷。

這個體制究竟是剛性的，不可改變的？這個朝廷怎麼會承認自己有錯，又怎麼會改良？況且，所謂政改，就是下放權力，即開放言論自由，開放黨禁，開放選舉，實行司法獨立。不管落實那一條，朝廷都會面臨被清算的命運——他們壞事幹得太多了。他們已至想改都不敢改的地步。祖宗之法不可變者，其實就是耍流氓。

行政系統都要服從於慈禧的祖宗之法。專制的必然，也是中國一切災難的根源。如果遇到清廷迫害或清除異己時，它的一句「祖宗之法不可變」就把所有罪惡全部掩蓋起來了。祖傳法定，它可以把一切實情遮掩，並進而用維護國體的幌子來標榜，同時又運用國家機器相威脅。

他們越是覺得自己時日無多，他們的腐敗就變的更兇猛，形成一個真正的惡性循環，直至最後崩潰。

這就決定了維新派的窮途末路。

立憲派與社會實際脫節、十分尷尬，茫然無措，急著表態「告別革命」，更有甚者，竟然公開站在革命的對立面，要與專制者合作制止革命。誰能想到，「於無聲處聽驚雷」，就在這種情況下，革命發生了。

這是怎麼回事？扮演社會大變革的缺席者、甚至可以說是反對者角色的某些精英們，這時才大夢初醒：他們的保守思想與勞苦大眾的激進求變心態已經形成巨大的鴻溝。

由於缺少政治體制的改革，缺少監督制衡的機制，社會財富的分配極不公正。勞動大眾渴望正義、要求清算特權階層的心理越來越強。沒有機會時，他們表現出無可奈何的政治冷漠；然而，一旦機會來臨，清算的心態總體爆發，尤如洪水決提，一洩千里。

戊戌變法失敗後，立憲派掀起了立憲運動，希望在中國推行君主立憲。而以中山先生為首的會黨革命者則主張推翻清廷，同盟會成立後，革命派致力於運動會黨、新軍起義。顯然，立憲派的知識份子們，永遠是歷史的配角。普通知識份子手中無權怎麼實施改革？頂多可以做改良的呼籲者而已；反之，革命卻是老百姓可以做的，確切一點說，是公民的一種天賦人權。當執政者阻斷改革時，剩下唯一推動社會前進的途徑，就是人民的革命。

《辛丑合約》簽訂後，列強加緊操縱中國的政、經命脈，清廷完全拜倒在洋人腳下。庚子之變的次年（一九〇一），陸續推行新政，頒佈了一系列改革法令。新政中最重要的內容是練兵，這是清廷苟延殘喘的一劑強心針，說不上多大歷史意義。

與此同時，全國各地群眾的抗租、抗糧、抗捐稅、搶米、反洋教等鬥爭也急劇高漲。

到了宣統三年（一九一一年），清廷組成了皇族內閣，大權集於皇親貴戚之手，明擺著昭示立憲派的努力化為泡影，立憲派內部隨之分化，一部分人開始向革命派靠攏。此後，為抗議清廷借「鐵路幹線國有」之名向列強出賣鐵路權益，西南又掀起了保路運動。各省聞風而動，清廷從湖北調兵前往四川彈壓，湖北方面趁機發動了武昌起義。皇族內閣和強制推行鐵路國有化，這兩項行動，均發生於一九一一年五月，姑且不論這兩項行動之動機善惡與否，其客觀效果則顯然一無是處，深化了滿漢矛盾，擴大了央地分歧，激發了官民衝突，純屬作繭自縛、引火焚身，可謂一竿子打翻了滿船人。

武昌，爆發了一場比廣州起義發動得更倉促、領導得更薄弱、組織得更混亂的軍事起義，可就是這樣一場小規模的新軍起義，卻瞬間撬動帝國全局，立時各省騷動，群起效尤，局勢變得不可收拾。泱泱大清國搖搖欲墜，終至全面癱瘓、土崩瓦解。離它輕易挫敗黃花崗起義還不到半年的時間，國內攻守之勢已幡然大變，各省官情民情竟判若雲泥。

這是壓垮駱駝的最後一根稻草。

辛亥革命前的晚清政治生態，梁啟超嘗痛切言之：「請諸君別要忘記；我們這十年內社會的進步，乃是從極黑暗、極混亂的政治狀態底下，勉強掙扎得來。人家的政治，是用來發育社會；我們的政治，是用來摧殘社會。老實說一句，十年來中華民國的人民，只算是國家的孤臣孽子。他們在這種境遇之下，還掙得上今日的田地，倘使政治稍為清明幾分，他的進步還可限量嗎？」（梁啟超〈辛亥革命之意義〉一九二一年十月十日講於天津）他把周朝的革命，即打破黃帝、堯舜以來部落政治的局面，來比配辛亥革命。

對於異族統治的名義，也斷斷不能接受。這並不是爭什麼面子問題，因為在這種名義底下，國民自立的精神總不免萎縮幾分。晚明遺老像顧亭林、黃梨洲、王船山、張蒼水這一班人，把一種極深的觀念傳給了後輩，未嘗斷絕。

辛亥革命，就是要打擊專制政治，要追求「政治上自由、平等兩大主義」，這是國人兩千年來的公共信條。事實上能得到什麼程度，雖然各時代各有不同，至於這種信條，在國民心目中卻是神聖不可侵犯。

所以梁先生對辛亥革命的定位是：當光緒、宣統年間，全國有知識、有血性的人，恐怕沒有一個不算革命黨。但主義雖算不同，手段卻又小有差異。一派注重種族革命，說是只要把滿州人攆跑了，不愁政治不清明；一派注重政治革命，說是把民治機關建設起來，不愁滿州人不跑。兩派人各自進行，表面上雖像是分歧，目的總是歸著到一點。

定點清除

武昌起義在多處引爆，波瀾迭起，但整個廣義的辛亥革命時期，最絢亮的莫過於定點清除者奮起抗暴。從他們身上，我們清晰看到未來的自由中國的一線曙光。

歷時十餘年的定點清除，它是辛亥革命的重要組成部分，也是核心部分。武昌起義則是壓垮駱駝的最後一根稻草，是在定點清除的基礎上的推導和推倒。定點清除的效果，較之武昌起義的拖泥帶水，民眾死傷，不可同日而語。

定點清除，就是犧牲一己的政治暗殺，譚嗣同說「中國未聞因變法而流血者。有之，請自嗣同始。」為變法不惜挺身犯難，甘冒殺身滅族之禍，他是近代變法流血的第一人。

而黨人的定點清除，保有無懼無畏的磅礴浩氣。他們以先知般的良知，和社會磨礪中養成的胸襟氣魄，對生命與國脈的搶救產生巨大的策動力。

不得已的革命者不是為改變制度而去創造暴力，也不是鼓吹無謂的暴力活動。這與居心不良的恐怖主義更是風馬牛不相及。在此，我們看到了暴力的內在涵義，以及它不為「告別革命」論者所理解的深刻性：面對專制的惡行（獨裁統治、黑箱操作、侵犯人權、控制輿論），坐等其自我改良、良心發現，只能是此路不通。沒有外部的推動因素，專制者不會自動「從良」。辛亥黨人並不嗜好暴力，但也絕不否認暴力給統治者造成的外部壓力可以變成改良的動力。

暗殺時代的象徵：轟擊五大臣

當一九〇五年九月之際，清廷派人出洋考察憲政。就在那時，出了一件驚天動地的大事。

這就是吳樾彈炸五大臣。

五大臣又是哪五個：鎮國公載澤、戶部侍郎戴鴻慈、兵部侍郎徐世昌、湖南巡撫端方、商中右丞紹英。一九〇五年九月二十四日（農曆七月二十六日），五大臣自北京正陽門車站登車，吳樾化裝為僕從。為著貼近五大臣，「提衣包欲登花車，為衛兵所阻。適因接駁車輛，車身猛退，而所攜之炸彈，撞針受震，未及拋擲，轟然一聲，血花鐵片，飛濺人叢，烈士已腸穿肢斷，面目模糊，盡其黨人最後之義務矣。惜乎所謂清之五大臣者，受傷而未死。」（《辛亥人物碑傳集》，九十五頁）當時的炸彈技術含量低，行李車與車廂掛接，車廂猛然震動，炸彈即被引爆。此次爆炸，當場炸死三人。可惜的是載澤、徐世昌略受輕傷，紹英傷勢較重。戴鴻慈因有僕人王是春在前遮擋，僅受輕傷，但頂帶花翎皆被削去。

血雨硝煙，迷蒙燕市，烈士殉國之際，年僅二十六歲。摯友趙聲（字伯先）得噩耗，大慟曰：「天乎！喪吾良友。」柳亞子說：「吳樾一擊，鼠首未殉，而鸞翮先鎩，至今談者酸鼻。」（《磨劍室文

錄》，二六七頁）

陳其美先生以詩哭之：

烈士是以起，殺賊紅塵裏。一擊天地崩，餘響復振耳。
憤東未及展，武士不暇威。丑類四方竄，血肉風雨飛。
賊膽一已破，君軀一已殞。不惜一士命，惟於戒來軫。

又云：

我愛吳夫子，視死忽如歸。慷慨赴大義，初陽生光輝。
志士赫然怒，有家且不顧。使吳君而在，執鞭所欣慕。

秋瑾詩云：

皖中志士名吳樾，百煉剛腸如火熱。報仇直以酬祖宗，殺賊計先除羽翼。
爆裂同拼殲賊臣，男兒愛國已忘身。可憐懵懵天竟瞽，致使英雄志未伸。
電傳噩耗風潮聳，同志相顧皆色動。打破從前奴隸關，驚回大地繁華夢……

趙聲先前贈他的詩中嘗有句云：「杯酒發揮豪氣盡，笑聲如帶哭聲多。」「大好頭顱拼一擲，太空追攫國民魂。」堅絕英颯，食其慧者，實在後人。吳樾烈士犧牲後，遺骸葬在安慶大觀亭旁山岡上。中山先生題書「浩氣長存」。秋瑾為之痛哭招魂，說他「百煉剛腸如火熱」。

吳樾彈炸五大臣事發，袁世凱命幕僚張一麐草擬公文勸告革命黨人。張先生內心同情黨人，他做袁氏幕僚，謹守本分，但若有涉及原則問題的，必當面爭執，不敢有所藏掖。一般較大的事體，必多方諮詢後才下筆。

但這一回卻把他難住了。不寫吧，人家會以為他和黨人暗中有什瓜葛；要寫呢，如何措辭那太傷神了。真是左右為難。於是他做了一篇文義高古的四六駢文。一般粗通文墨者不可能看懂。此文高懸於各火車站，張先生的目的在於不增加黨人的心理壓力，故為此曲筆。

吳樾雖然壯烈殉難，但他畢業於保定師範，此地在袁世凱北洋轄區，所以他要派人調查幕後。當初派遣某道員，但該人平時的綽號是屠夫，所以張一麐力持不可。他建議改派為人正派的學者毛慶蕃道員前往，袁世凱同意了。

派遣的札文中，有如是等語：該道往查時，如有被人覺察所查何案者，即惟該道試問。結果此案僅革除一個保人的功名而已。

張先生的所作所為，每一個轉折都很縝密，目的就是不想讓吳樾案的偵查擴大化，巧妙嚴密控制在極小的範圍，從而避免傷害無辜。

吳樾面對暴政，他不再承認專制皇權及其法律秩序的正當性、合法性，認為這一切都是非法的、不義的和反道德的。或以為，黨人用如此決絕的方式行仁抗暴，自己肢體碎裂肝腦塗地，所付出成本甚巨乃至於無限大，而社會收益卻是魚死而網未破，個人收益更是等於零。這就涉及到對人生意義、生命價值和社會價值的理解問題。這種觀念和行為的差異，拉開了烈士與普通人的距離。面對生存與死亡這個值得考慮的問題，每個人都會作出自己的回答。對於很多人來講，活著似乎更重要，哪怕只是苟活。然而，生活並不僅僅是活著，更不僅僅是苟活。

吳樾烈士是安徽桐城人，論他的氣質，那是美辭氣、有風儀，論長相，則如古松傲立。吳先生字孟俠，生於一八七八年，他的鄉人前輩方以智、錢澄之、孫麻山輩都是揭櫫民族大義、抱節不屈的智識先進。這裏又是人文薈萃之鄉。碑傳上說他「性和平、貌俊美，少讀私塾，天資敏慧」（《精稗類鈔》會黨編）。也稱他「品學頗高，恒以暗殺黨之先鋒自任」。

他在一九〇二年考入保定高等師範學堂。求學期間學業大進，思想更加開放，曾組織國民教育會支部，並創辦《直隸白話報》。一九〇五年在北京正式參加了楊守仁等組織的北方暗殺團，他交友非常慎重，非知以心，往往終日相對無語。與他披肝瀝膽，許為生死之交的義俠之士，都先後犧牲了，他的至交陳天華蹈海犧牲，汪熔殉難於庚子漢口戰役，施從雲就義於灤州獨立之役。一九〇四年，趙聲介紹吳樾加入了秘密革命組織少年中國學會，策劃暗殺活動。一九〇五年上半年，寫下慷慨盤鬱，激昂悲壯的〈暗殺時代〉。但這篇篇幅相當長的現代奇文在他犧牲後兩年，才正式發表在《民報》一六〇七年四月增刊《天討》上面，就此文觀之，可見他決意犧牲早已蓄之有素，洵非一時之衝動。他最主要的暗殺目標，是清廷的得力鷹犬，江寧將軍、陸軍部尚書鐵良。為此，特赴東北，與他的知交遼東大俠張榕密議。

張榕字蔭華，祖籍山東，生長於遼寧撫順，善騎射，精劍術。弱冠之年，考入京師大學學習。後返遼東謀獨立，在民間影響甚深。他的家境富裕，但以運動革命故，傾家資大半。常居北京策反清廷官吏，多無效。轉而在學術界求志士，因與吳樾成至交。

他同時又與青年翻譯家潘智遠友善，研習俄文至精熟。他二人見面後，即南下保定，分三次謀刺鐵良。一九〇四年冬，鐵良南下搜括民脂民膏，他們跟蹤刺殺，未遂；一九〇五年春，鐵良視察保定高等學堂，他們伺機近距離槍擊，但鐵良臨時變卦未赴講演；稍後赴北京，也一直未獲機會。此時，革命黨人趙聲應孫中山先生之召，南下行動，口占四絕贈吳樾，詩風蒼涼悲壯，大有風蕭蕭兮易水寒的意思在內，吳樾也授筆覆書一封送趙聲，以其「逆想將來之幻境」，及「大軍北上之日」，故謂「明知此為永訣之期，而不為之悲傷流涕也。某之念念固在君君請勿某為念……責任為巨，一日不達目的，即一日不得辭其難。」磊落慘厲，赤忱可見。他在北京住桐城會館，鄉人以為他來投考大學，殊不知攜有重大使命。此時恰值清廷假立憲之名，拖延時間，伺機向革命黨反撲，派五大臣出洋考察憲政。吳樾當機立斷，改變刺殺鐵良計畫為彈炸五大臣。事先與秋瑾商量，至前門火車站踩點，後秋瑾先回南方籌備，吳樾寫有了一紙遺囑交她收存，其中說：「不成功，便成仁。不達目的，誓不生還。」

實施定點清除，在整個大辛亥革命時期，吳樾不是第一人，也不是最後一個人。他的事功，處於中間時段。但他的特出，在於將定點清除的政治意義、方式方法、社會影響，作用源流，闡發得淋漓盡致。這就是二十世紀初葉不朽的奇文〈暗殺時代〉。

吳樾先生的詩文清廷實深畏懼，因多銷毀。現僅有十四篇傳世。〈暗殺時代〉即為其中份量重如磐石者。烈士之行為在當時之所以不啻是一聲聲驚天動地的獅子吼，而與一般社會匹夫奮衿、江湖聯群相形高下懸殊，乃因其不但執冷熱武器，決疣潰癰，更早已將深刻思想懸之露布，達之飛檄，使世間有情，恍然驚覺。

〈暗殺時代〉是清末民初為著正義的暗殺，最為詳審、精密、辯證、全面的一篇論著，並且具有極可操作的指導意義。其文之所作，又有得天下豪傑相與扶持砥礪之意。它的風格，既有磅礴雄放，豪健遒勁的陽剛之美，又鬱積著激憤悲愴的深悲大痛，字字千鈞，彷彿貫穿長空隱隱不息、沉雄低吼的雷霆之聲。析理明如水鏡鑒物，結論則似順勢運斤，就事物的本質原委抉明正義，而條畫出搶救之道。其志可嘉，其風可慕，全篇冶議論情感於一爐，文采斐然可觀。大學者章太炎先生在〈討滿州檄〉中嘗指出清廷十二大罪狀，說他們「傳嗣九葉，凶德相仍」，〈暗殺時代〉則進一步發揮。

全篇近兩萬字，分十四節，分別是：序言，暗殺時代，暗殺主義，復仇主義，革命主義，揭鐵良之罪狀，殺鐵良之原因，殺鐵良之效果，敬告我同志，敬告我同胞，復妻書，與妻書，與章太炎書，與同志某君書。

其魄力之雄偉，真足以推倒一世豪傑，開拓萬古心胸。

〈自序〉一節先敘述他早年的求學經歷及童年生活。談到他弱冠以後飄然北上，所交遊者多官方人士及幕僚，也曾動過功名之念，尚不知身在「奴隸叢中」，不久得讀鄒容、孫中山等人著作及大量革命報刊，意念始漸大變；要振起癱瘓的中國，須「清其源而絕其流」，提出「暗殺為因，革命為果」之命題，其中並已指明殺鐵良是為了除去奴役人民的那拉氏之助動力。經精心謀劃，槍彈俱購獲，近期即為發軔之始，為使暗殺成為實事而非虛文，他就要行動了，「予願予死後，化一我為千萬我」。第二篇〈暗殺時代〉痛陳停留口頭上革命之無益，而清廷的封報館、禁新書、殺學生、拿黨人等迫害方式卻越發出格了。如仍不見興問罪之師，則所失不可估量。他又比較西洋、東洋之革命方式，覺得由暗殺始，並過渡到革命時代，正當其時。

第三篇〈暗殺主義〉，討論譚嗣同的觀點，認為大軍未起之時，任俠這種方式，確可獲得伸民氣、倡勇敢的奇驗大效，而「國族之民氣，其渙散不伸，至於斯極。」「若滿酋之於生死安危，自較他人視之為尤重，亦以彼等向居長林豐草之間，毛衣肉食，射獵為生，一旦闖入中原，奪其子女玉帛而有之，於是欲生惡死、棄危就安之態，自往來於腹中。」而暗殺之震懾力也即在此，使其恐怖而收斂其所欲為，殺一儆百，效果自可推想。

第四篇〈復仇主義〉，開頭討論軍事辯證法及用兵之道，孤軍深入敵人腹部，為兵家大忌，故善用兵者，於先遣及後備力量考慮周詳。以此譬暗殺，則「暗殺者，吾黨之戰兵也。復仇者，吾黨之援兵也。」他又深憂暗殺之戰士多不能全身以退，故須援兵「轉敗為勝」。然後，他通過數學的邏輯推衍，證明此二者之間相互依託的辯正關係及重要性。

第五篇〈革命主義〉，指陳清廷的狡猾貪婪，說明革命對於國人人權訴求的重要性所在，特別提到清廷早先的濫殺無辜到今日的賠款割地是一脈以貫的。六、七、八篇認為鐵良大罪可名者有五：「斂民財、練旗兵、剿民黨、偵疆吏、強員警」，均為深文周納的亡國奴民政策，殺鐵良因為他是當時國人的心腹大患。這樣念念不忘殺鐵良者，「豈逆賊鐵良一人於予有私怨乎？曰否，否。」顯然不是有什麼私仇，真實目的是在國族的前途。至於暗殺的效果，「天下未有無原動力，而有反動力者。蓋反動力為果，原動力為因。」外力越大，則反彈越大，作者從物理學原理詳加探討，「每以外界之風潮，醒大漢之酣夢，遂使清政府之制我之毒手段一一揭於我同志之心目中，而反對之心，遂萌於內」。專制達於極點，反彈亦將達於極點，這是社會生理的規律。

第九篇〈敬告我同志〉，讚揚俄國早期革命黨的激烈，援以說明建設來自破壞，平和來自激烈。並舉中醫看病的原因，如熱病，先以苦寒祛邪，然後補以參苓。卻決不能先施補劑，以防熱邪不出矣。中國久處專制，有如熱病重且大，如不破壞（苦寒之方劑）而先建設（補劑），必將失利而得害。因此希望同志不把建設平和拿來作一己畏死怕痛的美飾名詞。

第十篇〈敬告我同胞〉，對民眾致以深切的關注，哀其不幸，亦怒其不爭，希望人們能夠儘快醒來，「此固我同志諸君所日夜呼號，犧牲性命，以求遂此區區之希望者」。又說「吾最親之同胞，吾最愛之同胞，其甘為人詈而自居賤種乎？」民眾懂得了雪恥的必要及意義，則「吾雖為吾同胞百死而亦甘心矣。」一片天真，一片大義，一片血忱！讀之催人淚下難禁。

第十一篇〈復妻書〉，再次強調一己之犧牲，目的在為同胞請命。尤其「益恨專制之流毒，而使我同胞幾無一人能自由矣」。決非為自我報私仇，希望他妻子亦有這種愛國精神，如果「子若志不在此，則人間之富貴安樂，自可操券而得之，亦以子之年華才貌足以相當矣」。意在盡為人夫者應盡之責。

第十二篇〈與妻書〉為平生最後一封家書，詳細討論生與死的哲學意義。貪生怕死之輩不管活得多長久，與秋蟬朝菌無甚區分，且吃且睡的人生「多壽有何所用？雖如彭祖，亦不過飲食之較多於人」。就生死問題多側面比較權衡，認為「生必有勝於死，然後可生；死必有勝於生，然後可死」。深信作為體質的小我消逝之後，精靈的大我必將播於千秋。

第十三篇〈與章太炎書〉，以觀先生行、讀先生言而生發「頂禮膜拜」之大敬畏心。章太炎先生是近代有大思想、大學問、大氣魄的革命家、哲學家，在知識份子及青年陣營中影響深巨。他的學生魯迅、錢玄同、許壽裳、周作人等，都是後來新文化運動中的主將，作者冀盼太炎先生在潛意識中能知道四萬萬人還有他這一個崇拜者。從前無緣謁見，但曾尚期望國族獨立之日相聚，現在作者決死之心已定，期望化為泡影，「而今已矣！」生前不可能了。這是非常蒼涼的感傷。原來還打算以文學作品當面求救於章先生，也只是一場夢幻罷了，這時章太炎因一九〇四年的《蘇報》案，被清廷投入囹圄，在獄中仍秘密籌畫組織光復會。作者寫此文時離章太炎刑期還有一年。所以作者寫道：「危哉！先生。計先生出獄之期在邇，飲食起居，不可不防他人之隱害。」愛戴眷注之情，直可懸諸日月。〈暗殺時代〉這篇論文，他也希望太炎先生日後能夠瞭解。「此中之大意，問之同志某君便知」。

寫完這一節，那些生死關頭，最難打破的障礙，也都算有所交代了。那第十四篇，也是最後一節〈與同志某君書〉在前文已曾提及，這位某君，就是革命家趙聲，他南下應中山先生之召，組織民軍起義，與作者吳樾志同道合，係刎頸之交。火車一發，彼此天涯，而對方「猶竟在想像之中」。無情未必真豪傑，多情亦正是革命青年的本色啊！作為同輩人，他亦不忘告誡朋友，強調他自己暗殺而殉國較容易，而對方南下組織起義還要克服諸多困難，因為清廷的走卒大臣中，確有狡獪深心、長於陰狠之計者在，這些人為防革命黨的傾復，而有臥薪嚐膽的行藏。他認為這些人從這方面說「不愧自居貴族」。因而革命的壓力和阻力都更大了。為了證明這種看法，他特別函送了幾張《京話日報》，上面刊有清廷貴族包藏禍心的文章，目的在使革命的同道防備！珍重！自己即將粉身粹骨，而猶耿耿篤篤心細如髮，替戰友著想！彷彿兒女情長，實則英雄本色。這和秋瑾得知徐錫麟噩耗，「坐室泣下」（陶成章語）情愫出同一心理。若吳樾烈士者，真正是國族的精英，國家的干城！停停蓄蓄，拍案歎息，先烈舊事往來胸中。筆者讀完這篇血性文論，淚為之湧出滿面，心為之酸惻不已。

今蘇州虎丘千人坐旁有「石點頭」十道。傳古有高僧講經於此，無人信他所講，他就聚石為徒，與談至理。結果，石皆為之點頭不已（事出宋人龔希仲《中吳記聞》卷之二）。吳樾這篇萬字論文，他能感之並能寫之，就確有令頑石點頭之效。最終變思想為行動，化學術為力量，義之所在，生死以之；身家性命不為慮，毀譽榮辱不為念。誦其詩，讀其書，知其人，長時間有一種把欄杆拍遍，一條萬古水、向我手心流之鬱勃！同盟會、南社革命文人一掃國人不武之積風，挺身而誅暴吏，遺澤後世，倡明公理，發皇人權，較諸古之任俠，更為果敢勇毅。

吳樾事發，端方致電上海報界：「炸藥爆發，奸徒反對憲政，意甚險惡，然益證立憲不可緩也。」而各地方大員也次第致電朝廷：「此事必是革命黨人中所為，蓋恐政府力行新政，實行變法立憲，則彼革命伎倆漸漸暗消，所以行此狂悖之舉，以為阻止之計。當此更宜考求各國政治，實行變法立憲，不可為之阻止。」

這些話因其毫無邏輯根基，統統經不起稍微較真的檢驗，一是遙遙無期，一是毫無誠意，一是憲政的「若開議院，民有權而君無權矣」（孫家鼐、康有為言論）越加遙遠。若此輩真從事憲政、改良、變法，則根本不會出現吳樾行刺之舉。反之，若有一定的憲政空間，吳樾必謹守遊戲規則，積極為憲政而奔走。那麼，專制者因受到憲政的威脅，他們反而要不管不顧的打壓、暗殺、實施肉體消滅，等等，總之是無所不用其極了。正如幾年後袁世凱對坦白磊落的憲政狂人宋教仁，一意孤行地採取卑污殺滅手段一樣。

吳樾實踐定點清除

吳樾的行為志節，他的論說與用意，指向一個高邁的道德理想。這就是定點清除。這也是辛亥革命以來，最為乾淨、最為直接而力度最強、效果最彰的打擊專制的方式。

吳樾以生命為代價，將定點清除的實踐與自身相綁定，將定點清除的理論做高邁的推定，並在旋轉歷史的轟然一響中，將定點清除的意義做至高無上的固定。

今之讀者，對定點清除必不陌生。

定點清除，乃是消滅製造恐怖的專制者的必要手段。

今人熟悉的以色列軍方的定點清除，以極高的技術支援、極高明的手段運用而著稱。通常是，執行員跟進目標，然後悄然靠近，以迅雷不及掩耳之勢予以制伏。其過程的高潮階段，最短者僅需幾秒鐘即可結束。或者，使用精確定位，以新式戰機（如F-16）實施夜間偷襲，或者，戰機在空中搜尋目標，以聲東擊西方式，麻痹人群，而地面執行者進行目標指示，一旦鎖定目標，武裝直升機則自雲層中驀然閃現，連發多枚導彈，務求擊毀目標。

相對於以色列軍方的現代化的清除手段，辛亥革命期間的黨人革命更為悲壯，他們往往都要付出自己生命的代價。

定點清除又稱為：外科手術式打擊。精確打擊。斬首行動。手法上使用的是精確制導武器，但在精神氣質上，還和中國古人用意相彷彿。即摧毀敵人的組織核心，癱瘓其行動能力，使其陷入群龍無首、組織渙散的狀態，從而阻止其對民眾的摧殘。

或以為，五大臣不是考察憲政麼？何不等待他們施施然而進行之？其實，這是一個美麗的謊言，一襲皇帝的新衣，說來說去，從來沒實現，這就涉及到變法和革命的辯證。固然，不變法，無以生存，但變法也不過無奈之舉，吳其昌給梁啟超作傳記，就康氏上書寫道：

「當時那班白面文人的哀哀無告，皇皇求援的愁苦心理，以及環顧全國茫茫無才，渺渺無望束手待斃的窘態，真是由這一點上流露得深刻、活躍，上奏乃是病急亂投醫的囈語。」

光緒還不錯。康氏上書內容有「求為長安布衣而不可得」，「不忍見煤山前事」，這是針對皇上的赤裸裸的威脅之語，形象，逼真，彷彿將明末崇禎的慘死搬到眼前，而光緒一笑置之，不以為忤，反而對康氏更加器重。

但這班人的致命之處，在於其技術措置過於差勁。也即病因診斷得當，而藥方多不對症。

所以那些崇拜中山先生的革命青年，選擇革命道路，並非一味的選擇暴烈的行動，反而處處充滿悲天憫人的妥協，只有在萬不得已的情況下，才奮起一搏，實施定點清除。

說到革命與立憲的分別，小利益通過秤桿實現，大利益通過政治實現。沒有這個眼界，改良不了政治。立憲派從事工商業者為數甚夥，但是不革命，就休想把視野做大，其所發財，永遠都是小財，而且毫無保障。落敗者、血本無歸多了去了。都是撞了大牆，頭破血流，淨身赤條回來，一夜之間身敗名裂，又大罵清廷的混帳，不按牌理出牌。這些朋友，早幹啥去了？一脈不活，周身不遂，關鍵是體制、是公平。定點清除，就是促變體制，就是打通關節。

清廷肆虐的時間太漫長了，體制的促動者總是在與虎謀皮、對牛彈琴，虎和牛都是牲口，他們只會按照他們的常態生活，問題都出在謀皮者和彈琴者身上。然而，錯過了治療民族心靈創痛的最好時機，也就錯過了民族精神復興的最好機會，罪行不受懲罰，正義得不到伸張。美麗如同驚弓之鳥，醜陋宛若混世之獸。

對定點清除的反對，就是容忍生命的耗損，就是容忍濫殺無辜的繼續。就是容忍國族命運的急劇衰微。

彈丸政治仁且勇

與吳樾的心曲相類似，清末安徽青年志士韓衍，推出他論說精警的彈丸政治論。韓先生智勇並擅，他所最為推崇，就是那盛極一時的「彈丸政治」，此彈丸非喻地域狹小，而實為炸彈與子彈之意。少年時期，他即才氣橫溢，志行卓越，為學問家張謇器重，收為弟子，後薦於北洋幕府任督練處文案。他熟悉小站練兵內幕，不滿袁世凱為人，上書糾彈，知必不見容於袁氏，乃輾轉去天津，後調安徽當時省會安慶。時值徐錫麟、熊成基起義先後失利，清朝主皖大吏搜迫日緊，黨人多四散活動。韓衍有鑒於此，乃創辦《通俗報》以集合同志，為發動之樞紐。報紙政論多發揚民意，通訊多揭露官僚貪賄，而為地方惡勢力所深懼。其間第一次受奸徒暗殺，身中五刀，幸大難未死。

韓衍下筆千言，倚馬可待，筆峰犀利而常含充沛感情。著有《綠雲樓詩存》一卷，其佳句如「誓當共飲長城下，夜渡黃河百丈水」，大有俯仰當世，睥睨前人之概。其懷友人如〈弔宋玉琳烈士〉、〈弔黃花崗烈士〉又有深哀大痛，讀之繞室徘徊，不能安座。

袖翻海水入羊城，千里東濠夜有聲。
所欠故人惟一死，頭顱墮地作雷鳴。

自將血灑尉佗官，慷慨田橫有此風。
七十二人同日死，夕陽芳草古今紅。

他之推崇彈丸政治，並非無端盲目崇尚，而是以此為手段，達成民權政治的理念。「我鐵彈丸之是非，乃萬古不滅之是非也。」「須以一粒鐵彈丸，使萬眾不苦饑。」又說「敵在眼中，槍在手上，後有無限未來之同胞一齊擁出，而此鐵彈丸躊躇復躊躇，以至於無可躊躇，然後機一動，功已成。」（安徽政協文史組〈記韓衍〉轉引）此中確有大智勇充溢，那即是人道主義情懷。當辛亥武昌首義後，同盟會與清殘餘部隊多所戰鬥，各省情形備極混亂。韓衍在安徽以原軍民基礎成立青年軍，任總監，維護擾攘無主之省政，綜理一切日常工作，主持正義，保衛地方，建立不世之殊勳。青年軍軍旗以人字形圖案製作，表示奉行人道主義。他每週的軍事演說編為講義，其中解釋彈丸政治，旨在救世，所謂「殺機沸天地，仁愛在其中」。即與章太炎引佛經「殺了一人，能救眾人」義理相合。他心中的模範人物，仍然是華盛頓，其所憧憬的政治理念乃是歐美式民主主義範疇。他之頸血四濺而不惜，仍投袂奮起，乃因對生死的意義和人我的境界有透闢認識，在於以死爭是非。「鐵彈丸最仁愛，亦最殘暴，自救世人用之則最仁愛，自利己人用之則最殘暴。我一槍一彈以至仁殺至不仁。」（《辛亥革命回憶錄》四卷，四五二頁）南北和議後，袁氏排斥孫中山而獨攬國政，韓衍捶胸頓足，大為惋惜，同時對北洋官僚，口無遮攔，不稍假借，多就具體人名呼罵指責。其議論縱橫，及謀青年軍擴充，備招野心家怨毒深忌。一九一二年陽曆三月某日，他路經一道山梁，第二次受歹徒狙擊，身中數彈，傷重不救身死。

專制者是只顧目的而不擇手段為一貫作風的。有過一次痛苦經驗，卻難以料事如神，以避其鋒，而處世待人發論悉以赤子之心應之，憂國既深，積誠已久，至於一身之生死禍福，早已置之度外，棄自炫自媒為真知力行，尋病根之所伏，而發改革大願。不期奸人圖窮匕見。嗚呼，如韓君者，是可謂仁且勇矣！

轟向清廷的第一爆

晚清的革命青年，選擇定點清除的道路，有若天授。還在吳樾先生轟擊五大臣之前，就有多次的發動。跟吳樾行動一樣偉大的，是在二十世紀的開端——一九〇〇年十月，跟吳樾英挺面目相彷彿、一樣文質彬彬的青年學者史堅如，啟動了轟向清廷的第一爆。

這一年的十月二十八日清晨，廣州城內巡撫衙署裏，因為李鴻章的受命北上，廣東巡撫德壽得以署理兩廣總督，此時他還在睡夢中，寓所地下驀然發生爆炸，他從床上震落，光著身子滾出數尺之外，魂飛魄散。

這可以說是最早的督署爆炸聲，是最年輕的狙擊烈士——史堅如先生，發向清廷的第一爆。

變法改良是當時社會一個時髦的辭彙，不費一槍一炮、一兵一卒就可完成政治形態的輕鬆過渡，當然這是變革者以及國民皆大歡喜的路徑，而清末的現實似乎並不支援這種路徑的選擇。

史堅如的這一通地道炸彈，不僅掀翻了統治階層的執政窩點，也終於驚醒了在執政窩點一貫渾渾噩噩窮兇極惡的統治者的神經末梢。

史堅如，字文緯，生於一八七九年。原籍江蘇溧陽，生長於廣東番禺。他是史可法之後裔。及長，見國事日非，東渡日本，入興中會，日夕得孫中山先生教導點撥。雷鐵厓先生說他相貌類似婦人好女，則其與太史公筆下博浪投椎之張子房有以暗合？後潛回國，欲謀取廣州作革命根據地，一九〇〇年，惠州起義業已發動，而廣州方面以軍火未到，只得再行延期，而惠州聲勢危緊，亟待回應，故臨時改變宗旨，謀炸兩廣總督府，期達刺殺當時總督德壽的目的。遂就近購民房一座，在督署花園後。而德壽臥室，即在花園東側。方法是以一暗殺小組挖掘地道，為期十餘日，乃成。地道直通花園左側，炸藥約兩百磅，塞鐵桶內，引線外露，梢端接一盤香，點燃後從容出走，在一條河心小船上靜候，未見爆炸，史堅如烈士乃折回檢查，果然發現盤香斷滅。重新檢視後天已漸明，不得出，乃於地道中靜俟一天。次日晚，又點燃盤香，不久，一聲巨響，花園圍牆大片轟塌，史烈士出走不及被逮，德壽從床上震動滾落下地，卻未致命，僅受驚嚇而已。一擊不中，遺恨千古！烈士入獄後，以獄卒汪老叟是他妹妹奶媽的丈夫，得以將三封遺書（〈致小妹〉）輾轉帶出。給後人一個理解這樁事件歷史意義的絕好機會。

這三封詳述他自己經歷及政見的遺書，在他思想出發點映照下，已透露出對現實錮疾最直接的治本辦法。其文章在感情上更是悲壯傷悼，催人淚下。事情過去已整整一個世紀，以絕難一見，不妨就其關鍵處稍作引述，以見其萬古不磨，氣貫虹霓的心志——「憬然，我的妹妹：快要和你分別了，你不要灰心，革命黨的字典中，找不出灰心兩字。七歲那年，父親死了，那時你只三歲。我幼年時，體格不強，時時生病，母親撫育我們三個孤兒，辛苦萬分，你該安慰她老人家……方先生是一位舉人，教我攻讀歷史和兵法，方孝廉要我學作八股文，我又不想做官，我何必學八股文呢？……我十六歲那年，已看了許多新思想的書籍，我對於政治的見解，反對專制。我以為民主政治是天下公理，專制政體，一定不能治國，要治也不能治好。中國的專制政體，譬如幾千年一所在破屋，屋內屋外，都已敗壞得不可收拾，要住新屋，非把破屋拆去重建不可，要想用一些水泥石灰，把舊屋修理，一輩子也修不好！……」

「前年戊戌政變，當時我和你說過，那拉後這老婦該殺！已決定推翻清廷，想和江湖豪客接近，一則沒有錢，二則覺得他們的行為靠不住，後來廣州設立格致書院，我便進去試讀，開始物色同志，同學中覺悟青年也不少，課餘我們談孫文先生的革命主張……孫先生慈祥如慈母，威嚴似嚴師，他誠懇不倦地把中國的現勢，和國際間的情形，詳細地分析給我聽……我又認識了許多前進的同志，他們很看重我。其實我有自知之明，我什麼都不及他們……狗官裴景福想騙我口供，每次審訊，他都一團和氣，我只一口咬定我是主謀。『好！你這賤東西，不上大刑諒你不招，來！上刑！』狗官一聲吩咐，立刻走過八個衙役，把我上衣扯去。一個揪住我的頸項，另外三人從炭爐中鉗出幾個燒紅的銅線，一個一個放在我的背上，皮肉滋滋的響，青煙直冒……『我招了，我只有一個同志』我說。『那一位？說！』『裴景福』，我苦笑一聲，說。『混蛋，來，再上大刑。』事已如此，一死而已。殺身成仁，我難道還怕死嗎？不怕……又要提審了。這次大約不能再活了。妹妹，我們永別了！你要記住二哥的話，只要我們努力，革命總會成功，妹妹！和你來生再見吧，你不許哭呀！」（原載《中華民國名人傳》第一卷，一九三七年北平文化學社版）

讀到此，誰能不肝腸寸斷，椎心泣血，至五內俱焚呢！前清秀才吳佩孚兵敗入川，嘗自作輓聯：「得意時清白乃心，不納妾，不積金錢，飲酒賦詩，猶是書生本色；失敗後倔強到底，不出洋，不走租界，灌園抱甕，真個解甲歸田。」其聯文辭高妙，所述也是事實，卻略有一種矯情與灰調，隱約不去，而烈士的遺書，恰以其年輕，更見其渾樸未鑿，無上純真的心地。史烈士真正實踐了生命的意義，在創造宇宙繼起之生命這一絕高的認識。同時也是烈士留給後人的上好文史作品，吳佩孚在老政客中算是坦白之人，猶見不堪，那些無人格的北洋官僚就不用說了，他們泰半擅經能文，但俞平伯先生就窺破了其中的破綻，他以為，集部裏頭的官宦詩文，多是一些令人昏昏欲睡的垃圾（詳見《俞平伯序跋集》）。

從史堅如到吳樾的答辭文章理念中，不難看出二十世紀的一般知識青年的心理取向，同時就此亦可解釋《新民叢報》為何在與《民報》的論戰中敗下陣來。梁啟超以其大學者大作家的姿態在《新民叢書》著有一系列雄文，而《民報》方面，主筆為陳天華、汪兆銘、胡漢民、章太炎。梁啟超的筆端「常帶感情」，《民報》方面更是天殼海蓋，八方縱橫，筆端感情充沛，對於西方新舊哲學義理的譯述解說，亦有大致同等的護符。更有一點，梁啟超要掉中國書袋的時候，章太炎往往就在此時出馬，章的中國書袋，比他還要充實而有光輝。《新民叢報》諸君子雖倡開明政治論，但以清政府事實上的政治壞象，虛假立憲，敷衍改革，這些方面，梁啟超也不能為之迴護，甚至在筆下無意識的多次承認同盟會「迷信革命之人，固國有多血多淚之男子、先國家之憂樂而後其身之人。斯亦國家之元氣，而國之所以立於天地也。」（《政府與革命黨》）。論戰雙方的讀者，主要是國內及亡命海外的青年知識份子，其心理多趨向突破現狀，反對守舊勢力。革命思想，早已在其意識中流轉潛伏。雷鐵厓先生一九一〇年冬作〈不亦苦哉〉四十則，刊於南洋光華日報，其中一則嘗謂「梁啟超新民叢報被汪兆銘駁得落花流水，行銷不得，遂至倒閉，不亦苦哉」（《雷鐵崖集》一三七頁）。所以《民報》的思想勢力，終在《新民叢報》之上。其文章發於情，肆於心，運筆極慷慨，精神極流動，使人讀之，如茅坤之讀《史記》「讀遊俠傳即欲輕生，讀屈原、賈誼傳即欲流涕，讀李廣傳即欲力鬥……」（《茅鹿門先生文集》卷一）發憤著文，意旨激蕩，有由然也。

試圖拔除專制怪胎的總根源

轟擊德壽，功虧一簣。到了一九〇四年暮春至夏末，黨人就準備謀刺慈禧太后，對之實施定點清除，直接消除這個專制怪胎的總根源。

一班青年把刺殺的矛頭指向了慈禧。為什麼要暗殺慈禧？暴君晚年特別兇殘。暴君晚年因為意識到自己行將就木，所以瘋狂報復社會、報復同類的念頭油然而生，不可遏止。

在慈禧自大自比神明的狂妄自大後面，隱藏某種自卑感；跟她早年入宮所受歧視有關，持久的怨氣使她晚年作出種種荒謬決定。殺伐的成功固然令其信心膨脹，但深刻的自卑也使其自信轉變成自大的狂妄。

這些變態人格，無非是被自己的出世之謎所困惑所壓抑，產生了禍亂天下的反動，因為只有不斷的擴張才能讓他們忘記並不光彩的過去。

慈禧集團從來都是無利不起早。在它刻意渲染的事件中，有的是為了挑起事端，掩蓋其盜竊目的；內政外交、政治經濟接連失敗，苟延殘喘，民心盡失，大勢已去的形勢下，這無疑是一個成本很小、經濟實用的「感情投資」。其真正關心的並不是國人的生命，而是自己的政治算計。

《太虛法師年譜》提到「非隆隆之炸彈，不足以驚其人夢之魂」，此則指楊篤生。楊篤生烈士，名守仁。一八七一年生於長沙，一九〇三年與黃興等在日本成立暗殺團，一九〇四年謀刺西太后，那時楊篤生和何海樵、蘇鳳初、張繼等人憂心如焚，試圖直接謀刺慈禧太后。蘇鳳初是炸彈專家，就在上海向蔡元培、楊篤生、陳獨秀等人傳授炸彈技術。他們的製作儀式很嚴格，還要殺雞設酒，歃血宣誓。其實他們中間有些人在日本時已有較豐富的化學知識，此時在上海進一步磋商後，即確定慈禧太后為第一暗殺對象。北上之時，大概是暮春時節，攜帶自製的炸彈，來到北京潛伏，多次在西直門至頤和園的路上守株待兔，等候慈禧去頤和園時下手。可是慈禧戒備森嚴，難以下手。他們在北京竟盤桓了五個月，多次窺伺，無從投彈，活動經費斷線，不得不離京南下。楊篤生等人謀刺未果，旋赴上海，與蔡元培、章士釗、陳獨秀等擴建組成總部設於上海的暗殺團。一九〇五年九月二十四日北京正陽門車站，轟然巨響，吳樾彈炸五大臣，此次爆炸雖未達暗殺直接目的，而其震懾清廷功莫大焉。楊篤生即為炸彈製造者，蔡元培稱之為中國第一炸彈。夏敬觀的《蔡元培傳》說，蔡入同盟會、暗殺團，即由楊篤生、何海樵介紹加入，親與籌制炸彈。傾蓋論文，即關大計。通常而言，立德者不必有功，勤事者未必績學，而暗殺團領袖，乃能兼備四者。金聲玉振，霆氣流形，可謂出乎其類，拔乎其萃者也。革命家而兼文人學者，洞燭機先，規劃宏遠，運天下如掌上，羅形勝於胸中。所以於毛錐之外，而親炙冷熱武器者，實因有清末葉，政治陵遲，非樹義旗，不足以挫其凶鋒。

楊篤生當正陽門事敗吳樾身死之後，遠赴英倫，時國內同志義舉無望而殉難者益夥。吳樾的遺物，即由陳獨秀寄給他保存，烈士以此深受刺激。加之國族的無知愚頑，使其內心極為憂憤，苦熬至辛亥年閏六月十一日（一九一一年八月五日）在利物浦蹈海自盡，以其絕望深矣、透矣，而無解脫之道，遂出此下策。他給吳稚暉寫信說：「吾胸悶不可解，慘不樂生，恨而之死……弟欲求從速解脫形神之束縛，與他人無關。」而與黃興、楊篤生最早在日本相集為軍國民教育會的龔寶銓（未生），因同盟會和光復會嫌隙滋甚，漸無意世事。他少年慷慨，甚至不循禮法，「晚既失意，聽同縣范古農談《內典》，始深自悔，與友人言，至於泣下。由是茹蔬奉佛，持殺戒甚嚴。」（章太炎《龔未生事略》），理致有類同之處。民國成立以後，時主教育者，或倡實利主義，或倡軍國主義，蔡元培以為二者固救時之要，不可不以公民道德為中堅。此種思想之轉變，實亦革命方法、路徑之延伸。

孤膽萬福華

一九〇四年註定大大小小的專制魔頭不得安寧。這一年的秋間的十一月十九日，革命志士萬福華盯上了王之春，要將其定點拔除。

王之春任廣西巡撫時，聯絡法國軍隊絞殺革命者，尤其將多處礦山低價轉讓列強資本開發，致引發眾怒。後來他被革職閒居上海，仍不甘寂寞，還試圖和沙俄聯手，於是激起志士憤慨。安徽志士萬福華，遂於一九〇四年十一月十九日在上海四馬路一家西餐館刺殺王之春。連發數槍均未擊中，避走不及而被捕入獄。他的刺殺行動本得益於蔡元培、章士釗的指導，這時蔡先生乃積極奔走營救。陳佩忍、高天梅主持《警鐘日報》，係《蘇報》之後影響極大的革命報紙，得知萬福華被捕，報社立即籌資為他聘請律師，揚州志士杜課園、張丹斧也為之前後奔走，可惜法庭辯護無效。萬先生被清廷以各種罪名判監禁二十年，直到一九一二年底，經上海都督陳其美多方交涉，始獲釋出獄。出獄時，戴季陶牽頭為他開了一個歡迎會於上海之新舞臺。

萬福華刺殺王之春的時節，正值光復會成立，蔡先生被推為會長。隨後，陶成章、徐錫麟相繼入會。一九〇四年十月，陳獨秀應章士釗函請到了上海，由楊篤生監盟，參加軍國民教育會暗殺團，一撥人馬藏匿在蔡元培租屋，成天試驗炸藥，研究暗殺。不久黃興也逃亡上海，同楊篤生、陳天華、張繼等人策劃起義，十一月十九日就發生了萬福華刺殺王之春的事。

古俠客式的定點清除

大概就在萬福華刺殺王之春一個月後，到了一九〇四年冬季，又發生古俠客式的定點清除。

一九〇四年的冬天，各大城市風聲日緊，警務人員四出搜捕所謂「下江來的」革命黨。老同盟會員仇鼇先生以長沙事敗而潛至上海租界，在公共租界新聞路慶餘里（黨人秘密機關）初見黃興先生，為其磊落態度、雄偉氣魄所感動，並受命回長沙集合戰敗人員，即與仇亮、趙繚三人利用開辦湘陰師範校機會鼓吹革命，並準備躬行暗殺，以製彈技術欠高明，無從著手，時逢陸軍大臣鐵良至長沙視察新軍，仇鼇即與大力士易希谷商妥，決定持梃杖當面狙殺，二人在小吳門等候多時，預備屆時躍出，當頭猛擊，惜鐵良並從此地經過，這種古俠客式的暗殺遂告落空。

仇亮，挺孫派要角。武昌起義後，單騎往段祺瑞軍中運動。曉以民族大義，激昂慷慨，聲淚俱下。段氏竟為之動容。中夜，他聽到角聲淒咽，戰馬悲嘶，惕然披衣起，說到：國事急迫，焉能高臥此間。遽起別段而去。

南北和議成，孫中山以總統讓袁世凱，仇亮力言不可，他說，袁世凱老奸巨滑，包藏禍心，終不利於民國。政府北遷，遂辭軍衡司長職務，創辦《民主報》於北京。袁世凱賄賂十萬元，欲使他轉變，他峻拒不納，袁賊深恨之。二次革命失敗，仇亮從湖南回京，密謀革命，到數日，被逮下獄。賦絕命詩六章，情辭憤激，大義凜然。一九一五年七月，就義燕市。

朱執信，史稱革命聖人，他的弟弟勸他不可太冒險，他慢慢舉起手來放在頸上說道：「好頭顱，誰當砍去？！」又把人頭打個比方：「譬猶沙煲，有用其煮飯，經歲月而後損壞者；又有用以盛炸藥，擲向奸賊，隨用隨毀者。吾則盛炸藥之煲也。」（〈朱執信行狀〉）一千多年前的隋煬帝嘗引鏡自照，歎曰：「可惜好頭顱，不知為誰人斫去？」在死亡意識上，二者頗似，但煬帝乃殘暴統治者的內心恐怖，而故作鎮定；而革命黨的死亡意識卻是期望未來好世界的捐軀熱望，二者形同質異。一九〇七年，朱執信參與策劃暗殺清軍將領李准，兩年後的秋天，當汪、黃、喻北上行刺清攝政王時，他寫下〈擬古決絕詞〉，有謂「幽蘭窗下潔，所寶在素心，……人生世上亦如此，此身何惜秋前萎。」他是一個情緒哲學意味很濃的人，喜歡夜晚觀察宇宙星體，思入微茫，探求生與死的意義。

致命一擊　徐錫麟刺殺恩銘

仇亮刺殺鐵良未遂，幾個月後，也就是一九〇五年九月，就發生震動全國的吳樾彈炸五大臣一案。吳樾的策劃，地點、時機、方案均佳，刺殺對象備受關注，硝煙散盡，血花凝固，而其影響，則餘意盤旋，嫋嫋無盡。

又過了兩年不到的時間，徐錫麟的選擇也跟吳樾的用心有所類似，也選擇了極易引起轟動效應的場所，向清廷發動致命的一擊。那就是一九〇七年七月六日，徐錫麟刺殺恩銘。

徐珂《清稗類鈔》記徐錫麟，寫道：「當局訪拿革黨嚴，錫麟因為先發制人計，以炸彈擊殺巡撫恩銘。」此處記述有誤。徐錫麟刺殺恩銘，所持武器為手槍，而不是炸彈，但徐珂記述這次刺殺打擊清廷的效果，說是高官大僚有這樣的議論：「革命不足畏，惟暗殺足畏」，則是確鑿不易的事實。因革命激流早已順勢一發而不可遏也。

自古國家大運不造，殺機深潛而將發，則必有忠勇志士適逢其會，刀輪飛空，熱鐵在頸，犯陰陽之治，而入天地之籠，決無懊悔之心，孫中山先生曾在徐錫麟烈士就義之後寫道：「其時慕義之士，聞風而起，當仁不讓，獨樹一幟以速義者踵相接也，其最著者，如徐錫麟、熊成基、秋瑾也。」（《建國方略》，第八章）死者已矣，來日大難，前仆後繼的未亡人，倘不以刀鋒劍鍔奮飛高張，則烈士英俊的滿腔熱血，豈不沉積清冷之淵，而付諸東流了麼？當然，那些「撥一毛利天下而不為」的自利主義者自不屑為此，並運用一種混帳的邏輯，在他人那裏，在對手那裏，找出敏感點，然後造設謠言猛追不捨。在革命黨身上，也許長於破壞弱於建設就是其敏感點，於是亂黨之名由是而起，政治史是充滿這類醜惡行徑的。

徐錫麟一九〇七年夏在安慶，曾於巡警學堂學生起義前發表演說：「我此來安民，專為救國，並非為功名利祿到此。諸位也總不要忘救國二字，行止坐臥，咸不可忘，如忘救國二字，便不成人格。」

此前一年，在上海探問章太炎獄中情況後，即往保安謀殺鐵良，事機不偕，又出山海關，覽觀山川形勢，會見大盜響馬馮麟閣，講述革命的道理，「與語甚悅」（《革命逸史》）。一九〇六年底，與秋瑾、呂公望話別，前往安慶就職，任警官會辦。初定在一九〇七年農曆五月上旬，發動皖浙聯合武裝起義。據《新案紀略》上卷所載，其間徐錫麟種種行動被奸人看出破綻，遂讒之恩銘，而恩銘居然不信，召錫麟戲之曰：「人言汝革命黨，汝其好自為之。」徐錫麟非常鎮定而坦然，說：「大帥明鑒。」曾與黃興、陳天華創建民立中學的革命黨人鄭先聲（字子瑞）其時也在安慶，與徐錫麟共襄大舉，後以安慶大搜捕，遂入獄。旋出獄抵滬，常置酒道國事，意忽忽不自得。後由報社黨人集資送往日本，又在日結敢死隊，未及返國，徐錫麟已起事矣。

七月初，清廷偵探在上海捕獲黨人葉仰高，端方派員酷刑訊審，得知打入官場之黨人名單，錫麟知事已迫，乃決計刺殺恩銘，以求一逞。七月六日，藉巡警學堂畢業典禮，倉猝起義。晨八時左右，恩銘至學堂，正欲點名，錫麟呼曰：今日革命黨起事！恩銘一時愕然不知所措，徐錫麟旋即拔槍向恩銘射擊，徐公注重體育，武功高強，章太炎先生說他能日行二百里，但據馮自由《革命逸史》載，錫麟眼有高度近視之疾，情急之下，他向恩銘連發七槍：一中唇，一中左手掌心，一中右腰際，另外四槍分別打中左右腿，均非致命處。但恩銘因失血過多，延遲十小時後死去。刺殺恩銘後，錫麟率部分學生黨人轉往軍械所，與清軍激戰至下午四時。因寡不敵眾，乃昂然就縛。事發後，兩江總督端方當即致電安徽清吏，決定將徐錫麟斬首之後剖腹剜心以祭恩銘。次日烈士在安徽撫院門外慷慨就義。恩銘之妻妾親自參與剜出烈士心臟以祭其夫。後來孫中山先生有一聯哀悼烈士：「丹心一點祭余肉，白骨三年死後香。」

徐公錫麟在清吏主持的刑庭寫有供詞及絕命書，略謂：「為排滿事，蓄志幾十年，故殺死滿人恩銘後，欲殺端方、鐵良、良弼等滿賊，別無他故。」這不過是在敵人的屠刀下增強「排滿」的情緒，實則他所領導的光復會與孫中山先生的同盟會之宗旨，初無大異，宗旨均在於「圖共和之幸福」的政治主張。徐錫麟起初與陶成章商議以捐官的方式打入軍警內部，深入龍潭虎穴作秘密運動，視機躬行個人暗殺，「捐官者，以愚官場之耳目，因使官場不疑；學習陸軍者，因其明目張膽可以招募死士。」（《陶成章集》，一一九頁）另其供詞尚有「我與孫文宗旨不同」云云，則係黨人保護同志之慣技，加以當時清廷偽作中山致錫麟書信，欲以此獲取更多情報，錫麟乃以此語斷其妄想。因為士君子不幸而生於天地板蕩，陸沉滄海之秋，懷忠抱義，自身祈死得死，且以死為可樂也決也，並期以一己之殉難，而激勵後死者更有作為。一九〇五年正月間，寒風淒緊，徐公猶奔走江湖，接納草莽間的同志，「與弟子遊行數縣，雪夜坐小船運動紹康、王金發、裘文高，真感人也！」（《徐錫麟集》一三〇頁）他發動了相當數量的下層民眾中有頭腦的人，但他個人行事，仍然「喜獨不喜群」（《辛亥革命史稿．安慶起義》）這就是革命家出生入死，實踐力行的大擔當本色了。

審訊徐先生的時候，先生桀驁不馴，清吏令其跪下，先生傲然席地而坐。審官追問同黨，先生朗聲答曰：「革命黨人多得很，惟安慶是我一人。」於是捉筆自書供詞，稱「為排滿事，蓄志十幾年。多方籌畫，為我漢人復仇」，怒斥清廷「以立憲為名，行集權專制之實。」厲聲呼道：「殺盡滿人，自然漢人強盛，再圖立憲不遲！」供詞落款「光漢子徐錫麟。」審畢照相，徐先生笑道：「慢，臉上沒有笑容，怎麼留給後代？再拍一張！」態度從容傲慢，公堂上一片肅靜……

血寫的歷史和鐵鑄的事實證明，清廷官僚集團是中國苦難的根源，是反人類罪的根源，是社會大悲劇的根源，是社會不公正的根源——慈禧及其擁躉集團是萬惡之源，是民眾的公敵；只有徹底否定清廷的專制統治，中國才能擺脫獨裁專制和文化殖民地的命運，重建中國文化精神，實現中國人普遍自由、幸福的社會理想。

徐錫麟說：「以刃擊刃，以毒攻毒」（《徐錫麟集》三十三頁），是一個俾使天下後世皆知大義的有效辦法，此時如無志士拔劍而起，則正常人無不淪為人渣；而失卻了大是非的區分，任專制強權所宰割，整個國家則更與十八層地獄無甚分別了。生於憂患死於安樂，對於個人，對於家庭，對於一個國家，一個民族，莫不如此，倘在志士赴湯蹈火行動的啟導之下，如果多數中國人既獲啟蒙，又能夠發憤圖強，那麼國家的轉型才算是有了希望，志士的奮起，可以說是有了良性的開端。

安重根刺殺伊藤博文

接近辛亥武昌首義的一兩年前，黨人的打擊力度，又驟然加強了。一九〇九年十月二十六日，在遙遠淒寒的北國，又發生一件大事，這就是安重根刺殺伊藤博文。

安重根行刺那一年，他只有三十來歲，早年他曾流亡上海，一九〇四日俄戰爭的時候他回國辦學，也曾率小股部隊和日本人作戰，旋歸敗績。再次出亡。一九〇九年首任日本朝鮮統監伊藤博文在哈爾濱和俄國大臣談判，安重根即潛往哈爾濱預備行刺。

十月二十六日，時任朝鮮監國的日本名相伊藤博文被刺於哈爾濱。伊藤博文為亞東政略之雄，其人平生有三愛，一則酷嗜女色，動息起居不離歌妓；一則愛漢詩，多有佳句而平仄不諧；一則好寶刀，多方搜羅流連把玩。愛色一端萬人共指，日人呼為好色鬼（參見《雷鐵厓集》一九二頁）。一八九四年，伊藤博文參與策劃侵略朝鮮和中日甲午海戰，戰後與中國簽訂《馬關條約》。當時，其氣焰極其囂張。蓋彼時朝鮮已為日酋所掌握，並為進一步與列國瓜分中國而作準備。豈料不願作亡國奴的朝鮮志士安重根，早有希自由、慕平等之志節，遠紹中國燕趙慷慨悲歌之士，近得中國清末英烈的影響，當伊藤在哈爾濱下車之際，冰天雪地裏躍起這位熱血男兒，以老式鐵銃準確射中伊藤腹部，而斃其性命。另發三槍打中其隨行人員。為著恢復天賦人權，他同時也養成了敏捷的手腕，被捕時連呼「祖國萬歲」！真可為千古九原吐氣。事後，安重根被關進旅順監獄。次年春，在獄中被施以絞刑。

謀刺攝政王載灃

安重根事發後，在一九一〇年的春天犧牲。就在他壯烈就義的同時，中山先生的高級助手忍無可忍，親自操觚上陣了。三月份，在北京皇宮附近發生了刺殺攝政王大事。

汪精衛當年以行刺清吏轟動全國，後半生卻以對日退讓政策激起前進青年的公憤。一九三五年十一月一日，國民黨在南京召開四屆六中全會，會畢，全體委員下樓合影。以晨光通訊社為掩護的暗殺者潛入採訪，由孫鳳鳴執行，向汪連發三槍，擊成重傷。一九四四年因槍傷迸發死去，起自暗殺，死於暗殺，也是他的宿命罷。

汪兆銘於宣統一九一〇年三月三十一日午夜，謀刺攝政王載灃，地點選在什剎海邊的銀錠橋。此前已謀劃兩三年，事機極縝密。他以為革命黨行事，不能以一般運動為滿足，並且這些運動多在海外展開，而於內地是較少聲響，這時不但立憲派人物頗多攻擊，就連革命黨之大手筆章太炎先生也頗有微詞。此前一年，同盟會內訌，革命氣氛頓形低沉。因此瀕臨北上之前，汪兆銘作為孫中山先生的助手，留信給中山先生，略謂：「蓋此時團體潰裂已甚，維持之法，非口實所可彌縫，要在吾輩努力為事實之進行，則灰心者復歸於熱，懷疑者復歸於信。」因事實之影響著於天下，即攻擊者，也當「愧怍之不暇」。胡漢民與中山先生等同志欲阻其行，終未果。

當辛亥革命之前數年，汪兆銘就與同憂之士黃復生、喻紀雲、曾醒、方君瑛、黎仲實、陳璧君等組成一小型暗殺團體。其中喻紀雲是化學實驗專家，他與黃復生擔任炸彈製造。武器包括日本日野大尉發明的三十六響鐵槍及自動炸彈，曾以小豬為犧牲目標，啟動電門試驗。原定刺殺西太后的外甥端方，後以其人在清室尚算比較開明者，故轉而選定刺殺載灃。惜在當年二月二十三日所埋炸彈因有新掘土痕而被消防警衛隊窺破，當局順藤摸瓜，終在三月七日把汪、黃二人捕獲。捕後嘗有長達四千餘字的歷史供詞，指斥立憲之虛偽，倡言革命之必需，恣肆汪洋，迴腸盪氣，為同志推卸責任，而攬之於己身，並抱定必死的決心，期以振起中國，為「後死者之責」。他曾有詩謂：「慷慨歌燕市，從容作楚囚。引刀成一快，不負少年頭」。頗傳誦一時。

一九一〇年五月中旬，蔡元培在德國，回吳稚暉函說他得知汪兆銘被拘，深為震驚。「此公屢經同人苦勸而不回，良可敬佩，然未下手而敗，則尤可悲也。」（《蔡元培年譜長編》三六三頁）當時社會上以為，蔡元培是個老實人，老實人竟會鬧革命，是不可思議的。

當時國內外輿論，以為汪精衛必死無疑，一般頑固官僚，原也作此主張。後由警、政多方要人會審，尤以肅親王認為立憲時期殺一志士，除迫更多黨人鋌而走險以外，別無好處。遂改為終身監禁。蓋清廷當時心理上已為革命黨所懾伏。黃克強先生認為，人民在迫不得已時，方可從事暗殺之道。汪兆銘、黃復生在革命黨內起重要作用，又以穩重著稱，所以此次暗殺實屬唐突。清政府留之不殺，算是聰明。如開殺戒，崇拜他們的血氣方剛的青年就會以血還血地進行報復（參見《黃興年譜長編》，一五七頁，中華書局）。後因革命形勢飛速發展，次年（一九一一年）武昌首義成功，數月之內，光復達十五省之多，而汪氏也在這年九月十六日獲釋。

汪氏民國紀元前兩年行刺攝政王載灃案在刑部獄中兩次親筆供辭——

其第一次供辭有云：

復在南洋各埠演說，聯絡同志。繼思於京師根本之地，為振奮天下人心之舉。故來。又自以平日在東京交遊素廣，京師如憲政編查館等處，熟人頗多，不易避面，故聞黃君（著者按：即黃復生）有映相館之設，即以三百元入股，至京居其處。黃君等皆不知精衛之目的所在，故相處月餘。後見精衛行止可異，頗有疑心，故映相館中有人辭去。

意在為同志開脫。第二次供辭有云：

談法理者，每謂君主僅國家之最高機關，有憲法以範圍之，則君主無責任，而不可侵犯，故君主立憲，未嘗不可以治國，此於法理則然矣；以事實按之，而有以知其不然也。大抵各國之立憲，無論其為君主立憲，為民主立憲，皆必經一度革命而後得之。所以然者，以專制之權力，積之既久，為國家權力發動之根本，非摧去此強權，無以收除舊佈新之效故他……憲政體，則民族主義與民權主義之目的，皆可以達，而戰爭之禍，亦可以免，誠哉言也！或有慮此為不利於滿人者，不知果不言立憲則已，如其立憲，則無論為君主國體，為民主國體，皆不能不以國民平等為原則。謂民主國體為不利於滿人者，非篤論也。或有慮此不利於君主者，然以較諸鼎革之際，其利害相去當如何？歷史所明示，不待詳言也……上之所言，於國內現象，略陳之矣。至於國外之現象，其足使中國一亡而不可復存，一弱而不可復強者，尤令人驚心怵目，而不能一刻以安……由此言之，則中國之情勢，非於根本上為解決，必無振起之望，及今圖之，其猶未晚，斯則後死者之責也。

這一次供詞達三千餘言，論述立憲的作用和中國的現實，以及革命的迫切，俱言之成理，並就各國歷史演繹發論，條暢勁挺，聳人視聽。

汪精衛乃一介白面書生，眉目朗然，如玉樹臨風。清末民初之際，他倡言革命，雄辯滔滔，為《民報》主筆，極得孫中山先生的信託。其文氣磅礴縱橫，識者許為旋轉乾坤之偉器。銀錠橋事敗被執將責任盡攬己身，而開脫同志，不啻黨人佳話。即在清廷當局，亦為之敬畏不置。後來為了和蔣介石爭正統之位，竟千方百計逸出轟炸區去給敵人叩頭，前後懸殊如此天差地隔，真是一龍一豬，南枝北枝都是他了。他之費盡心機作了兒皇帝，這種可怖的變態心理，足供心理學家作樣板研究了。

汪精衛投敵之後，從此一步錯，步步錯。為萬世所羞道，受歷史之譴責。

一九四〇年代，他曾訪問偽滿洲國，同溥儀會面。兩人見面的禮儀，由日本人為之規定，預備以「元首禮」會見。可是當會見的那一刻，溥儀在皇位上坐定，百官呼三鞠躬，將了汪精衛一軍，他也不得不隨之如儀。而溥儀對之不還禮，最後只同他不冷不熱的握手。汪精衛回到下榻處，痛哭流涕。或許溥儀想到汪氏刺殺他親爹的事，所以對之甚為冷淡。他回南京途中，路過北平時曾舉行一場演說會，沈默良久，方才發言，他說，我在被清朝逮捕入獄後，有人問我中國何時能好？我謂在三十年後，我想今日在座亦必如此問，我亦作如此答。

說畢又哭泣，說到激憤處頻頻擊案。座中青年多以泣應之。

他的精神資源不少來自日本，和楊度等人是一樣的。但是日本的東西，和西式的政經體制，畢竟差得太遠。他和溥儀在日本的導演下，除了演出醜劇，還有什麼作為？至於溥儀對他的冷淡，他還頗覺委屈痛哭，那是缺乏自省，因為當年他埋炸彈預備要將其肉身炸成粉碎的醇親王載灃，就是溥儀的親爹。溥儀長大後，也沒有他伯父（光緒帝）的半點精神氣質，是個庸常的傀儡。他當然要對汪精衛不陰不陽的了。

汪氏在年輕的時候，尚有鐵血氣質，為青年所仰慕。中年以後，動輒流淚，則此淚也難有什麼分量。

張恨水先生的作家朋友納廠（庵）從前有一篇論人物評價的文章，其中說「聲伎晚歲從良，一世之煙花無礙；貞婦白頭失守，半生清白俱非。」其言十分沉痛，借來評騭汪兆銘，也甚恰切。

《徐志摩日記》，一九一八年十月一日。記述他和一班文友，如任叔永、朱經農、莎菲女士、胡適、馬君武之屬，在西湖活動，隨後往錢塘江觀夜潮水。任叔永向他介紹了汪精衛，這是徐志摩和汪兆銘的第二次會面。這一次他感受更深了，怎見得呢？「他真是個美男子，可愛！適之說他若是女人，一定死心塌地的愛他。他是男子，他也愛他！」

查汪氏年譜，這時節，他任護法大元帥府代理秘書長，九、十月間，他正在上海杭州一帶活動，遂得以和志摩等見面。志摩仍嫌不足表達他對汪氏的愛戴，描述其氣質：「精衛的眼睛，圓活而有異光，彷彿有些青色，靈敏而有俠氣」，吃飯的時候，十個人擠在一個小船艙裏，品嚐地方風味，「精衛聞了黃米香，樂極了。我替曹女士蒸了一個大芋頭，大家都笑了，精衛酒量極好，他一個人喝了大半瓶的白玫瑰。我們講了一路的詩，精衛是做舊詩的，但他卻不偏執。」這一段時間，他們都在浙東一帶活動。又過了十天，即十一日，他又記述，張君勱向陳衡哲大獻殷勤，胡適見之狂笑，而馬君武呢，「大怪精衛從政，憂其必毀。」這種憂慮來得令人驚奇，因為日記是見面活動的當天就記錄下來的，彷彿有一種可怕的預感。果然，二十餘年後，他投向日軍的卵翼。

志摩日記數十年未單獨整理，史料價值甚見珍貴。而其對汪氏的印象，好到無以復加，從外形到內在氣質，節節讚美，尤嫌不足，又借胡適之口，異化性別，想到婚姻上去，即令知其不可，仍表態愛戀一如既往。這叫人想起陶淵明的〈閒情賦〉，那種無法遏制的想念。這是為什麼呢？探其究竟，一者汪氏外表俊拔挺秀，更兼有魏晉人物的高標出塵的丰采，如松如竹，矯矯不群，望之儼然。一者汪氏文學詞采華茂，詩詞獨闢蹊徑，氣韻充溢，生面別開，論天賦論學力，俱無可挑剔，一者汪氏更有烈士的行藏，以一地道文人，而曾經做出驚天動地的事功，流血五步，慷慨而為刺客，龍驤虎嘯，睥睨山河，吐落肝肺，瀟灑滑脫；綜合事機，當世殆無有能當之者。故其身負當時青年的夢想和期許，蘊涵時代趣味圭臬的緊要的諸方面。於是他得到徐志摩近乎失態的讚譽，也就不出意料了。

後來汪精衛脫離重慶，到達香港，重慶方面看這個中央政治會議主席有不可挽回的降日之心，乃以激烈的暗殺手段對付。汪氏以當時中國第二號政治人物，置國危民辱之際，廁身敵國翼下，忘情於父母之邦，到底無法博人寬宥。軍統特務一路窮追，發展成驚動一時的跨國刺殺，但畢竟是由政爭勝負未曉而來的驚慌失措，適見其小丈夫心志。倘汪氏承續他早年革命的志節，使清明在躬，志氣如神，凜然示人以不可犯，則即如不仁不義者也不敢出此下策，軍統敢以暗殺對付，確也證明他自身有不可彌補之性格缺漏。一九三九年一月，戴笠親臨香港指導，第一個遭其暗算，險蒙不測的便是汪系南華日報總編輯林柏生，他在下班途中，被人持鐵棍猛擊，此人頭骨十分堅硬，昏死後不久復蘇。其後，另一與之面貌相似的男子在他家住宅附近被擊斃，當了他的替死鬼。汪精衛本人自一九三八年底抵昆明，即借了龍雲提供的飛機飛赴越南河內，而藍衣社（軍統）的暗殺活動，也即從香港開到河內來了。當汪的政治秘書曾仲鳴住在河內的都城旅館擔任內外聯絡時，即為藍衣社分子密切包圍。晚上則與汪氏一家住在高朗街二十七號，一座幽靜的花園洋房。一九三九年三月二十一日，凌晨二時半，特工人員王魯翹等六人在陳恭澍率領下，砍開竹籬，從鐵柵欄爬入花園，以人踏人的方式，攀上門窗，再以鉤索爬上三樓層簷，開槍擊中站在樓梯的衛士，又在廚房門口擊倒二人，遂衝到曾仲鳴臥室房門，將門砍破，時曾氏夫人方君璧女士已聞聲起視，即被一槍射中腿部，特務旋即向曾氏作密集掃射，行刺者見目的已達，又以為被刺者為汪精衛，於是急忙遁去。這時當地軍警和汪氏衛士已開始反擊，經一陣追射，捉獲重慶方面殺手若干人。當時逸脫的行動組特工頭目王老僑，後在上海被汪系特工捕獲處刑。其後汪精衛所撰〈曾仲鳴先生行狀〉中，關於他切身經歷的暗殺有一對比，充滿悲音哀調。「嗚呼，余誠不意今日執筆為仲鳴作行狀也。當二十四年十一月一日余在南京中央黨部為凶徒所狙擊，坐血泊中，君來視余，慼甚，余以語慰之。此狀今猶在目前。乃今則君臥血泊中，而以語慰我也。余當日雖瀕於死，而卒不死。乃今則君一瞑弗視也。茫茫後死之感，何時已乎？……」曾仲鳴彌留之際，說了幾句話：「國事有汪先生，家事有吾妻，無不放心者。」其妻方君璧，是革命元勳方聲濤、方聲洞之妹氏，從小看到兩位兄長追隨中山先生為國奮鬥，受到影響，銳意問學，志節堅定，廉正節操，早已養成。她雖未死，亦身中三槍，她有什麼錯呢？頂多算嫁錯了人罷，亦遭此厄運。

金雄白著《汪政權的開場與收場》對此事的敘述節引可參考——

高朗街二十七號住的人很簡單，除了汪氏夫婦、曾仲鳴方君璧夫婦以外，僅有朱執信的女公子，與汪氏的秘書陳國琦等數人（陳為陳璧君之侄）。那裏的房屋，是兩開間的二層樓，樓上向街一連兩間，較小的一間，是汪氏夫婦的臥室，較大的一間，是曾仲鳴夫婦的臥室，白天就作為汪氏會客起居之所。而行刺他們的人，卻處心積慮地早已有了周密的佈置。在汪氏寓所的對面，於汪氏抵達河內以後，賃定了一所房屋，朝夕有人隔街向汪寓遙窺。他們見到汪氏每天在這較大的一室與周佛海等聚談，而且裏面還有床鋪的設備，因此推定這必然是汪氏的臥室了。

一九三九年三月二十一日的午夜，所有汪寓的人，早已熄燈就寢。有人就從花園後面逾垣而入，撬開樓下的門，攝足登樓，直抵曾仲鳴臥室之外，臥室門是玻璃的，至臥榻的位置，行刺者也早已在隔街看得很清楚，所以行刺的人把臥室的玻璃門擊破之後，即將手提機關槍伸入門內開火掃射。首當其衝的是曾仲鳴，他在開槍以前，已聽到有人登樓的聲息，剛好起床察看，而無數的槍彈，就直接命中在他的胸部，尤其腹部給打得彈洞密如蜂房，當場倒地。曾的夫人方君璧（女畫家，曾在港日開畫展，現僑寓法國。）也身中數槍，幸而躲在床下，雖受傷而所中尚非要害，得免於死。最幸運的是朱執信的女公子，她聞到槍聲，急起躲在門後，那裏剛好是一個死角，乃得平安無事。刺客聽到室內的倒地聲、呼號聲，以後除了呻吟聲以外，一切又歸沉寂，以為任務完成，汪氏定已命中，遂攜槍下樓準備離去。而睡在樓下的陳國琦，已聞聲上樓赴救，刺客在黑暗中看到人影，再度開槍轟擊，陳國琦被擊中腿部受傷倒地，刺客們乃得以從容逃逸。而汪氏夫婦，因為睡在隔室，雖受虛驚，未損毫髮。

雖然這行刺的一幕，結果是誤中了副車，但所給予汪氏精神上的影響很大，他認定這是重慶特務人員所為，而絕不是私人的仇殺。汪氏本患有嚴重的糖尿病，自從中央黨部被刺中槍以後，一彈尚留體內，益發容易動肝陽。經此刺激，更引起了他很大的衝動。尤其曾仲鳴是個最親信的部下，他的姊姊曾三姑——曾醒，是同盟會的老會員，與汪氏夫婦有深厚的感情，而曾夫人方君璧又是黃花崗七十二烈士之一方聲洞氏的胞妹。基於這兩種淵源，汪之對曾，一向視同己子，……仲鳴之終於不起，實給汪以無限的悲傷與刺激，所以行刺案件的發生是民國二十八年的三月二十一日，而汪在同月二十七日就發表了一篇題目叫「舉一個例」的文件，（即國防最高會議記錄，已見上文。）雖然表面上在證明他的和平主張，曾經最高國防議會的正式通過，而最主要的目的，卻是為了曾仲鳴之死，對中央起了絕大的反感，激使他有自組政府之意。汪在河內時就說：「曾先生臨死的時候，因為對於國事尚有主張相同的我在，引為放心。我一息尚存，為著安慰我臨死的朋友，為著安慰我所念念不忘的他，我應該盡其最大的努力，以期主張的實現。」在這寥寥幾句中，已充分表現了汪氏的內心。行刺一幕的禍闖大了！本來已預備赴法的汪氏，因此而打消原意，曾仲鳴代汪而死，竟直接促成了汪政權的出現，這是人謀之不臧呢？還是造化小兒在暗中作弄？

汪精衛受此驚嚇，經過一番東躲西藏的巨大周折，方於四月二十八日逸出河內，輾轉抵達上海。其間充溢著與政治鬥爭有關的間諜戰、神經戰的神秘氛圍。後來上海的報紙追述了一個細節，說是汪精衛在河內暗策逸脫的時候，常在郊外河邊釣魚，每天總有一個人經過他的身旁，每次都要揩鼻子，普通人用手帕，這人用紙，太陽西沉時分，有人細心拾起紙團，「汪先生能逃出河內便是這些揩鼻紙的功勞，這些紙便是聯絡的記錄，利用釣魚的時候，在街邊交換情報，這用意是相當周到的。」（上海每日新聞一九四〇年十二月四日）

汪精衛從一個奮身謀炸清廷親貴的激進分子，後在政壇上屢遭暗殺，他是怎樣一種心態呢？且以揣摩歷史的立場看他一首律詩，不難窺得個中些許隱情（其詩做於軍統跨國暗殺之後）。詩寫得深永沉鬱——

臥聽鐘樓報夜深，海天殘夢渺難尋。
木樓欹仄風仍惡，燈塔微茫月半陰。
良友漸隨千劫盡，神州重見百年沉。
淒然不作零丁歎，檢點生平未盡心。

用這詩來和汪氏畢生的經歷、志節相對照，卻是多少有些諷刺意味了。

定點清除　純為救種

汪精衛在北京發難，一年後，也即一九一一年四月，黨人溫生才先生在廣州刺殺孚琦，取得漂亮的戰果。

民族歷史中的某個時代，其暗殺行動得到思想史認同的深淺，當視它謀求爭取民權和正義的程度而定。而此問題，又當追溯到行動的個體對暴虐守舊的頑固勢力的批判深度，是否可以在歷史衝突過程中，給對手簽署思想判決書。溫生才烈士刺死清將軍孚琦，撤離現場被執，兩廣總督張鳴岐集群僚親訊——

張問：「何故暗殺？」對曰：「明殺！」「何故明殺？」答：「滿清無道，日召外侮，死一孚琦，固無濟於事，但借此以為天下先，此舉純為救種，既非與孚琦有私仇，更非有人主使。」（參見鄒魯《紅花崗四烈士》）他的回答，清吏為之嘿然。

面臨問斬，烈士坦然接受了這種命運。簡捷嚴正的回答，正表明他以足夠的勇氣信念，鋪墊了國家進步的希望之路。今人追懷先烈，於其事蹟總要低徊不已，乃因慷慨赴義，不只急人之難，而更關乎國運。廣東嘉應籍革命烈士溫生才（字練生）一九〇七年受孫中山先生感召，一九〇九年開辦廣益學堂，與同道組織暗殺團。武昌首義前一年，同盟會即將大行舉事，清吏百般梗阻，廣東水師提督李准尤為出力，各路志士屢圖殲之。一九一一年四月八日，廣州燕塘舉辦飛機飛行表演，清吏群往觀摩，溫烈士懷五響手槍，暗俟一茶肆，待其輿至，連發四彈，將其擊斃——豈料死者非李准，而是副都統兼署廣州將軍孚琦——然後從容離去，稍後為巡警包圍拘捕。就義之日，侃侃陳述革命大義，說是初非與清吏有私仇，更非為人指使，乃激於國勢阽危，而有此一舉矣。嗚呼！若烈士者，可謂壯矣！烈士之偉論，足媿精金良玉；烈士之高風，足使懦立頑廉。烈士死年四十有二，為暗殺者中最長者。溫先生身材極為矮小，而曾為人輕視，不意創出偉舉，震爍世界。當時遠在南洋主《光華日報》筆政的雷鐵厓先生，在溫烈士犧牲後撰挽聯大加讚美：

誅滿賊何問奸愚，志雪九世公仇，霹靂一聲，黑鐵飢餐胡虜血；

為同胞豈顧生死，怒撐滿身俠骨，砰訇四響，黃靈笑迓漢兒魂。

溫生才先生刺殺孚琦被捕受審，同在這一天，廣州起義統籌部在香港開會，決定十三日大舉發難，分十路進攻，黃興和福建同志率百人攻打兩廣總督署，趙聲率蘇皖同志百餘人攻擊水師行台，徐維揚等率領江北同志百人佔領歸德門城樓，姚雨平率隊攻打飛來廟，黃俠義率東莞同志攻擊員警署……

一九一一年，廣州起義前，黃興和趙聲在香港託付給鄒魯一件事情，在廣州辦一家報紙做企業的宣傳工作。於是他和陳炯明籌到經費後就辦了一家報紙叫《可報》。《可報》的宣傳對象比較注重於軍人，目的在爭取清政府的武裝部隊起義，這家報紙是以諮議局的名義創辦的，所以清朝官吏雖有所覺察也不太好干涉。後來革命風聲緊張，《可報》的言論也更加激烈。碰巧溫生才同志在諮議局前面，刺死了廣州將軍孚琦。當時鄒魯在局裏聽見槍聲，還以為是守衛弄槍走火，就叫當差的出去察看。那知守門的員警跑來報告，說孚琦被刺。他聽了非常驚奇，就走出去看。到了議場邊，見一個二十左右的青年，向他跪著叫救命，並說他是將軍的兒子；他也不顧，直到轎邊，但見孚琦的腳伸在外面翹著，知道已經打死。孚琦的護衛兵役看見他站在轎邊，才慢慢的集合前來。鄒魯就把這件事，詳細記載到《可報》。後來溫生才同志，就在孚琦被刺的地點正法。鄒魯又親自去看，只見烈士身首異處，碧血晶瑩，同時圍觀的人很多。他大為感憤，又在《可報》上把種種情形，儘量披露，並且連續做了幾篇文章，對於溫生才同志，加以感歎。清吏忍無可忍，便勒令該報停版（參見鄒魯《回顧錄》）。

辛亥革命後，鄒魯在香港的任務完成，返回廣州。動身的那天，一位女同志買來剪髮機，將他的辮子剪掉。為感謝她，鄒魯送了他的袍褂給她。同志們都笑話他，說他留著這兩件寶貝。鄒魯笑笑說，「我革命活動時，得此二物的庇護不少呢。」

由此可見，孚琦的兒子向他求助，還因為鄒魯有辮子作掩護呢。

定點清除的連環效應

孚琦死了，不到四個月後，清廷鷹犬李准又暴露在阻擊手的視野裏面。同在廣州，一九一一年八月，水師提督李准受到連環刺殺。

革命黨攻擊兩廣督署於廣州，事敗，清廷水師提督李准為害甚烈，同盟會員陳敬嶽發願，誓刺殺此賊。陳先生自幼鄙棄科舉之業，然嗜書如命，喜就興趣徹夜讀書不止。即代人操作田間時，也以書卷相隨；他在馬來亞加入同盟會。既入暗殺機關，則全力以赴。時李准率領部隊在順德清鄉，他化裝為乞丐徐圖刺殺，日夜跟蹤十餘日，以防衛嚴密未能得逞，後回到廣州，偵知李准常自水師公所至行署，決定半途炸之，當時同盟會同志林冠慈也在謀炸李准，遂通力合作，分段負責暗殺，一九一一年八月十三日，持呂宋煙箱所裝炸彈追蹤李准乘轎，而林冠慈在前已發炸彈傷李，陳敬嶽退卻過程中為巡警所捕獲，投入囹圄，後遭殺害。死後僅二日，廣州光復，令人傷悼不已。

林冠慈烈士，廣東惠陽人，天性嫉惡如仇，曾與汪兆銘、黃復生謀刺清攝政王載灃，未遂。時劉師復、謝英伯、朱述堂、高劍父、陳炯明等適在香港組織支那暗殺團，因林冠慈篤信主義，遂招致之。

一九一一年革命黨廣州起義敗北，黨人益痛恨滿吏張鳴歧、李准殘殺同志，決議刺殺此二賊。林冠慈自清為執行員，六月初在廣州追張鳴歧儀仗隊，未遂，嘗謂：「機會盡多，所恐者投擲不準確，使民賊漏網耳。」（《辛亥人物碑傳集》第一〇七頁）八月中旬，偵悉李准蹤跡，偽裝小販伏道旁，李准坐轎來到，他迅即持彈擲擊，炸彈落輿前，李仆地，隨從死傷十餘人，當其投第二彈時，衛隊之槍射如雨，烈士當場就義，年僅二十九歲。當跟蹤的途中，他又生怕誤傷無辜群眾，其宅心仁厚如此。而一八八一年三月一日，俄國民意黨人刺殺沙皇亞歷山大二世，連發兩枚炸彈，第一枚從沙皇車隊反彈到路邊賣肉男孩身上，頓時斃命；此前，黨人在冬宮內策劃暗殺，以烈性炸藥埋在餐廳底層，當沙皇全家進餐之際，爆破手按好電鍵即迅速出逃，但劇烈爆炸並未炸傷沙皇，反而使餐廳底下雇傭值班的芬蘭警衛團五十名士兵命喪黃泉（參見日里諾夫斯基《俄羅斯的命運》第一卷，新華出版社）。二者居心懸殊如是。

這是不平靜的廣東，而在兩個月後，北方的天津又出事了。這是一九一一年十月，刺殺張懷芝一案。

梅蘭芳回憶戲劇界參加辛亥革命的幾件事，特別提到王鐘聲的慘死。王鐘聲相信辦學救國的觀念。清末在日本留學歸，又倡改良戲劇，以為演戲和辦報一樣，宣傳革命容易深入人心，其所導演新劇《禽海石》、《愛國血》，影響梅蘭芳這一輩人的戲劇觀念甚深甚巨。辛亥革命聲勢尤張，在北京鬧得很凶，曾被清廷解回浙江原籍。滬軍都督府成立後，他任參謀，旋赴天津活動，以此地故舊較多，遂以戲界同行為基幹醞釀起義，惜事機不密，身份暴露而被捕。由直隸南段員警總辦楊以德逮捕，交張懷芝處理。張氏係袁世凱一手提拔的親信，他揣測主人旨意，火速定為死刑，捕後第二天就在天津疙疸窪執行了。當時陪綁的還有進步藝人七八位。王鐘聲被員警押到此處後，仍高呼「驅逐韃虜，光復大漢……」，時在一九一一年十月十三日，「話未說完，劊子手就開了槍，頭一槍打偏了，未中要害，鐘聲大罵張懷芝、楊以德是奴才，一連打了十三槍，才倒下去。」（參見《辛亥革命回憶錄》第一輯三五八頁）

這個張懷芝，乃是北洋巡防大臣（又稱天津防務大臣），他是反對革命的死硬分子，直到武昌起義後，他絲毫不放鬆與對手的較量。那時立憲派也受革命思潮的播及，諮議局議員聯合士紳策動獨立，張懷芝即聲言「嚴陣以待」，「兵力制伏」（《夢蕉亭雜記》卷二）相挾制。立憲派缺乏武力後援，謀劃獨立之事遂付東流。張氏以其冥頑不化，亦曾被黨人定為暗殺目標。吳祿貞被歹徒暗殺後，同志多在北方直隸、天津一帶活動，很多人旋即被捕犧牲。一九一一年十月，保定盲啞學堂教員薛有棠先生正在天津組織小型暗殺團，當張懷芝由京返津時，他即在天津新站連擲兩枚炸彈，惜俱偏離目標，他又拔手槍向張氏連擊，也未射中，對方警衛已群起還擊，遂被捕犧牲。

同在十月，天津的革命者出師不利，而在廣州，革命者的定點清除卻取得重大戰果。一九一一年十月，同盟會精銳精密佈設，炸斃鳳山。

一九一一年的秋天，黃興在香港情緒低落，以黃花崗亭事敗後一直不見起色，閉門謝客，冥思苦想，期以暗殺打開局面，急與清廷大吏拼命，孫中山先生曾函電勸慰之。而此前孚琦、提督李准都在廣東遇刺或斃命或重傷，前來接替孚琦的，是自詡素知兵略的鳳山將軍，他是漢軍鑲白旗人，曾任北京東安巡捕分局總辦、西安將軍、荊州將軍，調任廣州時，此情報為黨人偵知，黃興毅然擬親自狙擊之，徐仲可先生說「黨人以興關係重大，欲得人代之，於是電令周之貞至粵。」（《清稗類鈔》三七一四頁）實際執行團成員是南洋華僑周之貞、李應生、李沛基兄弟及黃漢悲等人，其中李沛基只有十六歲，李沛基為人好學機敏。鳳山為了防人行刺，行蹤詭秘，先抵香港，復轉乘軍艦寶璧號往廣州。預先到達日期也不通知兩廣總督張鳴岐等人，只派人密告一個關係親近的中級軍官接駕，但其抵岸地點天字碼頭為黨人偵悉，周之貞等又詳細分析其入城必經的幾條路線，最後決定在倉前街成記洋貨號設伏，考慮到林冠慈以小炸彈炸李准不死的教訓，遂專請劉師復的支那暗殺團協助，製成十五磅以上大威力炸彈三枚，因過重不宜投擲，又在樓簷下斜置一木板，作滑彈之用。一九一一年十月二十五日，鳳山抵穗，有一中級軍官帶衛隊數十人迎迓，鳳山乘八抬綠呢大轎，望將軍衙署迤邐而來，早有線人飛報伏擊者，使預備實施。這時成記洋貨店所有人眾均已撤離，只留李沛基一人在頂樓作投彈任務，看得鳳山一行已到店前，李沛基扳動機關，三彈悉數滾下，不偏不倚落在隊中，轟然巨響，鳳山座轎抬翻至半空，街石炸裂，店鋪受震坍塌，衛隊死者幾盡，李沛基渾身塵土，據說他抱住街邊一小孩，口稱買糖果，得以機智脫身。次日廣州各報紛紛以號外詳加渲染，並刊出鳳山焦屍照片，這時武昌起義已爆發十數天，清廷官吏更加魂不附體矣。

辛亥革命前數月，黨人行動雖屢有挫折，然總體形勢發展亦頗迅猛。黃興先生，百年前之傷心人也，尤當廣州起義失敗，黃花崗精英盡折，嗒然痛憤，前文述及其欲躬行暗殺，亦頗有取瑟而歌之意，蓋以清廷糜爛已甚，尤需最後一擊，既除障礙，又寒敵膽。一九一一年八月三十日，孫中山先生應黃興要求，經洪門籌餉滙去一萬港幣，作暗殺機關經費，但在次日，中山先生即急函吳稚暉，對黃興欲親行暗殺，力加勸阻，而對其分組進行，即予支持。鳳山由北京調任廣州將軍，委任發表多日躊躕不敢南下，經兩廣總督張鳴岐力促於九月初三啟程，不料在由香港轉赴廣州進城路上，被炸得血肉模糊，他路過倉前街，遇到的是李沛基執行小組，少年李沛基是黃興夫人徐宗漢的親屬，鳳山號稱足智多謀，行前又多有戒懼之心，但革命黨亦是志在必成，實則李沛基小組外，尚有別的機動小組嚴陣以待，「誓掃匈奴不顧身」，多處張機以待，註定他難逃一死了。

革命老人陳其尤先生解放後撰文回憶另一小組的準備情況，亦極扣人心弦。黃興指定李熙斌、陳其尤主持其事，陳其尤即選定兩粵醫學堂學生周惠普小姐擔任刺殺執行員，她體魄健碩，極富愛國熱情，一再懇請加入同盟會，對陳先生的黨人身份極表傾慕，即以同盟會香港支部所給二百五十元港幣購置炸藥，並分頭佈置細節。

蔡元培先生以為，革命只有兩個途徑，一是暴動，一是暗殺，「在愛國學社中，竭力助成軍事訓練，算是下暴動的種子；又以暗殺於女子更為相宜，於愛國女學，預備下暗殺的種子。」（《口述傳略》上）是最早明確提出女子實行暗殺看法的文字。但在辛亥前以女子實施暗殺者甚為少見，而周惠普要算一暗殺女傑。

首先擇地租屋以備行事，分析歷來清廷將軍到任，都從長堤碼頭（在今中山大學後門斜對岸）登岸然後取道歸德門轉惠愛路入將軍署，故決定在歸德門一帶賃屋進行，但此處商業繁盛，租屋幾無著落，情急之間，找到婦科醫生李仁軒的醫館，他恰是周惠普的老師，遂決定利用該醫館行事。在等待鳳山的幾天裏，李、陳、週三人常到郊外沙河息鞭亭密談，並給周小姐拍攝照片，周惠普已作好馬革裹屍的準備。她並以生還可能不大，要求會見香港同盟會領袖陳炯明，到港後，只得一個支部代表接見安慰，回穗埋伏期間，她以不得領袖接見而略有不愉之色。不數日，秘密情報已送達，告知鳳山即到，陳其尤即到李熙斌處取來爆炸力甚強之炸彈兩枚作預備，不料鳳山到岸後，卻繞開繁華街道，而取偏僻的倉前街，但在此街卻遇上了李沛基的伏擊點，兩個伏擊點之間不聯繫，由香港支部單線控制，事後才知詳情。其後又一月，辛亥革命爆發，民國建立後，政府以有功民國的名義，派這批青年狙擊手出國留學，陳其尤前往日本，李熙斌、李沛基俱往美國，李沛基因病英年辭世於異國他鄉，李熙斌回國後在嶺南大學做教授，至於周惠普呢，民國建立後她卻在廣州削髮為尼，遁入空門，直到一九五二年，陳其尤在廣州獲悉此事，曾特別尋訪過她一次，那時，他們都是六十多歲的老人了。

馬超俊先生號稱中國勞工運動之父，抗戰前後，聯絡華僑、搶運文物、發動知青、宣慰東南……貢獻卓著。抗戰前後，兩度擔任南京市市長。所有行政履職，均獲圓滿結果。

先生更為辛亥革命之元老。

其回憶錄於二〇〇九年初推出，敘事暢達，語調超脫，以視當今可見之辛亥史料，尤有獨家消息。故其珍貴性於此可見一斑。

他最早傾心於孫中山先生，乃是為先生的偉大人格所感發。遂一致擁戴，誓死為黨犧牲。辛亥革命前數年，即輾轉奔走於廣州、澳門、香港各地，勸募捐款，偷運械彈，鼓動風潮，造成時勢。使廣東人工人革命力量，突飛猛進。

現在我們看到的史料，溫生才刺殺孚琦，李沛基刺殺鳳山，雖然各種記敘山壘海積，仍有殊欠明瞭之處。其實這幾樁近代史上劃時代的大事，均為馬超俊幕後操作。所以研究歷史的人，無論怎樣的皓首窮經，實在也還是進一境還有一境，萬萬大意不得。

辛亥革命後的定點清除

已是一九一二年的一月，又發生狙擊袁世凱事件。

當南方臨時政府已經成立，袁世凱猶奔走於清皇室。一天奉召入朝謁見隆裕太后。出宮時乘輿出東華門，衛隊前護後擁，兩旁軍警林立，行到丁字街，茶樓上拋下一物，距袁世凱乘輿數尺，一聲巨響，炸彈爆炸，衛隊長一，巡警一，衛匹二，當時立斃。傷有十餘人，而袁世凱的坐輿竟未損分毫。衛隊當即包圍茶樓，捕獲三人，即楊禹昌、張先培、黃之萌，自承為行刺者，問何人主使則至死不語，隨後殺之。有人懷疑為革命黨主使，有人則說是宗社黨（清廷大臣頑固派）主使，當時不得知，但都有可能，因為袁世凱的心理，是要北制清廷，南制民黨，雙方都歸他掌握，終由任其所為。袁世凱的兒子袁克文所著《袁世凱紀》以此遇刺事美化其父：「一日，先公入朝，有宄徒懷彈，伏東安門外道左樓中，俟先公歸邸，乃擲彈向車……且傷駕車之馬，馬被彈，力馳而歸，入邸，馬亦斃，先公神色自若，微言耳震微聾耳。」也未道明擲彈者之背景。袁世凱一炸之下觳觫萬狀。即使如此，他還是從其民政大臣趙秉鈞之勸，認為中國人民只配專制。以後竟利令智昏，當起皇帝來。此事他兒子同樣為他辯護，把責任完全推到其左右身上。「南北一統……政爾有為，不幸悖亂之徒，妄冀大位，群奸肆遂，眾小比朋，如朱啟鈐、梁士詒、楊度、夏壽田、張鎮芳輩，共濟宄謀。先公日理萬機，未察及患之伏於眉睫也。大難既作，已莫或遏制矣。先公一憤而殂，嗚呼！」炸彈尚不能使其有所收斂，貪心不足，假籌安二字，遂其包舉宇內之野心，而其德才又不足以副之，終令國政離析，信用掃地，致軍民同指，神人共憤，全國警電，紛達京師，不是勸退，就是痛罵，自此恐懼觳觫，體內釀成劇毒，攻心而死。彼熱心帝制時，豈料有如此下場矣！

一九一二年在北方活動的革命志士暗殺袁世凱未遂，但震動極大，幾年後袁世凱驚悸而死，其子袁克文為其所著傳略於暗殺黨人語焉不詳，實則由張、黃、楊三烈士主其事。

張先培，貴州人，時在北京貴胄學堂學習。張先培先生的父尊張梁，係晚清參將，有軍功。先培在貴陽樂群小學讀書時，即有志於革命，言談間嘗流露願捨身盡瘁國事。以父蔭的關係入京都陸軍貴胄學堂，他就和黃芝萌、楊禹昌結伴北上。

黃之萌，原籍直隸，生長於貴州貴定，一九一〇年夏遊學北京，與黨人結交。楊禹昌，四川資州人，曾在北京攻讀文學專業，時在保定師範學堂任國文教習，武昌首義後辭職往北京，鼓動革命。三人窺破袁氏大奸巨詐，集合十數人組成刺袁暗殺團。嘗謂：「今日之事，惟有炸袁乃可了耳。」行前因同道居間介紹，得識汪精衛、黃復生，盡述仰佩之意，泰然與同志相約：「如能倖免，我當再幹，同仁有倖免者，亦如是。死而後已。」即以蒲葉裹炸彈昂然出門。一九一二年一月十五日以通州革命組織遭破獲，情形緊急，決定在次日袁氏入宮早朝時發動狙擊，地點在今東安門以東，王府井和八面槽之間。暗殺團分四組。第一組張先培率五人隱於一茶樓，十六日正午袁氏出宮路經樓下，張先培擲彈正中車轅，馬車炸翻，袁世凱扣於車底。馬匹驚逸四散，第二組黃之萌即於此時由另一酒樓上再投一彈，炸倒警衛數人，第三組楊禹昌在東安門街面上，在第一組投彈時發彈轟擊，惜功虧一簣。此時已警笛四起，三烈士均未能逸脫，十七日凌晨即由袁世凱下令綁赴刑場殺害。一說軍政執法處處決先培等三人，當晚，陸建章令下屬以棉花裹住先培、芝萌、禹昌的身軀，澆透煤油，縱火活活燒死，先培在犧牲前，慷慨陳詞：「我不得為共和國之新民，尚可為共和國之新鬼，死有何憾！」

黃之萌留下絕命詩有句謂：

在昔頭皮拼著撞，而今血影散成斑……
紅點濺飛花滿地，層層留與後人看。

三月底，中山先生於傷悼悲慟中發佈命令，謂楊禹昌等烈士「奔走津、滬，組織一切，厥功甚偉，而卒就義於北京」，命按照右都尉陣亡例，發給家屬撫恤金。同年八月二十九日，三烈士並彭家珍烈士遺骨遷葬北京西郊萬牲園南面松林內，孫中山先生親臨致祭。

袁克文給他父親袁世凱所撰行狀中，把做皇帝引致天怨神怒的責任推給袁世凱周圍的人。這在藝人兼志士劉藝舟所編京劇《皇帝夢》中，也有表現。其中一場戲袁氏唱了一段西皮：「孤王酒醉新華宮，皙子（楊度）出來好玲瓏，宣統退位孤的龍心動，哪怕它革命黨的炸彈凶……」戲中又寫袁氏次子袁克定精神失常，瘋瘋癲癲揮拳欲擊他老子，並責備他父親不該殘殺革命黨，不該做了總統還想做皇帝，袁氏則大聲分辯，說是身邊的人各各勸進，各人都想升官發財，因而架弄他。這是很貼切他的心理及事實的。但主要責任還在他自己。袁世凱大處貪婪，小處亦極惡劣。一八九四年的狀元張謇是他老師，教他詩詞和八股文，袁做到北洋大臣後，就改口稱張為仁兄了！不再以師禮相待，其勢利如此（事見《辛亥革命回憶錄》一卷四百頁）。至於今有某作家，為袁氏作大傳，意在翻案，玩弄虛假辯證那一套，取弄機鋒，則未之敢信也。袁氏偽詐，掉弄新奇曼衍荒誕之說，不能遍浹於人心，而世之妄人，乃接應之而欲復專制舊夢，何其愚而無忌憚哉！追原禍始，袁氏之罪，埒於桀紂，取其「大傳」、「本紀」，盡投諸烈火可也。

一九一二年一月　投向清廷專制的最後一爆

彭家珍刺殺良弼，從地理籍貫來看，是一個成都青年，炸斃另一個成都青年。

這一年，良弼三十五歲，彭家珍二十九歲。

良弼是清初攝政王多爾袞的後裔，出生在成都的旗人家庭。彭家珍出生於金堂縣，今屬成都市轄區。

良弼協助軍咨大臣載濤，為事實上的海陸軍參謀總長，晚清少壯派的頂樑柱；彭家珍，老同盟會員，也有軍職在身。

良弼長得風度翩翩，體貌挺拔，素有大志，以知兵而為清末旗員翹楚，乃是旗人中嶄新的軍事人才。良弼意謂良佐，劉基〈巫山高〉詩中有云：「君不見，商王夢中得良弼」之句；彭家珍少年英俊，文質彬彬，光復故國辛苦踐行具備世界眼光。兩人形質俱有諸多共同之點。倘非置身對立體系，於國於民均大有裨益。良弼若早生十數年得為光緒助手，變法事或大有可為。

彭家珍生於金堂縣姚渡鄉。一九〇〇年代初，他父親到成都尊經書院任教，他也隨往，因而視野大開。稍後考入四川武備學堂，一九〇六年東渡日本，對中山先生的革命理念極為崇尚，隨即加入同盟會，這是同盟會成立的次年。一九〇七年潛返四川策動大舉反清起義，此時在清軍中擔任排長。

一九〇九夏，彭家珍因友人之召赴昆明，初任第十九鎮隨營學堂管帶兼教官，年底聞東北民氣可用，又轉赴瀋陽，任奉天講武堂附屬學兵營前隊隊官，在江湖社會密切聯絡，以圖大舉。

一九一一年，四川保路運動興起，黨人預感風暴將至，彭家珍從軍咨府謀得推薦書，趙爾巽委其為天津兵站副官長、代理標統。這年年底，他在上海獲中山先生接見，其後曾擔任四川同盟會旅滬支部軍事部副部長、蜀軍副總司令。不久，由江蘇都督程德全委其為北方招討使，他又馬不停蹄馳驅北上。

武昌起義以後，一九一二年，南京臨時政府業已成立，南方各省，紛紛宣告獨立，北伐的聲音更是響騰大陸。各國僑領，也皆聯名馳電要求清廷早改國體、安定大局，這時清廷急予手握重權的袁世凱加封一等侯爵，但他是想當皇帝、總統的人，豈肯以此滿足？他一方面試探南方政府的代表伍廷芳，欲使孫中山先生讓位與他；一方面要脅清廷以利撥弄。這時皇帝年少，隆裕太后張惶失措，一夕數驚，這種情況下清廷的頑固親貴，如載濤、載洵、載澤、溥偉、善耆、良弼、鐵良等，便發起組成了一個宗社黨，一心主戰，要和革命黨決一高下，並且那句把中國「寧贈友邦，不給漢人」震驚全國的呆話，就是由宗社黨口中發出的。而稍早幾年，清大臣剛毅甚至公開說「漢人強，滿洲亡，漢人疲，滿洲肥。」（錢穆《國史大綱》一九四八年版，六五三頁）除了他們狹義的部族特權觀念，國家前途的黯淡，生民命脈的損害，並不在其頭腦想像之內。良弼等人並結合朋輩三十餘人，前赴慶王府，包圍奕劻，言辭激烈。並責問載濤兄弟，何以前此主張激烈，而兩次御前會議一言不發？於是，他們便以「君主立憲維持會」

之名義，發佈激烈宣言。此即人們所稱之「宗社黨」。蒙古親王博爾濟吉特培等，亦組織義勇勤王敢死隊。自古昏亂，至此為極。嗷嘈小民，更加筋髓委於土木，性命佚於溝渠。除了一班小人，跳踉以隨之外，君子遠潛，真是天變地孽，物怪人妖，衣冠鉗口，道路以目。

宗社黨既如此囂張，如此「鷹派」，為著民意事業急於撕開缺口，而不致功虧一簣，志士豪傑，又矚目於此，擬以狙擊手段處之。其間彭家珍參與京津同盟會骨幹研討誅鋤袁世凱、良弼、載澤三人的決策。一月中旬袁世凱被炸，導致搜捕更嚴。彭家珍遂決意刺殺良弼。一月二十六日晚間由絕密情報得知良弼次日出席重要軍事會議，他即返寓取出炸彈和手槍，然後化裝為新軍標統崇恭，那是一個良弼的熟人，逕赴良弼宅邸晉見，以求一逞，不遇。旋赴皇宮外東華門靜候，良弼出宮，衛隊森嚴，未及下手，又乘馬車尾隨至良弼住家，待其下車，即取出名刺（名片）搶步求見，遭良弼敷衍，這時他迅速取彈擲向對方腳下，先爆一響，傷其足仆地，衛士驚覺反抗，不料炸彈經石反撞，又爆一次，衛士三、五殞命，同時亦因距離太近，不及騰挪，彭烈士本人也受震犧牲。良弼受傷後延西醫搶救，終因血流不止，次日亦死。

中山先生聞知極為傷悼，稱其壯舉為「我老彭收功彈丸」，追贈陸軍大將軍，令崇祀忠烈祠。二月十二日，清帝即下詔退位。

二十世紀八十年代末期，詩人流沙河先生在成都郊區彭烈士紀念館瞻仰，說烈士「不穿軍裝，不紮皮帶，不威不嚴，乃一面目清秀、頭髮梳波、翩翩美少年也。這樣的人會做出那樣轟天震地的大事來，真想不到。」（見《先烈之再認識》）流沙河先生將彭烈士的精神內蘊歸納為一種思想、信念摯底的大智大勇，這也正是辛亥那一代知識份子的傲岸獨立之處，革命檔次之高，一至於是。這與「打爛傘的」，「無法無天的」亂鬧是何等的懸殊！

說來這個良弼還真是清皇室的忠實走卒，廉潔自守，對得起他的主子。他死後無嗣，惟余女兒三人，幾無遺產；不久清帝退位，竟無從發放撫恤，女兒相對涕泣，蕭然得很。狙擊事發之後，清廷的親貴們落魄喪膽，這些人可不像良弼，他們又庸又貪，紛紛遁入外國人的租界避鋒，僅存入外人銀行之金即達四千餘萬，尤以慶親王前全權大臣奕劻掌握最多。這當中，就有宗社黨之一另一骨幹鐵良，他作為皇清光祿大夫、建威將軍、江寧將軍，在此危急之時，丟下哭哭啼啼的隆裕太后，以及不到七歲惟知嬉戲的小皇帝，跑到津沽之間躲藏起來。一直在那裏苟延性命，直到一九三四年偽滿洲國成立，他還想參與之，因病不能隨行，「悲憂感憤，若焦若熬，疾益甚。」（《辛亥人物碑傳集》六九八頁〈墓誌銘〉）幾年後，病死。他死後，據墓誌銘載：「事聞，上悼愴，予請莊靖，特諭稱公練兵理財諸要政，規畫精詳，器局宏深。」他原是革命黨最重要的暗殺目標，殊不料竟然漏網，革命黨的青年學者吳樾先生在長篇論文〈暗殺時代〉中有三個章節矛頭直指鐵良，既揭露其罪惡，也闡明行刺的原因和效果。鐵良為江甯將軍時，僅一次搜刮，即在上海製造局提款八十萬，海關道庫提款七十八萬，其餘各處提去百數十萬不等。「東南各省脂膏竭罄」、「斂取東南之財，以供彼族之揮霍而已。」這實在是清廷褒揚他善理財的內因，其他種種罪行，不及一一備述，可惜吳樾未及實行而前此以彈擲五大臣出師未捷身先死。

最絢亮的抗暴　最清潔的革命

定點清除的實施者，從他們身上，清晰彰顯出中華民族的良心和血性。從這個意義上說，他們可謂死得其所。他們的死，讓獨裁者發抖，也讓我們生者赧顏。

武昌起義來得波瀾壯闊，但整個廣義的辛亥革命時期，最絢亮的莫過於定點清除者奮起抗暴。也只有從他們身上，我們才能看到未來的自由中國的一線曙光。

史稱革命聖人的朱執信，他的弟弟勸他不可太冒險，他慢慢舉起手來放在頸上說道：「好頭顱，誰當砍去？！」又把人頭打個比方：「譬猶沙煲，有用其煮飯，經歲月而後損壞者；又有用以盛炸藥，擲向奸賊，隨用隨毀者。吾則盛炸藥之煲也。」（〈朱執信行狀〉）這是一系列定點清除的心理準備。

定點清除是人類文化的一個組成部分。它對忍辱偷生、好死不如賴活、甯為瓦全不為玉碎等苟且、奴性傳統，是一種點對點的糾正。一七六五年，在美國賓夕法尼亞發生了這樣一件事：一位美國公民出於義憤，將一位引發公憤的地方腐敗官僚暗殺了。他受審時，美國國父佛蘭克林曾挺身而出，慷慨為其辯護。佛蘭克林認為，既然英國政府無力控制殖民地官員的腐敗，那麼美國人民就可以擁有暗殺腐敗官員的權利。多年後，佛蘭克林甚至說：「如果沒有彈劾的權力，我們就用暗殺來擺脫一個腐敗的最高行政長官」。如佛蘭克林所言，當制度無法做到的時候，革命青年有權利定點清除專制魔王，從史堅如、吳樾，到溫生才、彭家珍，他們的行為正是如此，理應流芳百世，萬眾景仰。

清廷上下，大多是一群竊取了政權卻不敢正當使用權力的超級土匪，他們在吳樾這樣的仁人君子面前，就是一群不穿衣服、沒有廉恥的畜生，他們害怕那些象徵著文明、理性等人類普世價值的衣服！從這個角度講，他們並不缺乏對文明、理性的認知，相反，正好揭示了他們仇視文明、理性、法治的卑怯、陰暗心理，腦子和良心已然風化掉了，僅僅剩下他們的牙齒和利爪以及嗜血和貪婪的本能。慈禧之類的丑類渣滓，倘若無人出來對其惡性實施制止，他則愈加暴戾，長久無人制止，則是國族自身的恥辱。

至於有人說暗殺沒有用，殺了這個，自有他的替補繼續上位，這是不審之言，專制鷹犬多為保命大王，看到暗殺的效應，早已觳觫戰慄，或則退居林下，或則逃逸躲藏，或則輸誠投降。他們不太可能為了逆天道的專制政權而慷慨赴死。

徐錫麟刺殺恩銘，事發後，清廷高官大僚有這樣的議論：「革命不足畏，惟暗殺足畏」，這是一系列精進突擊的自然效果。

在烈士受審時，大吏刑官有暗自稱許，不禁點頭的，有鋪紙研墨的，有提痰盂供豪傑使用的，徐錫麟受審，主審的藩司馮煦和其同僚毓秀喝令徐錫麟下跪，徐錫麟淡淡然一笑，一派大氣磅礴之姿態。觀其鎮定之神采，審訊者面面相覷，一時為之語塞。

溫生才受審時索取紙筆，不假思索，揮筆疾書，痛述嚴重的民族危機，聲明「與孚琦並無仇怨，不過近來苛稅雜捐，抽剝已極，民不聊生，皆由滿人專制，害我同胞，故欲先殺滿官……為四萬萬國民伸氣」。李准、張鳴岐先後親審，溫先生與之大談為將之道，或予以警告，令其中心震恐，竟然思迷離而神恍惚。

汪精衛、黃復生被捕受審，主審官是民政部尚書肅親王善耆，汪、黃竟各自爭為主謀，目的就是幹掉載灃，動機是用以振奮人心，至於罪責都是自己的，跟對方無關，且在供詞中大談世界潮流，善耆竟為其手采、識見所吸引而欲罷不能，數次往獄中探望。

歷時十餘年的定點清除，它是辛亥革命的重要組成部分，也是核心部分。武昌起義則是壓垮駱駝的最後一根稻草，是在定點清除的基礎上的推導和推倒。定點清除的效果，較之武昌起義的拖泥帶水，民眾死傷，不可同日而語。

定點清除是對生命的無限關注，卸下絞肉機上機動的螺絲，打掉其幾乎無意識無休止的絞肉功能，菩薩慈悲，善莫大焉。白堅武一九一六年二月一日日記，曾記載當時一位年輕讀書人的思考心得，以座右銘形式懸聯於壁。這句簡捷而無限深沉的話說：智者不敢恃有明日。

其意若謂，當下的事，不能一拖再拖；當下的苦難，必在當下解決。若俟諸異日，不知又斷幾許頭顱，又死無量生命，又流無盡頸血。出發點，是說生命不能預支。

人類文明史揭示了一個真理：偉大的國家和偉大的民族是靠偉大的道德作基礎的。沒有偉大的道德，就沒有偉大的國家，偉大的民族。一個道德淪喪的民族，註定前程黯淡。善良的中國人不禁要問：中華民族的傳統美德是怎樣淪落到晚清腐爛難以救藥的地步呢？

太平天國的根子還在晚清的專制政治的腐爛。

專制者殺人者的動機，都是當時社會無法迴避社會病，一些人在絕望之下，採取惡性報復社會的方式，如天平天國就是如此，洪天王本身社會的受害者，但其歷年的屈辱直至瘋狂已經不能喚起當政者的任何憐憫之心，加以事情無法得到疏浚。社會戾氣長期聚集的結果。已經墮落為一個暴力蔓延、奉行叢林法則的社會。面對這種體制性的定向性暴力壓迫，單個社會成員根本沒有能力抗爭。於是太平天國出現了。

政治清明，人心向善，民風淳樸；政治腐敗，人心向惡，民風敗壞。晚清數十年，人的道德底線是被統治者一次又一次突破的，所以當每一次人們認為一個不可能發生的事情，不能夠承受的事情，不能夠接受的行為，一而再、再而三的發生時，這種道德底線就一次又一次地被突破，這樣在人群中就會有一定的人會認同這個做法，或是潛意識的模仿這種做法。所以太平天國產生了。

官權公然剝奪民權，強權肆意踐踏人權，造成了大批流離失所的人群，產生了大量的哀哀無告的弱勢群體，官場腐敗，賄賂公行，民不聊生，生不如死。被壓抑被憋屈得太久的民眾，壓力沒有正常釋放的途徑，被迫對社會施以報復，太平天國就是如此，然而像太平天國這樣的大型暴動，其所造成大社會震盪，以致歷史產生難以癒合的巨創。

別說太平天國了，就是武昌首義，也有濫殺現象，當然，根子還在清廷的腐爛陰毒，但對於無辜者身處震盪的前沿，那就太悲哀了。

張任民〈我參加辛亥武昌起義憶述〉（載《春秋雜誌》總第三二九期，一九七一年出版）記述他所親歷的辛亥革命。當時他由廣西陸軍小學升入武昌陸軍中學，這一期共有一百六十餘人，因逢時會，竟獲得了親身參加武昌首義的機會。

十號的晚上各處震動了，革命，近乎自然的多點爆發了。學生們大家歡聲雷勁，立即各返宿舍，著起全副武裝，整隊集合，當時在場軍官並無一高級者，多為連排長級。全校同學約共十隊，不及千人，「當紛亂之時，荊州旗籍學生多已乘亂逃亡，只有一名叫崇厚者，係一期生，被同學拖出校門，用利刀連刺數刀，拋下校門外小河橋下。因本校在武昌城外的南湖，校外有一條小河，直通武泰閘與保安門也。

由南湖學校到武昌城，平日步行約需一小時許，故全校隊伍入城時，天已大明，此刻武昌城內，家家閉戶，路絕行人，街上只有軍人往來，且軍人任意搜殺旗籍滿人，不分老幼，屍橫街衢。本校兵學教官寶英先生（滿人），亦在此時全家遇難！據聞乃本校助教馬某某所殺。總之，當時局勢劇變，人性橫決，且因屬民族革命，所用口號，乃『興漢滅滿』四字，故在那三幾天內，武昌城內外無辜被殺戮者，不下千數百人。」

這些人和慈禧集團的專制魔王是完全不同的，但他們成了兵變的替死鬼。真個兒是冤哉枉也。定點清除是申張社會正義的一個選項。

中國人不得不做許多無奈的選擇，一個重要的原因是他們被禁止做許多別的選擇。清王朝實行的是一種反人性的暴政。人們很快就覺得無法忍受了，民眾和平說話伸訴的冤屈的途徑完全堵死，就連清廷內部開明人士的訴求也都連續遭受扼殺，民眾講道理的幾率為零，反抗隨後就會發生。但大多數人沒有反抗的勇氣，只能選擇逃避。到了避無可避，直至發生洪天王式的太平天國革命，玉石俱焚，這是蠻橫的統治者嚴重分裂了社會，在分裂的社會理性起不了作用。

專制社會好似大賭場，詭詐險毒為通行的致勝之策，處處演繹著「成王敗寇」的活劇，誰在這個大賭場中佔有愈多，誰就越恐懼，最恐懼者大抵是占掠最多之人。而專制統治階層的恐懼，便意味著專制社會已近末路，民眾的反抗情緒已積累到了足令他們恐懼的地步，他們反彈出去的恐懼情緒，正在推及到全社會。專制社會的整體情緒變化，大致要經過如下階段：憧憬期、平靜期、瘋狂期、恐懼期、崩潰期。有時，恐懼期到來，崩潰期未必會馬上到來，而是退回「瘋狂期」，然後再迅速返回「恐懼期」，在「瘋狂期」和「恐懼期」之間折騰不了幾次，便導致專制統治崩潰。

弱者與失敗者長期遭受來自權力部門的定向暴力壓迫，因無力反抗而將心中的不滿與憤怒轉化成對更弱者的無定向性暴力。究其原因，就是由於政府掌握全部社會資源，並墮落成鐵桿自利型政治集團，整個社會形成了贏者通吃的格局。與政府行使政治暴力沒有底線相類似，這些社會底層的行為也毫無任何道德底線。

體制化的定向性暴力催生出個人洩憤的無定向暴力，這是清廷的習慣性動作。

黨人的定點清除恰恰相反，他們是制止定向暴力，同時避免無定向暴力。

中山先生摩頂放踵，等於是菩薩般的人物。其革命重點在改革，還不是武裝的部分。他和他的追隨者，秉持為生命求尊嚴的價值理念，擔負起拯救天下的責任，為蒼生創造一個更好的社會。

黨人的政治暗殺可算是有史以來最乾淨、最清潔的一種戰爭方式。

項羽曾對劉邦說，天下大亂不止，都是你我兩個人造孽，我們來決鬥吧，不要再苦了蒼生。可是劉邦不幹，他要讓無數的炮灰來替他攫取天下。

錢鍾書先生引英國民間諺語說，把那德國的君王將領，以及英國相應的內閣大臣，放置在近處的戰壕裏面，讓這班人互相拋擲炸彈，其結果，只消三分鐘，這兩個國家就必然和好如初（參閱《管錐編》

二七七至二七八頁：第一次世界大戰時，英國民間語曰：「捉德國之君王將帥及英國之宰執，各置一戰壕中，使雙方對擲炸彈，則三分鐘內兩國必議和」，其遺意也）。

錢鍾書先生進而申說道：西方中世紀，兩國攻伐，亦每由君若帥挑戰、鬥將（single combat），以判勝負，常曰「寧亡一人，毋覆全師」，「免兆民流血喪生」（Better for chrestien et la destruction du peuple），即所謂「士卒何罪」，「毋徒苦天下之民父子為也」。士卒則私言曰：「吾曹蚩蚩，捨生冒鋒鏑，真何苦來？在上者欲一尊獨霸，則亦當匹馬單槍自決輸贏」。

定點清除不是以暴易暴，相反，它是對暴戾、暴虐、暴行的制止。

洪秀全的革命，源於清朝廷的非人性的統治，但其變態的政治情勢對民間的殺傷使其反抗大為貶值且變質，數以千萬計的無辜百姓付出慘重的犧牲。

同盟會如果也採取這樣的革命，那也就是一家一姓的改易。

但如果甘做奴隸，甚至幫兇，或者引頸受戮，那等於延長亡國滅種的痛苦。

他們尖銳的敏感，使其找到險峻踏實的革命之路。

這就是社會震盪最小的定點清除。所以，定點清除是一種特殊的代價最微小的講道理的方式。其實際效果，從社會、生命耗損的代價來看，近乎天鵝絨革命，而且從追求的結果來看，民國的建立，和此前的歷史的造反、改朝換代性質迥異：辛亥革命是民權的訴求替換專制之朝代。

中國進入晚清，真是暴政猛於虎！這樣的暴政不被結束，中國人就永遠處於隨時要被虎吃掉的危險，根本不可能有自由，不可能有生命最低微的意義。

狹義的辛亥革命和廣義的辛亥革命的關係，歷年陸續出現的定點清除，就是武昌起義的不同時間段的陸續的引爆。

有了無數次的大大小小的武裝起義，哪怕結果都漸歸失敗；有了無數次的定點清除，等於給武昌起義打下雄厚的基礎，搭橋、鋪路，穿針、引線，固基、構體，只等裝修，即可入住。

劉復基、彭楚藩、楊鴻盛等烈士在武昌起義前夜被執，鐵忠等人代替瑞澂審訊，結果審訊者冒虛汗、打擺子，觳觫惶恐，幾乎就要虛脫的樣子，也要拜定點清除之賜。這類清朝大吏，外界的變動還有待再加一把推力，而其心中的柏林牆，卻已轟然坍塌，也是源於對真相的恐懼。此時烈士被執，生死俱在其手，按說他們應該不可一世，生殺予奪，予取予求，但是恰恰相反，他們篩糠般惶惶不可終日，正是歷年的定點清除，把他們逼到了牆角，武昌起義，一呼百應，在於此前的基礎已經穩妥打好，這是一個正確的地點——中部同盟會認定的戰略要地；這是一個正確的時間，歷年的起義、暗殺，爭取到一個水到渠成的時間。

輪番的開花，此時必定結果。

實施定點清除的志士，不少人獻出了熱血和頭顱，這是對民生、民權、民族的信仰的力量。肉體的隕滅，是為了尋求國族精神的自由，他們是真正的歷史轉捩點恰切到來的偉岸而崇高的推手。

美國人因反抗暴政開局而立國，贏得自由。至今在美國首都華盛頓的傑佛遜紀念堂屋頂，還刻著這位美國第三屆總統的名言：「我在神的殿堂上發誓，向殘害人類心靈的一切形式的暴政永遠宣戰。」

定點清除，就是堅定結束暴政，建立一個自由中國的決心！

孫中山先生談定點清除

晚清之際，險惡的仕途，屢戰屢敗的運作過程，彷彿秋天的山間小道，秋風尚未颳走落葉，又為紛紛的枯葉所覆蓋。悲觀型的志士就更為之氣餒。像卡夫卡所說：「目標確有一個，道路卻無一條，我們謂之路者，乃躊躇也。」（《卡夫卡集》二一九頁）過度的敏感令其感受疼痛的能力更為增強，漸次加深，無法自遣，意志的作用愈發微不足道。一九一一年七月八日，志士楊篤生在英國利物浦投海自戕，他以列強瓜分中國及訛聞黃興於黃花崗戰死，大受刺激，神氣沮喪，繼而頭痛浮腫，無以自制，遂投海自盡。孫中山聞之大為痛切，認為犧牲不能有造於社會者決不應為，他致吳稚暉函中說：「弟觀篤生君嘗具有一種悲觀懇摯之氣，然不期生出此等結果也。」（全集，一卷，五三六頁）

會黨初起到辛亥革命，中間不知經過多少次的困難，多少悲觀，多少次的失敗，如黃岡之役，欽廉之役，河口之役，鎮南關之役，惠州之役，尤其當一九一一年黃花崗起義失敗後，黃克強先生急切為死難黨人報仇，欲躬行暗殺，黃興致巴達維亞華僑書報社同人：「自三月事敗，弟憤同事諸人之畏縮，以致徒傷英銳之同志，故願專事暗殺一方面。」（《黃興年譜長編》，二〇五頁）

中山先生聞悉即致電勸緩行，專門有一篇關於暗殺的談話，全文如次：「暗殺須顧當時革命之情形，與敵我兩者損害孰甚。若以暗殺而阻我他種運動之進行，則雖殲敵之渠，亦為不值。敵之勢力未破，其造惡者不過個人甲乙之更替，而我以黨人之良博之，其代價實不相當；惟與革命進行事機相應，及不至搖動我根本計畫者，乃可行耳。」（《孫中山集外集》一五二頁）這段談話實可視作晚清末年黨人暗殺行動之總綱，其內蘊是表達生命的權利及正義感，以期對奴性十足的社會群體起到震動，同時也考慮到政治理念、社會制度的決定性，以及策應的總體方法及效果。史堅如烈士的遺書中，嘗謂「記得去年冬天（一八九九年）我奉了孫先生的命令，來廣東密謀暗殺」云云，此即形勢的急需。

獨裁專制之所以是和自由民主政體相對立，乃以前者政治內涵的運作機制是不斷收攏緊縮，不論極權者在開始兜售其貨色時是多麼動聽，其運作過程都不可能產生良性互動；其內部成員的私人感情遭反復閹割，漸漸醬製成變態的政治情熱，至於可能引起的懷疑思想，則在其早期所貫注的內心紀律訓練中事先加以扼殺了，這樣，極權政治別成一種類似宗教的怪胎，它較之父子相承的世襲貴族厲害得多，並在鐵環相咬合的等級結構中達成生活方式及其世界觀的延續。其中心信念是誰懷疑老大，則天誅之、地滅之，如是人皆成馴服工具；其神秘、殘忍、荒謬，又毋寧說是死人加諸活人的世界觀。指鹿為馬、顛倒黑白、蔑視生命這一套，只要是紀律需要，就是天經地義，並必須成為一種恒定的能力、慣性。彷佛一種基本零件一樣，其成員附著在龐大的生命絞肉機上勻速運作。其內部機制如此，外則陷萬千同胞於塗炭，也不會有任何顧惜。

在考察中山先生的暗殺理念之際，不妨參考昂山素季的追求自由的心路歷程，以及她對暴力的看法。

緬甸當代的民主聖人昂山素季，是一位罕見的偉大女性，她原本想做作家或者學者，但她祖國的民主政治的需要和老百姓的民主訴求令她走上了這條艱辛之路。

一九八八年夏天的時候，緬甸首都爆發大規模民主運動。百萬群眾在仰光集會，昂山素季發表時事演說，為即將舉行的全國大選做準備，次年被軍政府軟禁。這位柔弱的女子，成了緬甸軍政府最頭疼的人物。一九九一年，她獲得諾貝爾和平獎。獎詞稱她是「亞洲近數十年來公民勇氣的最非凡榜樣。」即使在軟禁的日子裏，她也毫不妥協地抗爭。她寄給聯合國的論文，極力反駁「經濟先行、民主緩進」的那種別有用心的觀點。到二〇〇〇年時候，緬甸的形勢，因獨裁者的一意孤行，國民經濟陷入嚴峻的困境。民主運動跌入低潮，民主化進程為之凍結。然而抗爭和談判並未停止，她領導的民主聯盟與軍政府舉行多輪談判。加上國際形勢的壓力，軍政府終於釋放包括昂山素季在內的六百多名政治犯。經過多年的曲折磨難，民主政治曙光初露。預計在不久的將來，將完成由獨裁向民選政府的過渡。

昂山素季堅定的認為，飽含同情心和愛心的民主政治，是人們內心的真正需求。超過了對科學技術和其他的一切需要。民主自由精神的缺失，令很多地區忽略了不講道義和深藏的痛苦，人民處境治絲益棼。然而，在很多落後地區，統治者百般愚民，民主進程行走在崎嶇的棧道，險狀萬端。

昂山素季看似弱不禁風的肩頭，挑起了這副他人視為畏途的擔子。她說「唯民主政府有益於國家。我們不只是要組成一個政府，更要讓人民有選舉政府的權利。」她堅信權力與責任同在，充分理解這一點的人，方不致成為權力狂。出於對生命價值的無條件關愛，她推崇非暴力運動，但絕不是無原則的守持之。在沒有選擇的時候，「如果你被粗暴地對待，我不會夾起尾巴悄悄溜走，只留下尖聲驚叫的你。那是懦夫，是可恥的。我不是聖徒，但我會盡力保護你，我不喜歡使用武力，但我不會完全放棄武力。」

這就是她，昂山素季，一個弱女子，擲地有聲的偉岸心跡！

辛亥畫卷展開了後半幅

吳其昌嘗問他的老師梁啟超，康有為和中山先生欲合未合，究竟怎麼回事？是康南海不肯嗎？梁答：不然。許多人都知道中山和我交誼甚厚，在橫濱時，有一段時間我們每夜同臥一榻。外面傳說南海輕視中山，不肯與中山合作，那是奸人的挑撥。最初，南海的確不瞭解中山，也是真的。後經日本人平山周、宮崎寅藏等人疏通，兩人的誤會已經煥然冰釋。惟以後仍不斷有奸人兩面挑撥。我很懷疑這些宵小之徒，來自清廷。只是當時南海正環遊世界，我又在日本，不能向他進言勸解。聽說他們最後決裂是在馬尼拉。那次中山屈己拜訪南海，南海也欣然出迎，據說已下到樓梯一半，有人攔住，說孫帶有兇器，是行刺來的。康驚恐上樓，孫大怒而去。這事我也是聽說，不過大致不差（參見吳令華《梁啟超談孫中山》）。

中山先生的「建國大綱」，明確提出中國民主憲政的路線圖：軍政、訓政和憲政，並規定了詳細的時間表：「其中軍政和訓政各約為五年。凡一省完全底定之日，則為訓政開始之時，而軍政停止之日。」「凡一省全數之縣達完全自治者，則為憲政開始時期。國民代表會得選舉省長。全國有過半數省份達至憲政開始時期，則開國民大會，決定憲法而頒佈之。」

中山先生不僅有知行合一的手段，還有罕見的勇氣、膽量、正直和誠實的領導才能，這恰恰是大多數中國人所缺少的品性。正如亞瑟•史密斯（一位著名的西方傳教士）一個世紀前所指出的，中國人最缺乏的不是智慧，而是勇氣和正直的純正品性。這個評價，雖然歷經百年，如今依舊準確診斷出中國綜合症的原因。

中山先生的妥協精神。看似不得已，有人甚至以為軟弱性格在起作用，這是莫大的誤解。實則，斯為一種了不起的現代精神。

所以，史扶鄰以為他是為現代而生，而不應生在那個時代。那個時代雖然已是近現代之交，但又還是古代的尾巴。

即使現代的美歐民主社會，其政黨的組成，由於人物的性格的巨大差異，總會有各種抵觸、扞格不入的地方，一般只有兩大黨，這就是妥協的忍讓的精神在其間調諧，以妥協達成大致的政綱，來組成政黨獲取執政之權，從而和他黨競逐。若是每一個人各各按照一己的嗜好欲求一意孤行，那就成百上千個組織出現都是可能的了，那樣的亂象無法出現治世。

中山先生的說服精神，不惜千言萬語去說服。這也是他所受萬千青年極深崇拜的原因。

但是袁世凱不領情，其個性以專制為最高欲求，不到黃泉路，不會畫上休止符。所以辛亥革命，從民國肇建那一天又接續開始了新的征程。

卷三

抗禦奴役 完成使命

繼續辛亥革命　結成光榮之果

辛亥革命，自身帶著一種偉岸氣息，彷彿暗夜裏升騰起來的璀璨星辰，勢將衝破歷史的重重陰霾。

袁世凱也是清廷的僵硬顢頇的產品，正如袁世凱的產生是不可避免的，清廷的崩潰也同樣是不可避免的，袁世凱的崛起是無可阻擋的；在晚清那樣一個亂民社會，正是滋養亂世奸雄的最肥沃土壤。

袁氏新軍集團的接手，這些人，除了他們是漢族身份而外，其餘一無可取。最惡劣的就是對憲政、民主指標的實際操作上的打壓，對民主人物的肉體的消滅。這就和清廷一樣，甚至還要過之。

宋案發生後，同盟會領袖意見不一，孫中山、黃興主張武力討伐。因為他們看到和平是一條絕路，而且，和平可能的解決方式，也即議會的作用完全消解，蓋此時袁世凱已準備在議會糾察他時，果斷實施武力鎮壓，而且有可能在議場當場殺害。

因為那是蠅營狗苟的酬庸。必須在圈子外分權，這就是國會的正常運作。但北洋十幾年，對國會的打壓醜劇歷歷上演。弊端層出不窮。

袁世凱也是一個堅持人民程度不夠所以不能實行民主的鐵桿專制者，守秘政若瑰寶，視輿論為寇仇……這個攪動近代政壇的一代奸雄，靠新軍起家，屢次押寶得勢，居然依靠軍事力量悍然稱帝，最後卻驚悸而死，可以說是成也新軍，敗也新軍。

張勳並不按照段祺瑞的意志行事，而是另有懷抱，段氏一看形勢走高走險，馬上拉下臉來。他派親信曾毓雋到徐州，對張氏聲明：「如議及復辟，段先生必盡力撲滅，勿謂言之不預也」。

段氏在眾議院提對德宣戰案，遭受否決，段祺瑞的左右就雇傭許多伙夫僕役拿著旗子在街上遊行，要求參戰，說這是民意。有人問他們幹什麼，他們就瞪著兩眼，說，不知道，我們是雇來的。

中山先生指明北伐的意圖：「國民革命之目的，在造成獨立自由之國家，……北伐之目的不僅在推倒軍閥，尤在推倒軍閥所賴以生存之帝國主義。」

五月五日蔣介石就任總司令，二十一日開會制定作戰計畫。隨即向北洋餘孽全面攤牌。

打掉國會就是消滅規則，造成一個沒有遊戲規則的狀態，一切由軍頭惡棍的好惡來行事。袁世凱、段祺瑞、馮國璋、曹琨、吳佩孚、張作霖、孫傳芳……胖瘦高矮、模樣各個不同；深沉乖張、狡獪愚癡、性格有異，甚易區別，而其帝王思想，則層出不窮，專制餘孽，旋滅旋生，在如此一個老大帝國，轉型的難度可想而知，北伐，乃是對之一個總的清算。

「竊見總理遺教，崇高博大，論其精意，實古昔聖賢所未發，中外宏哲所未規。語甚平易，實天理人情之結晶，野老村婦所共解，奚止具興頑振懦之功，實亦為生命建樹之本。今當建國伊始，而總理已長辭人世，不復能躬親指導。千鈞之責任，寄於後死之同志，唯有戮力同心，勉為紹繼。」

北洋奸雄偷樑換柱

辛亥革命，自身帶著一種偉岸氣息，彷彿暗夜裏升騰起來的璀璨星辰，勢將衝破歷史的重重陰霾，將它的光輝照亮中國的每一角落，佈設於人心，端正歷史的航向。

辛亥之後，確有部分智識者，乃至同盟會圈內人，斷言辛亥革命失敗了。他們無非是在不同的歷史時期，從不同的現實感覺或個人感觸出發，或因一時判斷錯誤、或由一時憤激所致。說到底，不過是對辛亥之後革命與復辟反覆較量的必然出現，缺少應有的認識。

辛亥革命的對象是君主專制政體的清王朝。這個王朝不僅被革命所擊垮，而且就此結束了兩千多年的帝王專制，據此，我們還能說她是失敗的、而不是勝利的革命嗎？

辛亥革命，乃是中山先生發動國民精英革命，長期奮鬥結出勝利結果，但在一九一一年之後，辛亥革命的成果卻為專制復辟的勢力所乘。一九一二年三月下旬，唐紹儀到南京接收臨時政府，組織新內閣。該內閣中內政、陸軍、海軍、財政、外交等部均由袁世凱的親信或擁護者擔任，同盟會只分配到教育、農林、工商等幾個點綴性的席位。四月一日，中山先生正式解除臨時大總統職務。五日，臨時參議院議決臨時政府和該院遷往北京。至此，辛亥革命的成果被袁世凱所篡奪。辛亥革命失敗了。

同盟會方面，給了袁世凱充分的信任和機會。當武昌起義不久，也即當年的十一月上旬，黃興在戰時總司令位置上，即致函袁世凱，期望他以拿破崙、華盛頓的資格，出面建立拿破崙、華盛頓之功勳。直搗黃龍，滅此朝食。如果袁世凱能做到這一點，南北各省人民都將拱手聽命。

民國初年袁世凱接任後，社會烏七八糟。近些年的文史雜文中，常看到有人引述馮玉祥的逸事，曾盛傳他大白天打著燈籠去找蔣介石，以喻社會的晦暗。

其實此事的始作俑者還不是馮氏，而恰好是他認識的一個老先生，名叫李六庚。這位李老先生表達厭憎的方式如何呢？說來有趣。馮玉祥寫道：「有時大白天裏，他老先生打著燈籠，在大街上跑來跑去，問他幹什麼，他就眼淚汪汪地說道，我找人，我成天看不見人，這地方儘是鬼。後來李老先生竟因此神經失常，憂憤而死。」（《馮玉祥回憶錄》第十四章）

就像曹孟德、司馬懿一樣，袁世凱之為治世之能臣，亂世之奸雄，與前者貌合之、神似之，雄才大略、通權達變、臉厚心黑、善用規則、善應時勢，便是他們的同類項。

袁世凱也是清廷的僵硬顢頇的產品，正如袁世凱的產生是不可避免的，清廷的崩潰也同樣是不可避免的，袁世凱的崛起是無可阻擋的；在晚清那樣一個亂民社會，正是滋養亂世奸雄的最肥沃土壤。

逼清帝退位，袁世凱同時看到孫先生的質直易欺。

袁世凱以為，吳樾、溫生才、徐錫麟……這些人都陸續死了，這些人重創了清廷，但他們自己也死了，而老袁不死，反而身心俱泰，千秋的偉業，得來全不費工夫。

殺他的楊禹昌等人，也被他捉到，澆上煤油燒死了。對效仿者起碼在一段時間內是一個警告。本來吳祿貞一旦西連山西，復與張紹曾、藍天蔚連成一氣，便有鉗制北京、逼清帝退位的實力，而袁世凱在北方的絕對優勢也將打破而不復存在。可是吳祿貞又被他們刺殺成鬼，這時宗社黨要角良弼也被炸斃，一時京城震動，皇室親貴陷於慌亂之中無以自處，於是一切都按袁世凱的意願發生了。

當中華民國臨時政府甫在南京成立，中山先生就任臨時大總統。袁世凱惱怒異常，嘗質問南方代表：「選舉總統是何用意？設國會議決為君主立憲，該政府及總統是否亦取消？」又透過唐紹儀向南方探詢，如清帝退位孫中山讓位「有何把握」？

一九一二年的一月下旬，宗社黨上書袁世凱，措辭極為嚴厲。略謂：欲將我朝天下斷送漢人，我輩決不容忍，願與閣下同歸澌滅。袁世凱閱後，頗不自安，便邀蔭昌、王士珍、馮國璋、姜桂題等人密商大計。馮國璋主戰，王士珍附會之，姜桂題不願戰，蔭昌主和。袁世凱良久才決定：「諸君既不避勞，惟有戰耳。」遂發佈各軍整備再戰之通電。然暗中又進行佈置：調駐灤州曹錕第三鎮入京「保衛」；唆使段祺瑞等通電主張共和。

手下的兵馬、將官，正是得力的時候，四十六名北洋高級將領聯名，由段祺瑞領銜發電，敦促清廷退位，裏面又是恫嚇，又是威脅，要求對方「立採共和政體」，如若不然，那就要「謹率全軍將士如京，與王公剖陳利害」；幾乎是脫了褲子赤裸裸的公開叫罵，並做鐵拳猛揍之勢；又叫人把電文印刷上萬張，在北京各處散發。《國風報》還印了號外，隨報附送，社會輿論鼎沸。幾天後，邵飄萍的新聞評論寫到：「段祺瑞為袁世凱之何如人？退位之請，未始非袁世凱之作用。民軍苟因是而懈其進取者，則滿帝即果退位，而專制魔王之袁世凱，乃得達其最初之目的矣。」

這對孤兒寡母的清廷尚未動手，已是沉重的覆巢般的打擊。

總之，對手死的死，傷的傷，散的散，只有他自個兒持盈保泰，誰主大地，捨我其誰，就是一頭毛豬，也到了油光水滑，該出欄了。

力量一經措置平衡，袁世凱覺得他自己渾身都是討價還價的能力，做皇帝的心，這時已然萌發，絕非幾年後才突發奇想，或者，靈感陡降的夢境一閃念。

上下其手竊取法統

先是在停戰問題上上下其手，然後逼迫清帝退位，然後是拒絕南下就職，威迫南京臨時政府退讓，然後就是製造兵變，隨後，就是三月初在北京宣誓就任臨時大總統。袁大頭以為，每一步都是環環相扣、出手不凡的好棋和妙招。

至於期間的那場兵變，是在一九一二年舊曆正月十二日。

最初是在東城鐵獅子胡同總統府爆發。兵變是第三鎮全體，亂兵們先放槍，後搶掠。府中珍貴財物，搜刮殆盡，袁世凱的臥房都被打破一角。

馮玉祥說兵變的原因是段芝貴減餉，事發後由陸建章、姜桂題出頭處理。

一場巨大的兵變變成了捉拿土匪的遊戲。十二點鐘左右，槍聲響到了前門外，袁世凱同他的公子袁克定對坐愁城，毫無辦法。看見陸建章來了，這才喜出望外。

一般以為這場兵變，是袁世凱不去南京，而故意製造的藉口。但馮玉祥在其回憶錄第十四章中認為，他作為一個親身經歷者，認為減餉一個原因，但不是根本的原因。根本的原因，在於，一般士兵還只知忠於皇帝，看到袁世凱這般自己做了大總統，反說他是篡位的奸賊。這就有了放手亂來的理由，於是軍紀敗壞到極點。部隊中，熱血赤心的年輕軍官均受排擠，攆走了事。結果一遇導火線，就會潰決。

雖然馮玉祥以為，這太恭維袁世凱了，因袁氏尚無這樣擒縱自如的能力。但袁世凱很快回過神了，借力打力，此所以奸雄之為奸雄。

梁漱溟《憶往談舊錄》則對此關鍵時刻的兵變表示他的看法，南京方面派了蔡元培、宋教仁等六人為「迎袁特使」，來北京迎袁世肯南下就職。袁世凱很狡猾，他曉得南下於他不利，所以他就趁著迎袁特使到北京的時候，搞了個兵變。「那是一九一二年陰曆正月十一日傍晚，那時候市民都還不知道，各戲園子還在唱戲。那天晚上，我正陪著母親在大柵欄廣德樓看戲。大家正看得熱鬧，突然間鑼鼓停止了，臺上出來一個人，他說：『外邊兵變了。到處搶東西，戲演不下去了，請大家各自回家去吧！』戲不演了，大家只好從戲園子裏出來。我親自看見變兵朝天放槍，到鋪子裏面來搶東西。街上碰見闊人就搶錢、搶錶。熱鬧街道都放火燒；那次，東安市場就給燒著了。我當時住在崇文門外花市南邊的纓子胡同，我們家的房子有個樓，上樓頂看到城裏各處都起火了。」

變兵還有意把六位特使的館驛包圍起來，嚇唬他們。歡迎袁世凱的六位特使，這時還沒有見過袁世凱。這個變動來了，袁世凱卻先派人去安慰他們，表示北方形勢很亂，非他坐鎮不可，表示他不能南下就職。六位特使沒有辦法，只好回南京再開會商議。商議結果，最後只好同意袁世凱留在北京，政府也只好遷就他設在北京，中山先生讓位，把大總統的位置讓給了袁世凱。

辛亥革命後半段的重心

然而孫中山將臨時大總統讓與袁世凱，是有條件的，所謂必須由「袁世凱宣佈贊成共和」，這不是一句空話，這就是要他遵守民主共和的原則，必須是一個三權分立的政道。但這個鐵桿獨裁者的底牌，和他上任後的作為，排斥異己，打擊國會，都是與之背道而馳的。

當辛亥革命起來之後，中山先生當時還在美國。他得知革命軍已經起來了，就從美國趕回國內。不久，就到南京就任臨時大總統。可是他知道革命軍的力量在當時還很難達到北方，知道自己兵力抵不過袁世凱的兵力，為了把袁的勢力拉過來，以求得全國的統一，孫中山先生決定把大總統的位子讓給袁世凱，但有一個條件，就是要袁世肯南下就職，政府設在南京，不設在北京。這個計畫很有意思，就是要袁世凱離開他那個老巢，這樣就可以在政治上開展一個新的局面。儘管讓袁世凱做總統，可是這樣一來，政治空氣和政局就不相同了。

參與發動辛亥革命的許多知識份子，也覺得在清廷退位之後，革命暴力是用不著了，一般京津同盟會的同志，大抵轉入文字宣傳工作，都去辦報了。

所以，護國與護法，即保護中華民國的嶄新國統不被顛覆，保護新民國的共和法統不遭閹割，就成為第二期辛亥革命、或曰辛亥革命後半段的重心。

所謂反袁護國，就是反對袁世凱顛覆民國復辟帝制；所謂反北洋而護法，就是反對北洋軍閥頂著中華民國的嶄新國統，行閹割中華民國共和法統之實；所謂蕩平新舊軍閥的叛亂是護法的繼續，就是指北伐成功和中華民國統一後，新舊軍閥叛亂的本質乃是意在繼續閹割中華民國的共和法統。

賀國光在《北洋軍征戰雜憶》對袁世凱心性有著深切的挖掘。他以為，袁世凱其人，論才能為近世少見之傑出者，然其心地自私，所以他拿兩句話評論袁氏，一句是：「不忠不義之奸雄，禍國殃民之罪人」。戊戌政變，譚嗣同等人以平時為袁氏接納，欲利用逼迫慈禧交出政權，不意袁氏暗中通報，出賣譚嗣同等，是不義之最顯著例證。武昌起義，袁世凱指揮軍隊南下平亂，本可一舉而擊滅革命黨，而袁氏屯兵不進，反而逼清帝退位，是其不忠於清室之著者；其對於民國，存心帝制，又不忠於民國之著者。戊戌之變為禍國，北洋軍閥後日之魚肉人民，是殃民。民國二、三年間，國家頗有一番新興氣象，惟因袁氏之私欲，全國大亂，中央與地方對抗，此後數十年來民國之動亂，不能不說係由袁氏所種因。

辛亥革命還在繼續

專制者對孫中山先生也不得不存著幾分敬畏，蓋以當時民眾的民族意識越來越強，在這種情況下，當局要想繼續用武力和謊言來維護愚蠻的統治，越來越力不從心，至少要費一番腦筋。中山先生給與掌權者最後一次放下屠刀、改邪歸正的機會。其實，要想真正使社會進步，放中華民族一條生路，也給自己留一條後路，不是沒有機會。只要從本質上入手，放下屠刀，還權於民，和平盛世不是沒有可能。

一九一二年八月二十三日下午，中山先生抵達天津，各界團體及群眾擁躉極眾，歡迎場面極為盛大，居住在天津的一眾遜清皇室成員情緒由不安、恐慌轉變平靜和關注。皇室成員紹彝迅即將中山先生行蹤報告北京，並建議溝通感情，以為對「日後皇室以及旗族均為有益也。」他們清楚看到中山先生雖辭去大總統職位，仍在國民中保有不可動搖的領袖地位。九月十日，孫中山先生親赴醇邸，與攝政王載灃把晤扳談。

皇族稍微動了一下腦筋，就知道，袁世凱不特是全民的大敵，更是皇族的掘墓人。他們認為「本朝皇室為吾大民族之一，並與前代亡國不同」，這個結論在中山先生那裏是成立的，砸在袁世凱手裏則必將麻煩不斷；而孫中山這位偉大的學者，本是各民族可以信賴的朋友。

辛亥革命到了武昌起義勝利達成，能否謂之成功，就同盟會綱領、共進會、文學社的理念而言，其訴求可謂達至一半。不可謂大成，也不能說未成。本來有亞洲第一共和的氣象，但袁氏新軍集團的接手，這些人，除了他們是漢族身份而外，其餘一無可取。最惡劣的就是對憲政、民主指標的實際操作上的打壓，對民主人物的肉體的消滅。這就和清廷一樣，甚至還要過之。

因此辛亥革命就還在繼續。

革命尚未成功，同志仍須努力。用在這裏，一樣的恰切。

從北洋軍人集團的第一代李鴻章、到第二代袁、段、馮，到曹、吳、張勳以至孫傳芳第三代，真是沒完沒了。旋生旋滅，旋滅旋生。

一九一二年元旦前三天，孫先生在上海逗留，這時記者採訪他，他就談到袁世凱的落點。當時袁的代表唐紹儀到漢口試探和議時，明確表示，南方如舉袁世凱為大總統，則袁等人必將贊同共和。

顯然，袁世凱一切以個人目的為最高原則。

中山先生之坦白不設防也可概見，他說，那不要緊，袁世凱真能擁護共和，我就讓給他（《孫中山年譜長編》六百頁）。先生當選臨時大總統後，曾專致電北京袁世凱：「文既審艱虞，義不容辭，只得暫時擔任。公方以旋轉達乾坤自任，即知億兆屬望……故文雖暫時承乏。而虛位以待之心，終可大白於將來，望早定大計，以慰四萬人之渴望」（孫中山全集一卷五七五頁）。

一直到一九一二年九月，黃遠庸採訪中山先生，先生還贊袁氏「他是很有肩膀的，很喜歡辦事的，民國現在很難得這麼一個人。」

而白堅武論袁世凱為人，則斷定他純屬舊奸雄局面，說者曰：彼之失敗，在否認道德二字，責之未嘗不是。袁氏一生之自雄即在機智。「余固謂袁氏之失敗在智不足。皇帝之為物，歷史上出產品也，今日無皇帝發生之餘地，乃欲以手摶泥土為之，此所以天奪其魄也，然其智亦可笑矣。」

袁世凱這個近代史末期的風雲人物，近年的歷史學家，譬如唐德剛對之有所批判，但也有相當的恭維，謂之治世之能臣。

但以白堅武的切身體驗，親身的經歷，他的評價的準確性不下於任何歷史學家。

顯然，袁氏不是什麼能臣，只是在某一個時段內力氣大、拳頭硬，而智力的不足，卻以一貫之。

二次革命後斃命其手的青年俊彥數以千計，此是對民族的不可饒恕的犯罪，這還僅僅是他殺人如麻之一端（參見《洪憲慘史》）。

掠奪民間和國庫財富，用以買通盟友或對手，手段平庸，利用後又棄若敝屣。從對其恩師、到左右僚屬，皆然。這是他破壞經濟之一端。

隨時圖謀不軌。無論清朝廷，還是革命黨，甚或他的各位助手，事實上都得罪了。

中華幾千年文化，留下一些使用兵法的實例，縱然是孫臏、諸葛亮這樣的軍事家，也只是使用過其中幾個計謀而已。但是到了袁世凱時代，卻三十六計，計計使用。三十六計的核心是詐術，所謂兵不厭詐。但在國家走向近代化的轉型時期，詐術若做總的指導原則，只能將事功扭向相反的歧路。彷彿人類對大自然的破壞一樣，滑坡、崩坍越來越多、越來越嚴重的困境，人類將長期生活在恐懼之中。無論是立斬還是凌遲，最終的結果將是相同。

二次革命必然到來

民國初年北洋系軍界的一般情形。在馮玉祥筆下甚為生動：督軍左右的一批大賢小賢們，有的是西洋留學生，有的是東洋留學生，有的是將弁、武備、速成、講武堂的學生，他們因為出身不同，來歷不同，就各自成派，有所謂土派、洋派、東洋派、西洋派等。成天爭著官大官小，錢多錢少，或則吸煙打牌，吃喝玩樂。彼此之間，互相造謠，互相攻擊。總是要搶官做，要發大財。青年人如此生活著，而督軍毫不過問（《馮玉祥回憶》，第十八章）。

任職於北洋系列的白堅武，論及袁世凱罪孽，說得很透徹：「自辛亥以來，軍人驕橫，而紀律益不可問。師、旅等長跋扈自私，督制一方者起居儀態儼然南面之尊，以視前清督撫之猶有拘檢者，尚不可同日而語。放濫潰敗，其禍首罪魁實惟袁世凱屍之，彼其包藏禍心，惟恐正義之猶存。軍人不肯盲附，乃眩惑顛倒以求其隱私之達，久之薰陶漸染，具體而微者遍國中焉。回憶洪憲方焰，袁氏以清之所餘宮宦餘孽遍賜群督，多者十餘人，少者七八人，其意蓋欲以此得桓桓之歡心，柔順就馴。自羨地位之貴，小洪憲佈滿國中，而大洪憲皇帝之冠乃牢固而不可動。日言民國，袁氏之餘毒尚復充塞不可爬梳，然則

民國云云者，猶在夢境中耳！言念及之，政治心理俱經袁氏之手摧殘毀滅，萬死寧足蔽其辜乎？」（見白堅武一九一七年七月日記）

所以二次革命事出有因，也勢必到來。

先是宋教仁在民元年八月聯合同盟會、統一共和黨及四、五家小黨，改組為國民黨，推孫中山先生為理事長，而中山先生即委宋代理，宋主張實行責任內閣制。一九一三年國會選舉結果，國民黨大獲勝利，袁世凱妒恨不已，遂派人將宋教仁刺殺於上海車站。宋案發生，國民黨才認清了袁氏真面目，掀起討袁運動。盛夏時節袁世凱悍然免去黨人三督，即江西都督李烈鈞、廣東都督胡漢民、安徽都督柏文蔚的職位，三都督猝不及防，相繼去職。宋案發生後，同盟會領袖意見不一，孫中山、黃興主張武力討伐。因為他們看到和平是一條絕路，而且，和平可能的解決方式，也即議會的作用完全消解，蓋此時袁世凱已準備在議會糾察他時，果斷實施武力鎮壓，而且有可能在議場當場殺害。所以在上海，同盟會領袖議決，由孫先生電令廣東陳炯明，黃先生電令湖南譚延闓，做好出兵的準備。但陳、譚兩個人都叫苦連天，說是實力薄弱，無法出兵。但主張起事佔據主流，於是爆發了二次革命，李烈鈞七月中旬在江西湖口舉義，黃克強也在這時趕到南京召集第一、八兩師軍官會議，決定回應，黃興就任討袁軍總司令，檄令一、八兩師分兵由津浦鐵路專車至徐州，會同駐防之第三師師長冷遹（冷御秋）防禦北軍南下。此外上海、安徽、廣東……等地相繼響應討袁。馮國璋鎮壓二次革命期間是袁世凱的頭號打手。本來鎮壓武昌起義期間，袁世凱心思遊移，他對馮國璋又有所懷疑提防。他調段祺瑞接替馮國璋的職務，將馮氏調回北京，統籌京畿防務，兼任禁衛軍總統。

禁衛軍是滿族少壯親貴載濤控制的一支重要武裝。官兵達一萬餘人，大都反對清帝退位。馮國璋以支持清廷的態度出現，迎合親貴的歡心，輕而易舉掌握了這支武裝。然而，馮國璋當時處境十分困難，不少官兵包圍他的住所，要他表態忠於清廷。馮念及袁世凱素日提拔之恩德，又接受袁的密令，冒險宣佈清帝退位後的優待條件，馮特別指出「非如此，不能保全皇室」。之後，馮以自家生命擔保，絕不拋棄禁衛軍，不與革命黨人相往還。最後，馮讓禁衛軍推舉兩個代表作為他的副官，監督其言行。

一九一三年三月，上海宋教仁血案發生後，激起南方各省革命黨人的憤慨和反彈。馮國璋秉承袁世凱旨意，串通各省軍閥發表通電，攻擊革命黨「危害民國」、「破壞共和」，威脅要武力解決。當袁世凱派北洋軍攻江西時，孫中山被迫發動討袁「二次革命」，南方各省紛紛宣佈獨立討袁。七月二十三日，馮國璋任江淮宣撫使兼北洋軍第二軍軍長，指揮北洋軍沿津浦南下，八月十六日到達浦口。在南京參加討袁的第八師師長陳之驥（馮的女婿）過江向他投誠。馮得知南京討袁軍群龍無首一片紊亂狀態後，於八月二十五日渡江，猛撲下關，與張勳等辮子兵一起，於九月二日陷南京。

「二次革命」被撲滅，馮國璋於幾天後返回北京。袁世凱為籠絡整個大馬仔，特將自己的家庭女教師周道如嫁給馮國璋為妻。這年底，馮國璋受命接替張勳為江蘇都督。

當清末時節為袁世凱政敵的岑春煊，這時也被動員起來，出來號召，希望兩廣的龍濟光、陸榮廷這些岑春煊在清末兩廣總督任內之舊屬回應，然而龍已受袁收買，甘為鷹犬，而陸亦躊躇未動，沒收到預期的效果。至於李、黃在贛寧發動的討袁軍，由於準備稀鬆，事起倉猝，缺械缺餉，這仗便無法打下去了。湖口討袁軍敗退，北軍李純兵隊進佔了江西。上海陳英士等所起的討袁軍攻製造局的計畫也失敗了，稍後黃興等人鑒於大勢已去就離寧走滬，以後由一報界中人何海鳴，從八月起在南京自任為討袁軍總司令，竟支持到九月一日才被張勳攻陷。

二次革命失敗後，袁世凱通緝起事黨人，大家多亡命海外。有的窮得很，生活艱苦。

曹操說若不是他出來收拾天下局面，不知幾人稱王、稱帝，已屬自誇。袁世凱懷有如此心態，就更屬僭越。就是他自己稱帝，底下的人也不服，以前的心腹親信也不親了。

他自己說他家族壽數不長，幾輩子的人都只活到五十多歲，在此之前，黨人自發起來暗殺，袁世凱壽雖不長，但是命大！東華門近距投彈都沒能結果他的性命。這樣一個中材下駟，試圖玩弄國人於股掌之上，哪有那麼便宜的事。

從時勢而言，他以為練新軍得以握實力，自覺拳頭又大又硬，會來事：攀龍附鳳、投機取巧、金財拉攏，建立了良好的人緣，殊不知時勢在變，新軍不是他想像的鐵板一塊；卑下陰暗的會來事更難以持久，到了刺殺宋教仁狐狸尾巴暴露無遺。

辛亥革命後袁世凱復辟稱帝，企圖將歷史車輪倒轉，與全國人民的民主訴求嚴重悖逆，中山先生發動二次革命理所當然。當時幾乎所有的政治發言權都掌握在大大小小的軍閥手裏。

百端打壓國會　實行鐵桿專制

袁世凱任直隸總督時，開始收買留日回國的學生。如張之本編輯有《法政叢編》一書，袁世凱當即購買一萬冊，並表仰慕之意，但張先生憶戊戌政變往事，對袁世凱早具戒心，其言不由衷，固灼然可見，而其手腕之圓滑與心計之工巧，殊足令人驚詫。

同樣留學日本回來的貴州龔某，年僅二十餘歲，即獲少將銜，袁世凱召見時，對他說：「在外國官拜將軍，非年紀甚大不可，汝以弱冠膺此重任，誠屬少年有為，將來未可限量。」又問：「以前曾至北京否？北京聲色甲天下，速乘此機會暢遊。」隨即飭其會計與支票簿一本，任其隨意取款花費，這些年輕人哪裡禁得起這般腐化，龔某因以墮落。

袁世凱曾以同樣手段施於宋教仁，宋先生窺破他的不良居心，堅持革命立場如故，袁氏忌懼交並；竟唆使爪牙暗殺之。總之，袁氏為達其目的，先是以利誘威脅，繼之以陰謀毒害，手段無所不用其極。

北洋各派都是小圈子集權，而欲政治不腐爛，就必須分權。但北洋的作為，與此背道而馳。首先他們在小圈子都很難分權。即使分權仍解決不了一些很重要的問題，因為那是蠅營狗苟的酬庸。必須在圈子外分權，這就是國會的正常運作。但北洋十幾年，對國會的打壓醜劇歷歷上演，弊端層出不窮。

民國初年的憲政實驗，國會的建立是一重要設置和象徵。但議會及議員的形象一直為後人所詬病。「豬仔議員」的稱呼暗寓他們那不堪的情狀——被當作貨色出賣的可憐蟲。

事情的最初情形卻並非如此。

民初同盟會對於中國的現代化，工業化的經濟發展——這一迫切的實際專題有相當的考量。但倘若沒有一個開放、自由、民主的政體來支撐來作為它的依託，則經濟的起飛最終也必然鎩羽而歸，專制者的濫用權力，必將導致經濟的封閉窒息。所以當時的知識先進，就對造成一個國會強有力的代議制政府。

袁世凱在一九一二年初接替孫中山先生的臨時大總統後，即在外交和國事的措置上對參議院橫加掣肘。一九一二年七月他唆使軍警危險投反對票的同盟會及統一共和黨大肆恐嚇。有謂「若再不犧牲黨見，將以炸彈從事」，但那些保有血性的議員發言依然相當激烈。同盟會公開為國民黨後，成員大增，迷戀政黨政治的宋教仁聯合其他政治團體，以爭取參議院中的多數席位。他們中的很多人，都具有相當的良知和道義擔當，對袁世凱及內閣閣員的違法犯約玩弄國議會民的種種異動即時提出了彈劾。一九一三年在宋教仁遇刺及大借款案發生後，國會議員仍對政府提出四大彈劾案，一些省份的議會也對袁世凱的任用寵佞戕害言論自由提出彈劾，要求其到議會作出解釋。多數議員都還是正直無私的。袁世凱對地方大員也大肆行賄，如給李烈鈞二百萬元為壽並晉勳爵一位，「余思建勳於國家，豈丑類所得誘餌。袁見不能利誘，嫉妒頗甚，欲去余尤急」（《李烈鈞將軍自傳》）。

但手握兵權的袁世凱對國會恨之入骨。一九一三年的六、七月間，國會參眾兩院推出憲法起草委員會委員六十人，其中國民黨籍議員占半數以上。也就在同時期，袁世凱在漢口搜查《民國日報》報館，大規模拘捕黨人，遭殺害者就有三百餘人。

殺害、掣肘、制約、恐嚇、收買，排擠、換人，袁世凱用種種陰暗手法，為此後國會發展史開了惡例，國會功能漸歸於零。一九一三年夏天，參議院議長張繼被迫離開北京轉赴上海，就是感到時局已不能用法律挽回。袁世氏所控制的議員「始終搗亂，常流會，不足法定人數，不能開會。」（《張繼回憶錄》）

以後的議員，就看當局的出價，受賄舞弊，聲名狼藉，全無原則心肝。一次蘇俄大使宴會，上來大盤烤乳豬，與會者看著國會議長副議長竊竊私語，暗笑不已。有人向大使咬耳朵，他也忍俊不禁。蓋「豬仔議員」已成日常生活典故矣。又一次例會，攝影師照相須用鎂光粉，點燃時閃光震耳，顢頇議員以為是爆炸，乃奪路而逃，有人甚至鑽到桌子下面，高喊「我選的是袁世凱！」因為這些議員，好多是賄選而來，對國事的態度以是否有利其私欲為標準，其進退取決於袁世氏個人，而非國民公論，怎麼期望他能對人民負責呢。辜鴻銘參加北京飯店的外交聚會，就遇到賄選的議員，乃指著這人，操英語向周圍說到，「這傢伙要用八百大洋買我的選票，諸位，我辜鴻銘如此之卑賤嗎？」

袁世凱正是一個堅持人民程度不夠所以不能實行民主的鐵桿專制者，守秕政若瑰寶，視輿論為寇仇。一九一五年夏，他對美國法學家古德諾談話，名記者陶菊隱報導，即謂人民程度遠遜歐美，應行君主政體云云（參見陶菊隱《政海逸聞》）。這種論調，國人耳熟能詳。然而，就算人民程度不夠，難道他們倒因此對專制鐵幕情有獨鍾嗎？沒有民主政治的調理，人民的素質，反而將永遠低下。那才是專權者所夢寐以求的。袁氏末年公開實行帝制運動，其身邊宵小「請願」「勸進」，做出種種離奇荒謬的事體，導致全國民眾奮起申討，函電討伐，紛紛不絕，可見素質低下者不是老百姓，正是利令智昏的專制者。

議會是維護法治的重要支柱。議會的作用是制定反映人民價值觀和迫切事項的法律，同時確保人民的根本權利受到尊重和促進。袁世凱當政後期，乾脆解散國會，造成民國政治史上最黑暗的一頁。

袁世凱和北洋的痛穴所在，民主、共和的畫皮已失去利用價值，這是大盜竊國的起點。民初，袁世凱利用辛亥革命的力量，先以共和之名迫清帝遜位，後派人行刺北上就任國會議長的宋教仁，扼殺共和，恢復帝制，登基做了洪憲皇帝。這就成了竊國大盜。打內戰時那麼神勇，卻無膽量和胸襟在野和與別人分享權力。

中國人的民主權利一年復一年賠葬掉了。國人從此只有蠕動苟且的權利，一代一代地失去投票權。清朝廷好歹還描繪了一張畫餅，告訴閣下明日復明日就可以立憲了，限制君權，開放民權，云云。可是北洋軍閥卻把已成現實的、貨真價實的的一張黃金大餅擺在桌面，讓他們這般混球肆意辱弄，暴殄天物，把一張可口的、救饑荒的美味弄得滿目污穢無法下嚥。最後還被他們一隻隻骯髒的賊手橫掃推下臺面，踢進垃圾堆不見天日。

議會的作用在此幾十年前就被鄭觀應等前賢闡述得淋漓盡致，議院之形成，運作，規則、人員，議院立法之方式、形式，皆以英、德為範則。其作用，「而昏暴之君無所施其虐，跋扈之臣無所擅其權，大小官司無所卸其責，草野小民無所積其忿，故斷不至數代而亡，一朝而滅。」

到了北洋肆虐的時代，一切所作所為都是與民主民權背道而馳。

稱帝復辟　戰端又起

袁世凱陰謀稱帝，他的馬仔親信多不看好，甚至公開反對，而在辛亥革命期間起來的閻錫山卻一反常態，連電勸進，並向籌安會提供經費銀幣二萬元，發表他的論點：「非厲行軍國主義不足以圖強」，要求「廢共和而行帝制，以帝制而行憲政」，袁世凱喜出望外，於稱帝後，即封閻錫山為一等侯。

二次革命失敗後，袁世凱下令取締國民黨，取消國民黨議員資格和解散國會，圖謀復辟帝制。一九一五年底至一九一六年雲南等省組織護國軍，反對袁世凱復辟帝制，維護中華民國民主法司，是為護法戰爭。到了蔡鍔在雲南成立護國軍，發佈討袁檄文，閻錫山仍傾向袁世凱，並要宣示蔡鍔、唐繼堯等人的罪狀，予以褫革。這些行徑留下污漬，到了北伐後頗難解釋，但閻先生也有他的說辭，他說這乃是根據孫中山的指示，為了保存北方革命力量而採取的措施！

袁世凱稱帝時節拉攏山西閻錫山。袁世凱時代之籌安會，自從所謂六君子——楊度、孫毓筠、嚴復、劉師培、李燮和、胡瑛——發起籌安會之後，很看重山西方面的力量，這是因為華北民軍勢力，在山西較為突出，故其竭力拉攏閻錫山，派員往返太原，一面說服今日帝制之必要，一面偵察山西之行動，閻錫山告訴使者，今日中國民主的勢力雖在萌芽，但日長一日，諸君子謀國固有苦衷，逆勢終當顧慮，知六君子之出謀籌安，實非主動。先是多少清廷舊臣，擁袁氏做皇帝，無所不用其極，慫恿袁氏做皇帝者，一部分是頑固，一部份是諂媚，一部份是滿洲舊臣，藉此陷害袁氏，報復其迫清帝退任之怨。袁氏雖經多人慫恿，終未動意，最後日本皇室，轉達日本皇家之意，其言最甘最巧，他說：「日本的政體，向以中國為嚆矢，中國的民國，實足以影響日本的皇位，為日本計，不得不力謀取消中國的民主，而藉以維持日本的皇室地位，如袁氏要做皇帝，日本當表最大之同情。」當時英國公使朱爾典，對袁氏做皇帝亦表同情。蓋袁氏自有稱帝之心，無能為之諱，其所以促成者，中外人士，亦不能辭其咎。尤其中國滿人之報復，日本之陰謀，袁氏不察，自不能不責袁氏欲以蔽智也。

籌安會密謀期間，中山先生的部屬和梁啟超的進步黨，都曾派人赴雲南策動反袁起義。一九一五年年末，前雲南督軍蔡鍔與雲南將軍唐繼堯等人，遂宣佈雲南獨立，蔡鍔、李烈鈞分任第一、第二軍總司令，唐繼堯任都督府都督兼第三軍總司令。計畫第一軍攻川，第二軍入桂、粵，第三軍留守雲南，乘機經黔入湘，爾後各軍在武漢會師北伐。另由都督府左參贊戴戡率一部兵力入黔策動起義。袁世凱急令北洋軍並川、湘、粵等省部隊八萬人，分頭攻滇，企圖一舉殲滅護國軍。第一路司令馬繼增率北洋陸軍三個師各一部及部分混成旅，由湘西經貴州攻入雲南，第二路司令張敬堯率北洋陸軍四個師各一部，與川軍會合由北面進攻雲南。曹錕指揮第一、第二路。第三路為廣東龍覲光部，由粵經桂入滇，襲擾護國軍後方。

四川方面，一九一六年初，蔡鍔所部劉雲峰梯團抵達滇川接壤之新場。一月十七日，攻擊川南鎮守使伍祥禎部，次日進據四川高縣西北，十九日，向宜賓西南進攻。嗣後，袁軍分四路反攻敘府，均被擊退。

二十七日，貴州護軍使劉顯世宣佈貴州獨立，並派出兩路黔軍協同雲南護國軍作戰。蔡鍔所部趙又新梯團一部與已起義川軍劉存厚第二師，於二月初聯合向四川瀘州發起攻擊，一度佔領瀘州週邊藍田壩、月亮岩等要點。蔡鍔根據敵我態勢，決定採用兩翼包圍、正面突破戰術，以攻勢防禦消滅袁軍。三月中旬，護國軍全線突破袁軍前沿陣地，殲敵一部。至三月底，陸續收回失地。袁軍傷亡甚眾，無力繼續作戰。

湘西之戰，王文華率護國黔軍於一九一六年一月下旬進抵黔湘邊境後，立即分路向湘西袁軍進攻。三月中旬，袁軍向麻陽、黔陽等地發動反攻。護國黔軍頑強抗擊，牽制湘西袁軍向主要方向四川轉移兵力。

滇桂邊之戰，李烈鈞部於一九一六年二月二十日由昆明向廣西開進。三月初，在滇桂邊境之廣南、富甯地區與龍覲光部展開激戰。袁世凱三路攻滇計畫失敗，加上在廣東、山東等地袁軍亦遭到打擊，外交上又連受挫折，被迫於一九一六年三月二十二日宣佈撤銷帝制，但仍居大總統位。為徹底推翻袁的獨裁統治，五月八日，已獨立的滇、黔、桂、粵等省在廣東肇慶成立對抗北洋政府的軍務院。不久，陝西、四川、湖南等省相繼宣佈獨立。袁世凱益陷窘境，六月上旬暴斃。

專制依託　手中兵柄實為私家部隊

袁世凱何以能在改朝換代的緊急關頭如此霸悍淡定？如此不可一世？如此牛皮哄哄？如此成竹在胸？如此豪橫跋扈？如此一意孤行？如此從容不迫、步步為營？如此蓋世無雙、壯志凌雲？因為他覺得他有森嚴堅實的壁壘，他覺得他有力大無窮的鐵拳，覺得渾身每一個細胞都在向外迸發飽滿的力量。

所有這一切的依託，就是他手中的兵柄，所謂新建陸軍這樣一個形同私家部隊的怪胎。

袁世凱出生於一八五九年九月，到現在有一百五十年了。但他只活了五十七歲。這個攪動近代政壇的一代奸雄，靠新軍起家，屢次押寶得勢，居然依靠軍事力量悍然稱帝，最後卻驚悸而死，可以說是成也新軍，敗也新軍。

新軍的建立和袁世凱的起家。袁世凱早年胡天胡地，不喜歡讀書，而好談兵打仗。當時吳長慶在山東做提督，他投效其麾下，由吳氏的幕僚張謇，當他的老師教他文化。

一八八二年，朝鮮兵變時，袁世凱隨吳長慶部入朝，恢復李熙的帝位。袁世凱因功官升五品，他深覺軍功比科舉更容易來事，從此著眼這方面的發展。

數年後，吳長慶率一部回國，袁氏留下，協助新來的提督吳兆有。這時袁世凱開始向李鴻章打吳長慶的小報告，李、袁關係由此不斷拉近。此時他為「欽差大臣會辦輔鮮防務勞務處」，他把這個銜頭用到極致。他拿大把錢財回國賄賂各地官僚。因為大把撒錢，一時間「譽滿京華」，朋友多得很。

一八九四年，李鴻章麾下聶士成一部由直隸提督葉志超率領入朝平亂，而日本羽翼頗豐，也派兵入朝，袁氏見李鴻章和葉志超示弱，立即回京，另覓新主，在京見到督辦軍務處的核心人物榮祿，大獻殷勤，一拍即合。

這時張謇已中狀元，袁世凱立即又投過去，提供材料檢舉他的恩人李鴻章。

甲午戰敗後，國人深受刺激，青年多有投筆從戎學軍事的，出現一個棄文從武的高潮，紛紛出洋學軍事。

袁世得知軍事制度將有變更重建整修，馬上請人捉刀寫了一部兵書散發。且放風說外國人如何詢問關切他袁世凱的近況，正在多方打聽中，此係「出口轉內銷」的資訊傳遞方式，造成他通悉戎機，兵學雄才的輿論氛圍，遂得朝中大臣的推許。

一八九五年，奕譞、奕劻奏請改革軍制，建議在天津成立一支「新建陸軍」，保舉袁世凱督練。他從此奠定起家的基礎。

新軍的建立，遠因是太平天國對清廷的打擊，正規部隊（綠營）戰力低下，甚至不堪一擊；近因是一八九四年的中日甲午海戰，李鴻章編練的北洋海軍全軍覆沒。

袁世凱認為清軍所以不能一戰，有基本的原因，就是在一切編制和組織上都不能符合時代，所以須從基本的軍制上革新，參用西法，嚴格訓練。

一八九五年，袁世凱任新建陸軍督辦。在天津附近小站這個地方開闢基地，訓練新式陸軍。他的班底有：王士珍、馮國璋、段祺瑞、曹錕、張勳等，幕僚長是徐世昌、唐紹儀。

最初，清朝設立督辦軍務處，來作為新軍陸軍的管理機構。一八九八年秋，又設訓練大臣作節制。

此時的營制，和後來新式軍隊的「營」不是一個概念，它就是一支部隊的單位，丁中江先生《北洋軍閥史話》說「袁世凱獲准精練一萬二千人，作為新建陸軍的基本武力。其中包括步隊八營，共八千人；炮隊兩營，共兩千人；馬隊兩營，每營五百人，共一千人；工程隊一營，計一千人。以步隊為主，炮隊為輔，馬隊巡護，工程隊供臨時調遣。在編制上分為兩翼，設統領二人，下設分統、分領訓練，每分統統轄步隊二千。」

這個時期北洋各軍統歸榮祿指揮。袁世凱的新軍人數不多，但戰鬥力很強。

手握精兵　陰謀押寶

在戊戌變法最危急的關頭——一八九八年九月十四日，光緒賜康有為、楊銳密詔。「朕唯知時局艱難，非變法不足以救中國；非去守舊衰謬之大臣而用通達英勇之士，不能變法。而皇太后不以為然，朕屢次幾諫，太后更怒，僅朕位幾不保，汝康有為、楊銳、林旭、譚嗣同、劉光弟等，可妥速密籌，設法相救，朕十分焦灼……」

譚嗣同、康有為捧詔痛哭。竭力主張運用袁世凱扭轉大局。密奏光緒，臨時提拔袁世凱，以侍郎候補專辦練兵事務。

譚嗣同建議到法華寺袁世凱的寓所，打開天窗說亮話，激起他的義憤。林旭認為使不得。林旭似乎對袁世凱很警惕，他建議運動董福祥。九月十八日，康有為召集譚嗣同、梁啟超、康廣仁、徐仁祿等在南海會館商討挽救新政辦法，彼此相對哭泣。譚嗣同還是直接奔赴袁世凱寓所，直接問他，皇帝如何？！袁世凱反應很快：「皇帝啊！那是我們的曠代不遇之聖主！何消說！」

譚嗣同說，天津閱兵事項，想來你是知道的。要救皇上，此其時也，隨即拿出密詔示之。並說，你要是想富貴騰達走捷徑，馬上可以提著我的頭去頤和園。

袁世凱馬上賭咒發誓，他說，皇上是我們共同侍奉的曠代聖主！救護之責，不是你一個人才有的，我還在這裏！你要我做啥，請直言！

譚嗣同說，榮祿的密謀，主要是想借天津閱兵控制全局，閣下和董福祥、聶士成三軍，雖然都受榮祿節制，但要借重你們的兵力成事。只是董、聶二人不足道，「天下健者，惟有足下，若變起，足下以一軍敵彼二軍，保護聖主，復大計，清君側，肅宮廷，指揮若定，不世之業也。」（楊廷福《譚嗣同年譜》）

平心而論，譚嗣同的這個認識，對事勢的輕重分佈看得相當深透，而最為關節的樞紐，是對袁世凱本人的認識，卻完全看走了眼，而他自己似渾然不覺。

袁世凱接話道：假如皇上藉閱兵的時候，疾馳走避到我的部隊中，「傳號令以誅奸賊，則僕必能隨君子之後，竭死力以補救。」譚嗣同說，但是榮祿對你素來不錯，你怎能做到突然翻臉？袁世凱笑而不答。

榮祿的陰險巧詐，實際上袁世凱也是心知肚明的。但是袁世凱天生一流演員的料，檢驗他對譚嗣同所說，邏輯清晰，富於針對性，技術手段的措置不無道理，不要以為這些都屬空話，或者搪塞，假如改良派有特殊方法控其致命要穴，則其必按既定路線行之，那麼成事業大有勝算之把握。

譚嗣同果然一腔率真，他還替袁大頭擔心，他說，榮祿確實是王莽、曹操之類的絕世之才蓋世之奸雄，你要慎之又慎啊。

袁世凱演戲感覺這時候上來了，彷彿進入角色不能自拔，他全然沉浸到角色的情緒世界裏面，他把眼睛猛地一睜，低聲吼道「若皇上在僕營，則誅榮祿如殺一狗耳！」

袁世凱的火氣上來了，反正他絕對有把握的是，譚嗣同和他的談話，絕對不可能由譚氏洩露給榮祿。他倆又商議了很多細節。袁世凱看看戲將演完，說道，現在事機已經非常危急，槍火彈藥都在榮賊之手，現在我們的事已經說定，不須再囉嗦，我要趕緊趕回去，不然麻煩了。

兩三天後，因為袁世凱的告密，政變發生了，改良派措手不及。譚嗣同歎道，我已毫無辦法，惟有等死了。九月二十三日，譚嗣同和江湖豪客大刀王五密謀，想把光緒從宮中劫持出來，但是榮祿的武衛軍已經重重保衛，冥思苦想，實在無從下手。

戊戌變法一班知識份子想利用袁世凱的軍事實力成事，卻不知這傢伙予以反噬。撲滅變法後，清廷論功行賞，予其山東巡撫一職，他居然是率領新建陸軍去上任，威風得很。這時新建陸軍奉命改稱武衛右軍。

再次押寶　死於非命

戊戌變法，袁世凱手握重兵，他選擇了一條險惡的道路，作為他個人，他認為他成功了。自此以後，很多細小的關節，他也曾屢試不爽。

八國聯軍之亂的次年，李鴻章病逝，袁世凱署理北洋大臣兼直隸總督。此時他大權大握，新軍發展成北洋常備軍，規模宏大，戰力強盛，各省開始仿效。

早先新軍編練屬於兵部，但到了一九〇三年前後，新成立練兵處，袁世凱為練兵大臣，掌有人事、財政、訓練、指揮全權，完全獨立於兵部之外。開始設立各級軍事學校，向外國軍校派員學習進修，奠定各省練兵基礎。

這個時期他開始大規模擴軍，在保定設立直隸軍政司。下設兵備處（劉永慶）、參謀處（段祺瑞）、教練處（馮國璋）。練兵處下麵有軍令司、軍政司、軍學司，其下又分出繁複細緻的機構各司其職。北洋六鎮全部建成，兵額達八萬人之多。到了一九〇六年的彰德秋操，調動直隸、河南、湖北三省新軍，步兵、騎兵、炮兵、工兵、輜重兵……三萬餘精兵，作大規模的野戰演習，氣勢龐大，令人震儡。其後，北洋軍的勢力由直隸擴展到華北、江南及東三省等地。隨著北洋軍的擴充，袁世凱及其親信結成死黨，逐漸形成一個以袁世凱為頭子且左右政治的武裝集團——北洋軍閥集團。

這個時代，是新軍建設的高潮，由雛形而成型，由摸索而走向正規，兵員充實，幹部素質提高，「定下了許多制度與規章，使新軍逐漸接近現代化的新式陸軍」（劉鳳翰《新軍編練及指揮機構的組織與變遷》）。

其後清廷看到袁世凱畢竟是個漢人，業已尾大不掉，開始警覺，遂於一九〇六年設立陸軍部，以鐵良為尚書，試圖抑制袁世凱。一九〇九年七月又設立軍咨府，相當於參聯會，為事實上的參謀總部，由少壯派滿清軍人良弼負責，全權指揮新軍編練。然而，就在此前後，革命黨已開始滲透新軍。

武昌起義前，內閣總理大臣奕劻、協理大臣徐世昌、那桐上奏辭職，請讓袁世凱執掌大權，說是只有他才能夠把中國「引上生活的常軌」，袁氏黨羽舊部也四起呼應，哄托「非袁不能收拾」的氣氛。

袁世凱重新得勢，採取撫剿並用方略平息革命。深秋時節，袁氏部下北洋陸軍攻陷漢口，即遣人與武昌革命政權談判，但均因袁世凱一方堅持君主立憲而導致破裂。這年底，袁世凱再次要求進行南北和談，和暗示可設法讓清帝退位，但需舉他為總統，黎元洪接受了一要求。

這些，都是由新軍發展壯大而來的軍事實力在起作用，袁世凱多次嚐到甜頭。

一九一五年底，這個傢伙遂悍然稱帝。然而，殊不料，時移世易，這一套已經不靈了。全國各界的反對使其面臨巨大心理壓力，而軍頭的疏離則使其心理崩潰。新軍的老班底，徐世昌消極，袁世凱策劃稱帝期間，全國鼎沸，處處聲討，徐世昌見之，立即辭職，悄然回到河南老家去了。王士珍反感，袁世凱稱帝期間，他稱病休假。段祺瑞、馮國璋等也深為不滿，以致公開反對……幾個月後，在全國一片怒斥聲中，袁世凱憂懼而死，死前熱董抽搐。這年他是五十七歲。從某種角度來說，他是成也新軍，敗也新軍。

北洋餘孽　戰禍相尋

袁世凱死後的頭一、兩年，三大派系的軍閥逐漸形成，首先是皖系形成，段祺瑞以其掌握政府事權的地位，拉攏北洋軍人，靳雲鵬、徐樹錚、吳光新、曲同豐、傅良佐等，依靠過來。而安徽倪嗣沖、山東張懷芝、福建李厚基、陝西陳樹藩、浙江盧永祥、湖南張敬堯、山西閻錫山、兩廣龍濟光、四川劉存厚紛紛投靠過來。

直系也逐漸同時形成。一九一八年秋馮國璋下臺後，曹錕、吳佩孚站到前臺，實力急劇膨脹。張作霖在東北佔有全境，利用空檔，招兵買馬，形成奉系。

幾派勾心鬥角、翻雲覆雨，戰雲籠罩。

一九二〇年夏，直皖戰爭爆發。吳佩孚藉口撤防北歸，段祺瑞遂在南苑佈防，挾總統徐世昌以令諸侯，組成定國軍。第一路司令兼戒嚴總司令段芝貴，第二路司令兼前敵總司令曲同豐，第三路司令魏宗瀚，第四路司令劉詢。

直系則在保定組織討逆軍。曹錕任總司令，吳佩孚任前敵總司令。率兵直逼京師。通電有謂「段氏祺瑞，秉性兇殘，專擅恣睢，陰賊險狠……民國九載海內分崩，追原禍始，段為戎首。」

戰爭打到第四天，直軍一路突破，皖軍瓦解。直奉聯軍進京包圍段公館。皖系政客作鳥獸散，段氏被逐出北京。

袁世凱死後四年間，北京政局為皖系所把持。他們聚斂財富，用作龐大軍費開支。為實現武力統一，加緊對國內作參考的經濟掠奪。北京政府的歲入總數中，一半以上用作軍費開支。馮玉祥曾回憶這段時間段祺瑞給他數十萬錢，他不要，他說那數字龐大得令他震恐。

左手拿錢，右手又用於打內戰的支出，段政府出賣礦山、鐵路、電訊的經營權，甚至領土主權，以贏得主政之權。

期間，日本人的上下其手、勾結引誘確不可忽視。鄭孝胥筆下「李季高來，龜井、波多來，談南北大局及日人處置袁世凱之法」（《鄭孝胥日記》一九一六年四月二十八日，中華書局版）。

六月七日，鄭氏又寫道：「袁世凱病死，黎元洪為總統，段祺瑞為總理，日本允以兵力助段，保北京治安，段辭之。」

六月八日：升吉甫至濟南，約張懷芝共圖復辟，聞今日歸青島，乃日本海軍無線電所報。日人謂：馮國璋、張勳、張懷芝如果能舉義旗、倡復辟，當以鹽政餘款二千萬為軍餉。姚賦秋候南京胡琴初來信，即謁南京、徐州而往青島。余言，三鎮不相統屬；果同意起義，宜以升吉甫為總參謀部，主兵餉事。張勳現令王寶田至南京結馮國璋。

閻錫山談袁世凱去世後的情形，北洋軍閥失去主腦，遂成群龍無首，各謀擁戴，覬覦元首，對革命黨而言他們還算整體，但其內部的分裂，則日甚一日，爭權奪利，不惜戰禍相尋，閻錫山遂宣佈了三不二要的主義，總目的在不參加軍閥的內戰，以保境安民為目的。於是遭北洋軍閥之忌，無論某派當政，均謀奪取山西，閻錫山說他以獨立不懼的態度處之，聲明晉軍不出山西一步，但有來侵者，必惟力是視。山西於是有兩次戰事，一是馮玉祥攻晉，一是樊鍾秀攻晉，但他兩人，已不是純粹的北洋軍閥，均掛有國民革命軍之旗號，均經閻錫山擊退，得保山西之安寧。

清朝的鬼　張勳全面復辟

當一九一六年初夏時節，鄭孝胥就時局判斷，寫道：

「丁衡甫來談，余語之曰，不出數月，全國將有大兵變之禍，其端之可見者有三，統兵者闒茸下材，不能治眾，一也。財政紊亂，餉源將絕，二也。革命黨暗中煽動，三也。禍之作也，如遍地火發，飛煙走焰，莫能相救。而日本兵艦遂入長江，並據各省通商埠頭，袖手旁觀。無能聯合主持者，於是干涉內政、更定國體之事至矣。全國亂機已熟，人心無主，所謂琴瑟不調，必改弦更張，乃可調也」（鄭孝胥一九一六年五月二十八日日記）。

這種兵變之大禍，首先就是張勳復辟。

張勳小時候是江西奉新縣一個村子裏的牧童。一八七九年當兵，甲午戰爭時隨提督宋慶調駐奉天，後隨袁世凱開往山東鎮壓義和團。袁世凱在小站編練新軍，招張勳為小站兵營頭等先鋒官，從此張勳步入北洋集團，其後擔任慈禧太后的扈從，一九一一年擢升為江南提督。袁世凱奪取總統權位後，他依然故我，效忠清室，禁其部卒剪去髮辮，人稱辮帥。二次革命期間率軍攻下南京，縱兵殺掠，袁世凱賞他長江巡閱使。張勳入南京，此公陰欲與馮國璋爭功，並下令三天不封刀，辮子並在南京大肆燒殺劫掠，造成民間重創。

張勳復辟前，總統黎元洪與國務總理段祺瑞爭持不下，居然招張勳入京調解。張勳便以調解黎、段衝突為名，帶領三千嘍囉於六月十四日入京。經過一番秘密策劃，在六月最後一天晚間入清宮，召開御前會議，決定發動復辟，恢復清帝國。深夜，張勳派兵佔據火車站、郵電局等要地，同時派人勸黎元洪奉還大政。

復辟那天，帝師梁鼎芬、朱益藩磕頭再三請益，溥儀說，你們究竟是教我讀聖賢書呢，還是導我入陷阱呢？民國優待大清，你們還想怎樣？陳寶琛就說，張勳已經率部入宮了！一切靠他。此際，神武門外，車水馬龍，辮子兵神情惘然，禁衛不知何為，請他改日再來。誰知莽夫張勳吼道：「大炮已架門外！再不開門，打炮！」禁衛心裏發慌，一面上奏，一面開門。

七月一日的凌晨，夜色濃厚，張大辮子所率辮子軍，湧進城門，直衝紫禁城。蠕動的隊伍，彷彿墳墓中竄出的幽靈。張勳本人，則在養心殿內，向童年的溥儀三叩九拜。溥儀《我的前半生》回憶當時情形，說是張勳再三請他重定，目的是拯救萬民，打掉那不合國情的共和方式，溥儀並不領情，他說道「我年齡太小，無才無德，當不了如此大任。」但是張勳不依不饒，引用康熙幼齡登基的故實來印證，於是溥儀順水推舟，答應勉為其難。

這一天，張勳同康有為等三百餘人正式擁立溥儀登基，當即連發八道上諭：封黎元洪為一等公，授張勳、王士珍、陳寶琛、梁敦彥、劉廷琛、袁大化、張鎮芳為內閣議政大臣，恢復宣統三年的官制，授梁敦彥為外務部尚書、張鎮芳為度支部尚書、王士珍為參謀部大臣、雷震春為陸軍部尚書、朱家寶為民政部尚書；授徐世昌、康有為為弼德院正副院長；授張勳為政務總長兼議政大臣、直隸總督兼北洋大臣，留京辦事；馮國璋為兩江總督兼南洋大臣授陸榮廷為兩廣總督；曹錕為直隸巡撫……

以下尚有一大堆名單。就這麼短短十餘天的復辟，就封官許願，安排出一個新的帝制政府來，這個政府介於影子和實體之間。

七月二日午後，黎元洪拒絕合作，逃入日本使館內之武官齋藤少將官舍避難，日人諸般衡量，決定作相當之保護，即以使館區域內之營房暫充黎氏居所。黎大總統在日使館時期內，答應禁絕政治活動，但卻電令各省出師討伐，段祺瑞於是組成討逆軍，於天津馬廠誓師討伐，攻入北京。

張勳復辟，和段祺瑞干政及其在後袁世凱時代的亂局，其關係密如絲網。

一九一四年，歐戰爆發不久，英美法俄就提議中國參戰，對德絕交，但日本竭力反對，後美國由積極勸說轉為反對，日本則由反對轉為阻撓。

一九一七年二月，段祺瑞往見黎元洪，要求中國對德國先絕交後宣戰，再加入協約國，而親美的黎元洪則以為此舉不妥。三月三日，段祺瑞內閣自行通過對德絕交案，次日要求黎元洪批准，黎元洪拒絕，而段祺瑞以撂挑子相威脅。後在副總統馮國璋調停下，黎元洪和國會才批准絕交，段氏回來任職。

五月中旬，國會在是否參戰問題上舉棋不定，段祺瑞乾脆組織軍隊和「各界人士」包圍國會，脅迫毆打議員，企圖強行通過議案，國會也不示弱，呈請黎元洪免去段祺瑞的職務。黎元洪得到美國公使的許可後，毅然免去段氏的總理職，段氏以國際通行的內閣制規則，要求總理副署，否則，任何後果他不負責。進而宣佈辭職，並準備武力討黎。

段祺瑞辭職後住進天津的段芝貴的宅子，唆使部分省督軍通電脫離中央而獨立，且在天津設立軍務總參謀處，聲言將另訂大法，設立臨時政府。形勢劍拔弩張。到了六月中旬的一天，張勳帶著十五輛小福特汽車，張車居中，前後各七輛，滿載穿便衣帶手槍的辮子兵來到段宅，張勳光著頭，拖著一個長辮子，穿著大馬褂，手持黑扇，滿面風塵，和段祺瑞密談半個小時。臨行送到客廳門口，段問：你幾時去北京？張答，今天下午就去。段說：好吧，你到北京看著辦吧。

這樣的情況下，安徽督軍張勳主動率領其辮子軍於六月十四日進京調停。張勳宣佈解散國會，將黎元洪趕進使館區。七月一日，公然擁出廢帝溥儀復辟，自封議政大臣兼北洋大臣、直隸總督，全國輿論大嘩。

張勳並不按照段祺瑞的意志行事，而是另有懷抱，段氏一看形勢走高走險，馬上拉下臉來。他派親信曾毓雋到徐州，對張氏聲明：「如議及復辟，段先生必盡力撲滅，勿謂言之不預也」（《文史資料選輯》第四十一輯，二十三頁）。其實呢，這話當張勳進京途中見到段祺瑞時，段氏就曾明言：你如復辟，我必打你！（見張國淦《中華民國內閣篇》）。段氏回訪張勳時，又對他欲復辟帝制一事和緩指示道……就算北方答應了，南方也決不會答應，我看這事還是慢慢來。

但張勳的進京目的是既定的。他不會順段祺瑞的指揮棒。

張勳利用段祺瑞，段祺瑞更要利用張勳，兩者的關係，愈絞愈錯綜。張勳一意孤行，而段祺瑞也求之不得，他看到了武力再起的絕佳藉口。天津設立討逆軍總司令部時節，他自任總司令，段芝貴、曹錕分任東、西路軍總司令，吳佩孚為前敵總司令。並在馬廠誓師討逆，通電復任國務總理。討逆軍攻勢凌厲，十二天後，張勳落敗躲進荷蘭使館。段祺瑞以三造共和的功臣凱旋，重掌中樞大權。這時候，國會已經解散，段氏的國務會議將對德宣戰案以大總統命令形式頒佈。這時候是直系的馮國璋代理大總統，他倆的矛盾及府院的矛盾又見激化。

段祺瑞此時借助日本支持，解散國會，廢除約法，編練參戰軍，威懾其他系統的軍隊。同時扶植王揖唐為首的安福俱樂部，此前，部分段系議員常常聚會於北京西城安福胡同的一個四合院，議論時政，並以地名定名安福俱樂部，由是形成安福系。成員主要有梁鴻志、曾毓雋、王揖唐等官僚政客。

安福系的惡政主要是操縱國會選舉，試圖將段祺瑞推上總統寶座。平時對靠近的國會議員發給每月津貼三百元，投票時另有大禮。又將一些省份如山東分成幾個選區，發給大筆選舉費，以圖包辦。

黎元洪既已拒絕與復辟分子合作，逃入日本使館避難。段祺瑞呢，早前兩次放話，復辟必打！他借助全國反對復辟的聲勢和日本政府的財政支援，組成討逆軍誓師討伐。

至於討伐張勳戰鬥過程，在七月初，討伐電發出，然後就打起來了。張勳部隊在東安市場連接金魚胡同一帶及東華門大街兩旁，均堆積大量麻袋，設置防禦工事。

蔡成勳第一師進攻張勳住宅。

七月七日至九日，發動了兩個晝夜的猛攻，張勳辮子兵憑藉皇城城牆的厚實堅固，奮力死守。第一師的營長杜奎請示以施以炮轟，九日夜，徵集石匠多人，在東華門附近皇城城牆，開鑿洞口，設置小鋼炮陣地，配以重機槍，十日夜晚發起總攻擊。槍炮齊發，守軍死傷枕藉。十二日戰鬥結束，兩天後，段祺瑞返回北京。

段祺瑞和黎元洪的矛盾沒法解決，授意段芝貴等把張大辮子張勳捧出來，叫他出面調停。默許他復辟的把戲。

張勳帶著康有為秘密到天津，陰謀復辟，一面作和事佬，給黎元洪說，只有解散國會，其餘的事情好商量。黎元洪先是拋出不簽字、不解散國會、不怕死的三不主義，後來竟然無一例外的變成三也主義：也怕死、也解散國會、也簽字。

但是代理國務總理的伍廷芳對解散國會的命令拒絕簽字，認為這是非法。張大辮子下不了臺，至此惱羞成怒，跑去見伍代總理，從腰裏掏出刀子，向桌上一拍，忿怒地說，你怎麼不識時務？

伍先生說，非法解散國會，我死也不蓋印的，你知道我是個基督徒，正怕上不了天堂，你殺了我，我正好上天堂去，我感謝你。

張勳也奈何不得他，就把江朝宗捧出來，江朝宗表示他若當總理，將積極配合。於是江朝宗登臺。他的第一個命令，就是解散國會。

張勳也登臺了，他擁溥儀登基，自封忠勇親王。到處懸掛龍旗。

國家大難又至，深切凸現革命不能徹底的危害，專制勢力一個勁兒膨脹作祟。

段芝貴動員駐防廊坊的馮玉祥第十六混成旅打張勳。馮玉祥在廊坊佈置陣地，與附近萬莊的張勳部隊對峙。偵察虛實後，知其兵力虛弱，遂開始攻擊。前線剛一接觸，張勳的部隊就摧枯拉朽的敗退下去。

馮玉祥到了豐台，曹錕、倪嗣沖、段芝貴的部隊也陸續到達。

張勳異常倔強，對調停置之不理，於是明令討伐。到了右安門，綁了五十把天梯，天亮時爬入城內，從午後直打到天明三點鐘。張勳見大勢已去，逃入荷蘭使館。

形式各異　復辟實質則一

閻錫山談張勳復辟的前因，認為張勳復辟，段祺瑞揭起反復辟之義旗，約他派隊參戰，「我始踢破門羅主義，派一個旅由商震帶往北平參加作戰，戰畢我即撤回山西，我深不願與北洋軍閥之部隊混在一處。」

民國六年（一九一七）三、四月間，在北平舉行督軍會議，適為張勳復辟之伏線，亦即反對復辟者之團結，「其時主張復辟者，以張勳為首，而反對復辟者，以段祺瑞為首，復辟者之口號，是別圖擁戴，反對復辟者之口號，是不得別圖擁戴，此為會議後之筆戰焦點。這一種筆戰外，電報有百餘個，存在我的要電錄中，欲知詳細，須閱各方之電。此實為北洋軍閥最驕橫之一段歷史，亦即北洋軍閥失敗之一幕悲劇」（〈閻錫山先生答客問的自述〉，見《傳記文學》雜誌總第一八六號）。

次年新任大總統徐世昌發佈命令，對張勳免於追究。

張勳復辟之事，知識界也有醜陋表演。一九二三年張勳在天津公館病死，運回江西奉新安葬，知識界作文哀惋者所在多有。

劉廷琛參與張勳復辟的策劃，係首席謀士。他寫到：愧佐公之無狀，墮大功於垂成；負吾君與吾友，雖萬死猶輕。

鄭孝胥則因未能參與機密而遺憾。跟十餘年前調侃端方的調子一樣，他的馬後炮又來了：「使我早識公，救敗豈無術；猶當歌正氣，坐得桑榆日。」

以張勳復辟為界限，民國成立以來內閣制與總統制、北洋集團與革命黨人的制度之爭、政見之爭，演化為赤裸裸的力量博弈和軍事較量。此外，張勳復辟還間接使得吳佩孚、馮玉祥兩個北洋後輩嶄露頭角。

中山先生怎樣看待張大辮子呢？先生對其不無憐憫。七月二十一日，他致電盤踞廣西的陸榮廷，就說到「張勳強求復逆，亦屬愚忠，叛國之罪當誅，戀主之情可憫。文對於真復辟者，雖以為敵，未嘗不敬也。」張勳此類人，緣於頭腦的限制，無法與歷史溝通，也即自動切斷了其生命心性的脈絡。張勳是莽夫，段祺瑞就例外嗎？也不儘然，馮玉祥在他的回憶錄中寫到這個時候的段祺瑞，一九一七年五月，段氏在眾議院提對德宣戰案，遭受否決，段祺瑞的左右就雇傭許多伙夫僕役拿著旗子在街上遊行，要求參戰，說這是民意。有人問他們幹什麼，他們就瞪著兩眼，說：不知道！我們是雇來的。復辟的骨幹分子是陸軍總長王士珍、步軍統領（俗作九門提督）江朝宗、員警總監吳炳湘、第十二師長陳光遠、第十三師長李進才，及康有為、劉廷琛、沈曾植、勞乃宣等，這裏面沒有段祺瑞們的影子嗎？不過是另一種形式的復辟罷了。

中山先生一語道破天機：張勳、馮國璋、段祺瑞之流的紛爭，不過是穩健復辟派和激烈復辟派的戰爭（參見《孫中山年譜長編》一〇四二頁）。再說了，北洋政府時期更有府院之爭，此則早在袁世凱初就位時，即已埋下禍根。民國元年，張之本到北京參加司法會議後返回武昌，對黎元洪談到他的觀感，說是北京有兩個政府，黎元洪問其故，張先生說，形式上之政府屬國務院，實際上之政府在總統府辦事處，等於清廷之軍機處，受袁氏直接控制。黎元洪聽後默然無語，似有所悟。

出師討逆，發動護法

因張勳強迫黎元洪解散國會，引起孫中山在廣州呼籲國會議員南下，命令各省革命黨人出師討逆，發動護法運動。

政局紛擾，國會再被解散，中山先生再赴廣州倡導護法，國會議員群集廣州，舉行非常會議，組織中華民國軍政府，選舉中山先生為大元帥，他由黃埔乘艦至廣州，在東堤登岸，當時僅有熊式輝（時任駐粵滇軍團附），率部到碼頭迎接，鼓號兵僅數名而已，從儀式上來說，這是很低調，說不上有什麼氣派，但就護法精神來說，則極為莊嚴偉大。熊式輝《海桑集》感慨道：「大元帥於此危疑震撼之中，險惡艱難之地，從容鎮定。身著陸軍大禮服，敬以處之，感以蒞之。珠江遠映，巍巍乎望之儼然中流砥柱，革命事業，原在斬棘披荊，天數難憑，人事為重。護法前途，就今日氣象卜之，應可樂觀也。」

中山先生這次從上海回到廣東，欲起護法之師，章太炎與之偕行。這次章太炎倒挺正常，他說，救亡的關鍵，就在護法，護法就是要討逆。「余此次與孫中山來粵，即欲切實結合多數有力者，大起護法之師，掃蕩群逆，凡亂法者必逐，然後真正共和之國家，始得成立。」這是太炎在其自編年譜中的夫子自道。

到了廣東，孫先生強調，此次堅持的事情有兩項，一是維護約法，二是恢復國會。他在全省軍警歡迎會上的演講則申說：救國不論成敗，只論是非。「故欲恢復民國，非先恢復辛亥革命時代之民氣不可」（《孫中山年譜長編》一〇四五頁）。

護法之役所護之法，係指一九一二年初臨時參議院所制定之《中華民國臨時約法》。顯然，護法之役是對辛亥革命的呼應。《民元約法》，內容共有七章五十六條。除了現代民主共和國所應有的主權、人權、政權、治權、疆土、法院，以及模仿美制上下兩院的國會等一般條文之外，最引人注目的便是臨時政府的模式由原有的美國式的總統制，改成法國式的內閣制了。約法規定，內閣總理直接向國會負責，因此大總統就變成虛位元首了。

護法運動展開，海軍發表聲明加入護國軍，主張恢復民元臨時約法。

海軍總長程璧光率海軍即起響應，親率部分艦船南下廣州參加護法，中山先生視海軍為護法事業的「一大偉力」。

七月，程璧光派遣「海琛」號等艦載送孫中山、廖仲凱、朱執信等到廣州，並在滬發表海軍討賊檄文，成為全國護法之第一聲。同月下旬，程璧光偕艦隊司令林葆懌率艦隊南下來粵，各界開公歡迎者達數萬人。程部駐紮於廣州海珠，為國民革命大壯聲勢。但當時兩粵為桂系軍閥陸榮廷、莫榮新勢力所盤踞，彼等勾結北洋軍閥，陰謀架空孫中山之臨時軍政府，攫取地方實權，亦圖誘使程璧光入夥，以達到瓦解孫、程合作後之國民革命力量。

程先生系中山先生同鄉，早年他的兄長程奎光與陸皓東等在一八九四年曾參與中山先生籌畫廣州之役。

一九一七年九月上旬，護法政府成立，選孫中山為非常大總統，程璧光任海軍部長。這年底，由廣東省省長朱慶瀾撥警衛軍二十營，成立援閩粵軍，任陳炯明為總司令，鄧鏗（仲元）為參謀長，率軍攻取龍岩、漳州、汀州各地，即屯軍於此。陳炯明係秀才出身，家境不太寬裕，後就讀廣州法政學堂，學業成績甚佳，熱心革命，得講師李文範、朱執信等賞識，由朱執信介紹參加中國同盟會南方支部，擔任宣傳部長。法政學堂畢業後，籌辦海豐自治報，頗負鄉譽。黃花崗之役，為選鋒隊長。新軍之役，以廣東諮議局議員身份掩護革命行動。

當時熊式輝率一個團守衛廣東饒平，浙軍第二師伍文淵旅長率郭來攻，拂曉攻擊前。其軍使被革命軍截捕，由熊手下連長張善群作書答之，洋洋千餘言，一揮而就。內有不少警句，一如「北京政府，喪權辱國，借款購械，塗炭生民，欲以武力求統一……今令公等南來，正是其以毒攻毒之狡計，粵中護法之軍，乃為救國家於顛危……公等如何猶忍心害理，勞師遠出，犯及粵邊，既已認賊作父，且將認父作賊矣！即不言是非，寧不計利害……」送去後，伍文淵大驚，認為革命軍下級軍官都能寫這樣一手漂亮文章，如何可與之爭勝？

當時西南軍閥大耍兩面手腕，桂系莫榮新、陸榮廷從中作梗，黨人有推程璧光為粵督之議，更招桂系疑忌，璧光寄寓海珠，常微服獨行，鮮有如當時軍閥之前呼後擁。一九一八年的二月二十六日，程璧光步行至廣州海珠碼頭，旋遭凶徒持槍狙擊，程先生飲彈倒地。中山先生聞耗立刻趕赴現場，大慟不已，並謂程先生之死是中國革命之莫大損失。程先生殉難後，中華民國軍政府明令緝凶，優予治喪，頒令行國葬榮典，後追贈海軍上將，並於海珠鑄立銅像，以垂不朽。

護法之役發動後，馮國璋特任傅良佐為湖南督軍，率領部隊南下鎮壓，南北再啟戰端。而中山先生作為中華民國軍政府海陸軍大元帥，也發出對段祺瑞的通緝令。通令指出：「段祺瑞陰賊險狠又過於袁世凱」，「此輩陽託共和，陰行專制。」

就在饒平方面的戰鬥展開之際，一天傍晚聞鼓號齊鳴，陣地前有人率千餘人來降，原來這是浙軍的陳肇英團長陣前起義，領隊來歸。

整個形勢原本不錯，但又被易反易覆的陸榮廷反水給破壞了。他突然就勾結北方，對抗軍政府，於是軍政府又只得改為七總裁制，中山先生辭職離粵，岑春煊為主席總裁。

中山先生此前揭起護法旗幟時，段祺瑞向南方開刀，陸榮遷害怕北軍勢力侵入，乃向軍政府靠攏。但這些人私心觀念為上，時時打著貪婪的算盤，更作聯馮（國璋）倒段（祺瑞）的政治投機，以及聯直反孫，於是護法又歸於失敗。至此更可說明，跟首鼠兩端的爛軍閥，不可能有任何蜜月可言。

段祺瑞的前世今生

中山先生意在分化軍閥的勢力。第一次直奉戰爭之後，段祺瑞、張作霖和孫中山結成三角同盟，共同反直系。

一九二三年吳佩孚製造二七慘案，曹錕賄選，上臺當總統，倒行逆施。馮玉祥自云接受孫先生的主張，受到段祺瑞的遊說，於戰場上突然倒戈，揮師入京，囚禁曹錕，直系戰敗，擁戴段祺瑞為國民軍大元帥，電邀中山先生入京共商國是。

一九二四年底孫先生北上，要開國民會議，而段祺瑞要開善後會議，二者實具重大區別。同盟會以委屈合作、忍讓，甚至交易換來痛烈的認識，非以革命的武力，收拾這班魯莽滅裂的傢伙，否則無法還權於民。民權受阻，則民治民有民享的政治現代化大門，也無法靠近，而終不得入。

孫中山先生行經上海逗留期間，一九二四年十一月十七日，段祺瑞拍電報來催，請先生盡速北上，並表示派特使遠道迎接。兩天後，段氏又來電促駕，電文有謂：大旆將臨，歡聲雷動。胡景翼電稱：公道德名世，經濟匡時，萬民有倒懸之憂，四海切雲霓之望。

次日，段氏就決定先入北京主持一切了。又過了兩天，他就由馮玉祥、張學良、吳光新、許世英等人陪同進京了。

中山先生解釋他北上的目的，中心是和平統一。實行的辦法，就是要召開國民會議，由全國各團體舉出代表，出席國民會議，大家商量解決國事。國民會議主議題：一是解決國內民生問題，二是打破列強侵略，廢除一切不平等條約。

北上時節經停日本，他對來訪者談到，在北京和段祺瑞等談妥大體方針後，即往歐美漫遊，決不久留北京；他表示，段祺瑞既掌執政府，他的資格很夠。

中山先生在此又以一種大德服人的姿態，給足段祺瑞面子。段祺瑞當得起中山先生對他的期望和重托嗎？

說起來，要追尋段祺瑞的前世今生。段祺瑞三女兒段式巽回憶她父親的起家，說是段祺瑞十八歲時，從安徽步行到北京，隨身只帶了一元銀洋，旋即考取武備學堂，畢業後選送到德國留學。回國後，受到袁世凱的器重，派在天津小站編練新軍。此後不斷晉升，先後擔任陸軍總長、國務總理，一九二四年擔任北京臨時政府執政。

他們的家族族人說，他家是一元錢起家的。「我父親信佛吃素，飯桌上全是素菜。但他從不請和尚尼姑進門。只是看書、念經、下棋。」

段式巽的生母張氏，則是袁世凱的表侄女。袁世凱的二弟袁世輔到他家串門，見到五歲的段式巽，就說，小三（段式巽）的年紀和我家孫兒家鼐相當，就讓他們配個對吧。

後來段祺瑞的女兒，果真又嫁回袁家。

一九〇八年十一月，光緒和慈禧接連死去，次年一月，清廷實施集軍權於皇權的調整。袁世凱被攝政王載灃以「現患足疾，步履維艱，難勝職任」為由，著即開缺，回籍養痾。

但段祺瑞仍留在軍中，他常常去袁世凱退隱地河南彰德，探視老袁，請示行止。

辛亥武昌起義前，在一九〇九年底，段祺瑞調任陸軍第六鎮統制，次年又任江北提督。

武昌起義後，段祺瑞得到袁世凱的推薦，任第二軍軍統，隨後兼任第一軍軍統、湖廣總督，駐紮在湖北孝感。

他以軍事實力支持袁世凱竊奪民國總統職位，在南北議和的時候，由袁世凱的指使，一九一二年初領銜四十六位將領致電清廷，請立共和政體，否則，即「率全軍將士入京」，清帝被迫宣佈退位。

袁世凱一俟竊據總統大位，即以陸軍總長為酬庸。

靠聯姻拉攏，這是比較低級的，雖然他們認為很有用。

袁世凱洪憲復辟之際，段祺瑞持明確反對態度，他向袁世凱陳述國體萬不能變。袁不聽，於是段祺瑞杜門不出，不見賓客，作消極抵抗。袁世凱死後，段祺瑞對人談到，我知道有人製造復辟帝制的輿論後，曾向袁世凱詢問，而他矢口否認。段祺瑞第三次約定時間往謁，不顧一切痛陳利害，袁世凱態度始而緊張，繼而惱羞成怒，厲聲說道：這是克定和楊度討論的問題，你何必大驚小怪的這樣重視呢？段祺瑞起立大聲說：我受總統數十年的知遇，不敢不直言奉上。此時懸崖勒馬尚可挽救，稍縱即逝，悔之晚矣。袁世凱不答，段遂告辭。以後請見，袁世凱以身體不適而拒絕。

一九二六年震驚中外的八一三慘案發生後，張作霖、馮玉祥、吳佩孚還是混戰局面。各軍閥內部派系鬥爭加劇，北京形勢緊張。

國民軍通過鹿鍾麟手下軍官告訴段祺瑞的衛隊旅參謀長楚溪春，要他小心，說段祺瑞的執政府就要垮臺了。

四月九日晚，段祺瑞的侄子段宏綱回家，段祺瑞給他一張字條，並說這是鹿鍾麟的胡鬧，字條內容是：今夜鹿鍾麟恐有舉動，要發生事變。於是他們即找衛隊長和各親近軍官商議。這是已經是晚上十點多，想和國務總理賈德耀通電話，發覺線路已斷不能通話。於是趕緊佈置十二挺機槍於東四二、三、四條各胡同口。隨即警備司令部鹿鍾麟的人馬趕來，雙方對峙達三小時之久。楚溪春回來後，和鹿鍾麟通電話，鹿說是聽聞不穩的消息，特來保護段執政的。段家感到情形嚴重，於是說道：鹿司令，你有什麼政治主張，我想老先生都可以接受的，但要請閣下先撤兵。兩天後段祺瑞感到大勢已去，遂通電下野。

段祺公館的傭人王楚卿講述段祺瑞一個特徵，說是他一生氣，就會氣歪鼻子，他一生氣鼻子就歪到一邊去了，這些傭人的眼裏，段祺瑞很有些傳奇色彩，說他往清廷打電報，說三句話就把清朝皇帝推倒了。

袁世凱當總統，由於段祺瑞的反對，兩個人的感情越來越壞。段祺瑞就稱病在家，不出門，不辦公，也不見客。袁世凱不斷派人送東西，如雞湯、人參湯等，每天都遣人送來，送來的東西段家也不敢吃，外傳前總長趙秉鈞即死於飲食下毒，段祺瑞心有餘悸，怕雞湯下毒不敢吃，總之是杯弓蛇影，鬼影幢幢，傭人也不敢吃，於是一罐罐濃香的雞湯都給潑到草地上去了。

段公館裏面的頭號人物是徐樹錚，是秀才出身，傭人們在背後叫他小徐，在北洋練兵時，他是小小的司書，後來就扶搖直上了，段祺瑞當上總長時，他當上次長，還有一次長是蔣作賓，可大大小小事情都是徐樹錚說了算，徐樹錚真有學問，才氣過人，會客時，他一手批公文，一手拿耳機與另一人通電話，他記憶也好，過目不忘，公文條例看得快記得熟，段祺瑞一問他，他對答如流，誰要不信，找出公文來一對照，真是一字不差。

一九一六年六月，袁死後，黎元洪繼任大總統，段祺瑞當國務總理。他和黎元洪鬧翻了，把烏紗帽一摜，搬到天津住了，在天津期間也經常有人找他，有一次隱約聽說張勳進了北京，準備把中華民國的招牌取消，請前清的小皇帝重登寶座。一九一七年六月一天晚上，梁啟超來找他，兩人在裏面秘密商量了好長時間，不幾天，第八師的師長李長泰在馬廠發了一份通電，反對清廷復辟，聽說電文是梁啟超起的稿子。張勳被攆走以後，段祺瑞重回北京，黎元洪已被張勳逼走了，於是總統就落到了馮國璋的頭上，公館裏面的大大小小的這些人，對段祺瑞還是佩服，說還是老頭子有辦法，上次一個電報打翻清廷，這次又是一個電報攆走了張勳，取消了復辟，段和馮都是北洋老人，都是盟兄盟弟。可是段祺瑞的脾氣倔強，馮國璋跟他捏不到一塊去，又被段趕走了。

這之後是徐世昌繼任總統，段祺瑞還是剛愎自用，一九二〇年發生了直皖戰爭，皖系大敗，大勢已去。戰後，他手下的徐樹錚、李思浩、段芝貴等人都被列為禍首，段在北京待不下去了，於是搬到天津，算是下野，他在天津常有學生和舊部來看他，就說國內遍地烽火，人民塗炭，長此以往，國將不國，要收拾這個局面還非得老師東山再起不可，段祺瑞冷若冰霜的面孔上不禁露出一絲笑容。一九二四年，直奉之間爆發了第二次戰爭，吳佩孚敗在天津，但沒和段氏見面。這時北京政府成了無政府的局面，張作霖、馮玉祥先後到天津來，和段見了幾次面，開了幾次會，聽說曾經打電報到廣東請孫中山到北京來主持一切。不知怎的，中山還沒到，又把段祺瑞捧了出來，當了北京政府的臨時執政。

一九二四段祺瑞執政，雖非巨惡，但是講排場，修公館，用私人，搞權謀，還是專制那一套，格局必然流於狹小。遇到錯綜的矛盾，最後仍然訴諸武力，惡果還是轉至民間來承受，跟一個共和體制下的現代政府距離遙遠，而且受制於它的本性，其轉型也無法完成，他和孫中山的聯絡，給外界、給世人的印象，以及期望是良好的，然而結果卻大不美妙。這是為什麼呢？性質不同、理趣不同、根性不同，差距在本質上大得跟死人和活人的懸殊一樣。所以根本是雞同鴨講，扞格不通。

徐樹錚的個性、梁鴻志的個性、段祺瑞的個性，都屬倔強的強牛。當時徐氏到外國考察躲避去了。在段公館裏的親信中，梁鴻志的做事態度跋扈，他是個文人，但決不願妥協，有一次為了一個文稿，和許世英爭得面紅耳赤。公館上下，以為他是第二個徐樹錚。

孫中山與段祺瑞

第二次直奉戰爭後，張作霖、馮玉祥、段祺瑞邀請孫中山北上主持國家大計。可是當中山先生到後，段祺瑞已經當上臨時執政了。

汪精衛隨中山先生前來，他就來段公館和段見面。有一次段氏和汪精衛見面，不知為了什麼事情，兩人話不投機，愈說愈擰，段祺瑞很不痛快，兩人很生了一回氣。

一九二八年北伐勝利，蔣介石先生到了北京，他通過吳忠信約段宏綱見面，說他也是保定陸軍學堂的學生，段先生是他的老師。因公務繁忙，不能親到天津看望老師，請帶去兩萬元生活費，以後三四年間還多次送過鉅款。

蔣介石多次要求段祺瑞南下。一九三三年一月，政學系的錢永銘持蔣介石親筆信到津，要段祺瑞南下頤養，「俾得隨時就商國事」，段祺瑞說若對國事有益，可以隨時就道。遂於一九三三年一月下旬，乘坐津浦線特快加掛車，由段宏綱、吳光新、魏宗瀚三人陪同南下。二十二日抵達南京，不少將官奉蔣先生之命，戎裝肅立在浦口車站迎接。次日由蔣介石、孫科、何應欽陪同，往謁中山陵。

……

這些是北伐之後的事了。而在一九二四年的十二月下旬，中山先生和許世英談話，就說重話了，明確勸誡段氏不要損害國家利益，否則決不寬恕。蓋以段祺瑞曾向列強表示，將遵守一切舊有條約、協定。中山先生對此大為反感，他就問許世英，對一個政府而言，外交的好感重要？還是國民之同情重要？並一再聲明他本人決無政爭思想，告誡曰，如有害國行為，則必將受到民眾的強烈反對。在幾天前的十二月二十四日，段氏悍然公佈《善後會議條例》，都是親信或劣紳參加，中山先生所主張的民眾團體，則完全排斥在外，軍閥壟斷，視民意為無物。

這時候中山先生在北京，他要召開國民會議；段祺瑞要召開善後會議。兩者的代表，功能、主旨皆截然不同，性質迥異，實在無蜜月可言。

次年三月十二日中山先生逝世後，段祺瑞以腳疾不能穿鞋為藉口，拒絕到場公祭，激起公憤。段祺瑞到了臨時執政期間，還試圖集權，《中華民國臨時政府制》乃將總統、總理職權合而為一，規定臨時執政兼有二者之權力。

國會議員中的大部分參加了賄選，故而公開宣佈臨時執政不受國會的監督。

這個，實在是比皇帝還要拽的了。

可是，軍閥不止他一個，老資格的或新起來的張作霖、馮玉祥、吳佩孚在那裏虎視眈眈。他又不得不看他們的臉色。

其所發佈《外崇國信宣言》，也就借國家的名義，信用和信譽的面子，來替他拉攏外國勢力，也就是說以往的條約一概遵行，但須承認臨時政府。

執政府是一個雞肋政府。在奉、直、國民軍的夾縫下生存，東北、兩廣、西南、東南它都不能控制。

一九二五年奉系的郭松齡又倒戈了。國民軍佔領天津，奉、直軍聯合，宣佈和執政府斷絕關係。段祺瑞無所適從。

一九二六年三月十八日，三一八慘案爆發。北京大學生在天安門遊行，執政府衛隊實彈平射，死亡四十七人，傷一百三十二人，失蹤四十人。

段祺瑞的女兒說是國務總理賈德耀下令開槍的。衛隊參謀長楚溪春則說是士兵沒有聽清楚命令，下級軍官傳達有誤，把鳴槍嚇阻聽成實彈射擊。楚氏回憶，當時段祺瑞說：「楚參謀長，你去告訴衛隊旅官兵，我不但不懲罰他們，我還要賞他們呢，這是一群土匪學生。」（《文史資料選輯》第三卷，五十六頁）

社會各界和海外僑界紛紛譴責段祺瑞政府。

這時，奉軍、直魯聯軍、吳佩孚軍、閻錫山晉軍，聯合進攻國民軍，國民軍放棄天津，固守北京。國民軍名義上的大元帥企圖作奉直軍的內應，暗中聯繫張宗昌、張作霖，不料風聲走漏，馮玉祥下面的鹿鍾麟包圍段公館。國民軍退卻後，奉、直軍都不買段的帳。吳佩孚並逮捕皖系政客。四月二十日，他便通電下野了。

武昌起義後，南北議和停戰，但是後來袁氏復辟二次革命又起，袁氏暴斃後，南北再形分裂。一直到北伐戰爭，此間長達十三、四年，南北和議若斷若續。

帝制推翻，但皇民心態嚴重。政局紛擾，南北構釁，盲人瞎馬，亂闖而已。中山先生數十年摩頂放踵，事倍而功不及半，遂著意埋頭著述，以求啟發國人。護法失敗後往上海，坐守書城，從事著述。先寫孫文學說序，一九一九年令胡漢民創《建設》雜誌，次年著地方自治開始實施法，並於十一月間演講訓政的意義。一九二一年完成實業計畫。有如孔子厄於陳蔡，知道之不行，而作春秋。此時外有帝國主義窺視侵凌，內有南北兩方軍閥之武力威迫，中山先生在此大環境下領袖群倫，於戎馬倥傯之暇，從容命筆完成其長篇著述。所著作的建國與治國的各種規劃，民族、民權、民生的體制，總稱為《三民主義》之總綱；政府組織則設立行政、立法、司法、考試、監察五院，合稱為《五權憲法》。前者的主要內容是「國內各民族一律平等」、「公民選舉國大代表和政府官吏並有權罷免不稱職者」、以及平均地權、節制資本、耕者有其田等等；後者則體現為「人民有權」和「政府有能」，各行其是又總體監督。這些方略，草創之際，乃是徵諸歷史、立足現實、參照歐美的一劑良藥。可惜那時軍閥橫行，阻力叢生，僅止於紙上談兵，難以收到實效。

中山先生開國民會議的主張，北京政府毫無誠意接受，又溺於媚外的心理，怵於外力的干涉，所以更畏懼中山先生廢除不平等條約運動。中山先生為了這兩個主張，在北京保守低壓的空氣籠罩之中，嚴正堅持，決然奮鬥，而未能成功，不久便在北京飲恨長逝。他的遺願，留給後來的追隨者，國民革命軍正討伐陳炯明逆軍於廣東的東江，乃於極端哀悼悲傷之中，削平陳逆，統一廣東，奠立軍政時期的基礎。一九二六年夏，國民革命軍承繼中山先生的遺志，就誓師北伐。國民革命軍所到之處，民族主義的運動也隨之風起雲湧。

咀嚼切膚之痛　決然黃埔建軍

黃埔軍校的建立，乃出於一種切膚之痛的經驗。武昌首義之前的革命歷程，固然因為沒有一支革命武裝，雖然革命黨人發動了十數次起義，雖饒於積累啟導之功，但具體到每一次起義而言，則又因犧牲不小而付諸流水。

還是在一九一一年武昌首義的時候，黨人對清廷實施徹底的拆臺。戰事展開了，黃興在危急關頭加入力戰，仍不免一片焦土，漢陽軍敗，黃興退走，黎元洪退駐葛店，武昌岌岌可危，蔣翊武繼黃興為戰時總司令。南北和議成，蔣翊武被招往北京，授勳二位，陸軍中將加上將銜，辭不受。二次革命發生後，策劃湖南獨立，未遂。潛往桂林遊說部隊反水，為袁世凱授意殺害，起事壯烈，而死得窩囊。以兵變頭領，有投鞭斷流的氣概，不意竟死於奸人之手，此時已出現民國時期幕僚特性，往說奔走，渾不顧是否勝算在握，也不顧對方可否掌控，俱貿然往說，結果多不理想，蓋當時各地新軍，皆有私受情節，所以十多年後黨人才毅然建立黃埔軍校。

從蔣翊武命運看，黃埔軍校建立之必需。革命武裝是關係革命成敗的關鍵，要使革命取得勝利，必須建立一支革命的武裝。

到了和清廷的變種——北洋孑遺長期纏鬥的時段，袁世凱之能攫取革命果實，終極原因只有一個，就是此公的擁兵自重，二次討袁以及護法戰爭皆因此失敗。其間，不意中山先生一手栽培的同盟會分部領袖陳炯明，竟以個人野心膨脹，勾結北洋軍閥，公然叛變調轉槍口，炮轟中山先生的大本營，使先生險遭毒手。這一沉痛教訓，促使先生猛省：沒有可靠的革命武裝力量，決難完成革命大業。

中山先生當病逝前，在病榻上仍發出「和平、奮鬥、救中國」意味深長的囑託，他對革命的建樹，首先是不僅創立了民主革命理論的孫文學說，制定了發展經濟、建設國家的建國方略，並在革命新形勢下發展與重新解釋了三民主義，另一偉大貢獻則是親手締造與創建黃埔軍校。

由黃埔軍校首期的畢業生為主組成東征軍，平定了陳炯明叛亂。後來由黃埔軍校的革命師生組建北伐軍領銜北伐，一路上披堅執銳，所向披靡，前仆後繼，創造了以少勝多、以弱勝強的戰爭奇蹟，終於取得了北伐戰爭的勝利。至於後來在抗日救亡的戰爭中，依靠黃埔各期的畢業生為骨幹所組建的抗戰部隊，經過長達八年的艱苦奮鬥，雖然付出了傷亡慘重的代價，但最終打敗日本侵略軍，迫使日本無條件投降。勝利得來，艱苦卓絕，端賴中山先生當年的英明決斷，建立黃埔軍校起到了決定性的作用，厥功甚偉！

黃埔軍校的創建，在中國歷史上是一件劃時代的事件。從它誕生之日起，民主革命就從勉強勝利走向決定勝利的新階段。

一九二四年十一月中山先生離穗北上前，專程往黃埔巡視，由蔣介石引導，往魚珠炮臺檢閱第一期畢業生演習戰術。中山先生讚揚他們：「本校學生能忍苦耐勞，努力奮鬥如此，必能繼續我之生命，實現本黨主義，今我可死矣。」先生此時已露病篤之象，故而發此不詳之語，不料一語成讖。

他又說他進京是去奮鬥的，就是死了，也可安心。蔣介石就問先生何出此言，先生又說：「我所提倡的三民主義，將來能希望實行的，就在你們這個黃埔陸軍軍官學校的學生了」（《年譜長編》二〇六一頁）。

戴季陶在軍校曾向官兵演講，如何增進群體精神的培育，他舉例論證不同的國民性：「比如到過日本的人，看它的社會與中國完全不同，日本無論在窮鄉僻壤都是很自然的表現它組織的能力，秩序也很好，老幼男女途中相遇，都是互行敬禮，彼此非常客氣，街上打架的事絕無僅有，至如中國同村同街的人不相親愛，開口便罵，這種地方一看就看出社會程度高低來了。」這是有感而發，蓋以中國自從封建結束進入秦皇統治的帝王專制社會，生活上自由散漫，思想上則絕對專制，國民訓練一點沒有，國家地位毫不認識……一切團體都是很散漫，沒有組織的方法。所以他在黃埔演講，意在強調黃埔建軍與團體精神，由一種精神的訓練，變異為打擊專制的特殊力量，他對學員強調說：「各位在校裏，紀律為什麼有價值？紀律為什麼是必要？因為社會的生活、社團的組織完全從紀律出來。今天所說的就是這一點，以後再講政治上的事情。」

陳逆叛變　北伐受挫

武昌首義後，陳炯明起兵攻取惠州，嗣後胡漢民為廣東都督，陳炯明副之，黃士龍為參都督。中山先生經香港北上．胡漢民隨往，廣東都督由陳炯明代理。及中山先生辭去臨時大總統職，胡漢民復任都督，陳炯明出任廣東護軍使。二次革命失敗後，陳氏與李烈鈞、柏文蔚等在南洋另組水利促成社，當時黃興在美，中山先生在日本，形成鼎足三分。

張愛玲小說中說，三十年前的月亮下去了，三十年前的故事還沒有完。反觀民國政史，尤其如此。一九九八年時在四月，序屬三春，陳炯明之子陳定炎，在香港召開一個新書發表會，意在為他爸爸陳炯明翻案。書名《陳炯明與孫中山蔣介石的恩怨真相》，出於好奇，發表會有不少人參與旁聽。

會上，陳定炎發表了長篇演說，強調他爹在廣東實施地方自治，扶助勞工，禁煙禁賭，發展經濟；六一六炮擊總統府事件並非陳炯明向孫中山爭權，而只是政見分歧，陳反對孫中山北伐，只是為了「南北妥協、和平統一中國」；進而更說，炮轟總統府事件是陳部部將葉舉所為，乃父不知其事，且僅以「土炮開炮三響唬之」而已；並贊其父不受賄不貪污，晚年貧病交迫，等等。一九九八年三月十一日，香港《信報》於此事報導甚詳。

當時會上即有學者駁曰：其一，令尊比孫中山究竟缺少氣魄，兩者之間決非政見分歧那麼簡單。閣下為先父鳴冤，份屬孝子賢孫，但令尊縱兵謀叛荼毒生靈，則有負於國人。其二，二十世紀二十年代軍閥混戰，絕無和平統一的可能。中山先生臨終前三個月對北洋政府總理許世英怒道：我在外面要廢除不平等條約，你們在北京偏偏要尊重那些不平等條約。此一怒肝病大發去世。以當年民心士氣而言，北伐是勢在必行。

會上更有一老翁質問陳定炎：設想有個美軍師長向白宮「開炮三響唬之」，此人能逍遙法外豁免軍法審判嗎？並指出陳炯明的後臺是英國滙豐銀行。陳定炎本來揚言回答「任何尖銳問題」，此時顧左右而言他，隨即招呼與會者享用茶點，並致贈禮物，即與會者每人一份川貝枇杷膏，人們便一哄而散了。

二十世紀二十年代，陳炯明任廣東省長，兼粵軍總司令，一九二一年四月兼護法軍政府陸軍部長，又兼內務部長，中山先生主張北伐，以武力統一全國，徹底肅清軍閥餘孽。陳炯明則受吳佩孚、趙恒惕愚弄，持相反的意見，號召「模範起信」，建設兩廣，連絡西南。當時鄧鏗周旋雙方之間，頗盡緩和疏解之責。一九二二年春暮，鄧鏗被刺於大沙頭車站，傷重身死，不久，陳達生亦被刺隕命，因此雙方疑忌日深，終至不可排解。一九二二年四月，因阻撓北伐，被免去本兼各職，保留陸軍部長，一九二二年六月，乘孫中山先生回穗之機，發動叛亂。當時真實情形是，陳炯明下密令，於六月十五日由粵軍總指揮葉舉主持，在白雲山調集各軍師長，策劃圍攻總統府。同盟會員、廣東海防司令陳策疾赴粵秀樓，報以局勢危急，請孫先生蒞艦隊指揮應變，中山先生仍不相信。六月十六日凌晨，陳炯明叛軍部隊以四千人之眾包圍粵秀樓總統府，並向中山居所開炮轟擊，中山先生在秘書、衛士保護下，化裝得脫。十七日在永豐艦上發表討陳電文。

陳炯明這個人，雖以軍閥面目定位於歷史錄鬼簿，實則是個酸秀才、白衣秀士王倫一流人物。貌似風流儒雅，實則村俗卑鄙，才智捉襟見肘，卻又時時不安於位。他一九〇九年始加入同盟會，在孫中山指導之下，成為同盟會香港支部領袖，也算得是從戎的書生。一九九九年初筆者母校中山大學出版社推出六十萬字的《陳炯明文集》，多為電文和少量講演詞，觀之神傷，既乏文采，又無思想，與當時軍政大佬相較，說他是下駟中材，都還勉強。六一六事件發生前，據孫中山先生秘書林直勉回憶，白雲山至市中心等各重要路段「亦聯成一氣，成最嚴重之作戰部署，深為駭怪。」在此前三個月，陸軍中將鄧鏗（仲元）知陳炯明生性陽奉陰違，難以信賴，乃從粵軍第一師撥一個團為中山先生警衛。不料，三月二十一日，鄧鏗即為陳炯明部屬暗殺於大沙頭車站。

事發後，海軍各艦隊發表聲明，表示海軍全體只服從孫先生，北伐軍總參謀長李烈鈞、軍長許崇智、朱培德等迅速回粵勘亂。陳氏部隊敗退韶關，焚殺搶掠。歐美華僑各聯合會，紛紛致電國內，請北伐軍回師廣東，先掃妖氛，再圖北伐。半年後陳氏通電下野，後蟄居香港，一九三三年病死。

大凡榮利之心，人皆有之。然觀陳氏一生，每在關鍵處出以小人濫惡之舉，心胸狹窄，不識抬舉。及其愁病而死，人多拍手稱快，筆者又惜其糊塗可憐。蓋以天下愚而好自用、賤而好自專之流，輒至死不悟，盲人瞎馬，日覓盡頭之路而已。當事變發生，情狀萬分危殆之際，中山先生仍對秘書說，「所有忠實武裝同志，悉赴前方，後方只留下陳家軍及其私系隊伍，不可不信任之矣。」即後來的討陳，他也屢想停止，條件僅是陳氏的一紙悔過書！中山先生是少有的熟諳中西文化的實踐家，胸懷博大，比之康、梁及五四推動者，他的智慧和愛心更為超越，人格是罕見的光明磊落。陳炯明身為備受提攜的部下，不知尊崇敬愛，反而以一酸腐秀才之心眼觀人應世，終取自敗之道。將近八十年後，其子嗣陳定炎又在香港欲為其翻案，上演一出小小鬧劇，彷彿歷史長編裏鑽出的花臉小鬼，自貽滿面羞慚，處心積慮，螳臂擋車，何其不自量也！

鄧鏗常常說：陳競存的思想最不堅定。可稱持平之論。陳炯明自視甚高，夜郎自大，對中山先生並不忠實，至此竟別樹一幟，冰凍三尺，固非一日之寒。北伐前陳炯明叛變的主要原因，固然出於變節分子的拉攏，北方軍閥的引誘，雙方一拍即合，還有他總想作領袖，不甘屈居人下的野心，但其支柱則來自於他手中的部隊，他在廣東的勢力很大，軍隊保有的常量達十多萬人。吳佩孚、趙恒惕對陳氏竭力拉攏，蓋在一般軍閥的心目中，陳炯明的名氣反在孫先生之上，因為廣東方面，中山先生的力量是虛的，陳炯明的力量是實的，孫先生只有對黨員的影響力，陳氏卻掌握實際的兵權。所以吳佩孚、趙恒惕都派人跟他聯絡，希望他贊成聯省自治，阻止總理北伐計畫的實施，並詭稱俟全國統一後，擁護他作領袖，適投其所好。

北伐：為自由而戰　向北洋餘孽全面攤牌

在黃埔師生為主導的北伐隊伍啟動鋒芒所指之前，十餘年中有過多次流產的、半途而廢的北伐。辛亥武昌革命後首度北伐，屬淺表層次的，無實力、很虛幻，一晃而過。距正式北伐兩三年前，已有兩度北伐。一則留下痛切的教訓，一則留下寶貴的經驗。

一九二二年二月，中山先生以桂林為指揮所，實施首次北伐，惜出師不利，乃回師廣東於韶關設大本營，五月，以中華民國非常大總統身份，誓師繼續進行北伐。韶關為百粵之要衝，嶺南之咽喉，此處便於舉事運籌，進退策應也便於照應。韶關人民熱情也高，籌集物資，設立軍營，舉行贊助北伐大會等等均出力不少。

北伐軍分三路向江西進擊：李烈鈞、朱培德為中路從南雄出發，過梅關，進攻大餘縣城；許崇智、梁鴻楷、李福林為右翼，從南雄出烏逕進攻信豐、南康；黃大偉為左翼，從仁化攻擊崇義、上猶。五月下旬，中山先生由韶關到南雄督師，北伐軍挺進勢如破竹。先後佔領大餘、崇義、南康、信豐、全南、龍南等縣。六月，三路會師佔領贛州向吉安挺進，大有席捲全江西之勢。然而，在此關鍵時刻，陳炯明叛變了，廣州軍政府告急。中山先生急電北伐軍回師廣東平叛，這次北伐遂告流產。

所以到了一九二四年初秋第二次北伐之際，中山先生仍然選擇韶關大本營。一九二四年冬的北伐，已屬決戰階段。九月二十二日，中山先生巡視南雄、始興。南雄縣長召集工商學各界人士開會，為北伐軍籌款。九月底召開韶關各界贊助北伐大會，參加團體就近三十個，達四千餘人。聲勢既大、影響復深，中山先生在此，發表演說，題為〈北伐的目的〉。再次在韶關誓師，以譚延闓為總司令，程潛、樊鍾秀等部為主力，譚延闓率領萬餘人部隊出梅關向江西進發。前鋒與駐守贛南的楊池生、楊如軒部遭遇，其後因顧慮敵方夾擊，北伐軍在一片慌亂中退回南雄。加以軍餉緊缺，士兵無心戀戰，譚延闓只好向南雄商界籌款發餉過春節。不久譚部改編，第二次北伐又告失敗。

中山先生指明北伐的意圖：「國民革命之目的，在造成獨立自由之國家，……北伐之目的不僅在推倒軍閥，尤在推倒軍閥所賴以生存之帝國主義。」（年譜長編。二〇五七）

最後收拾殘局、也是收拾全局的北伐開始了，時在一九二六年五月，適為黃埔軍校成立兩周年。中山先生創辦軍校之目的，在於組織革命軍，繼續先烈的生命，以犧牲的決心，然後，統一廣東，統一中國，完成國民革命的責任，

五月五日蔣介石就任總司令，二十一日開會制定作戰計畫。隨即向北洋餘孽全面攤牌。

北伐前的兩三個月，蔣先生慨歎其身處的環境，單槍匹馬，前狼後虎，孤孽顛危，令人不知何以自處。但是「總理與諸先烈在天有靈，其必憐而呵護之，不使我陷於絕境乎」（年譜一九二六年三月五日）。

蔣先生對軍校學生訓話，認為，總理所創的三民主義，是以民生為歷史的中心……希望各同學人人學總理，繼續總理的事業，實行三民主義，尤要學中山先生的思想魄力，氣度膽量。

一九二六年春夏，時局並不太平，歧出也所在多有。當時汪精衛首鼠兩端，設法出以掣肘，又有中山艦事件，而西山會議派的攪局，更是橫生枝節……

蔣先生多次強調整軍北伐，以革命形勢，非速定出兵北伐大計不可，當時形勢是奉軍佔領京津，日本在華勢力加固；英國幫助吳佩孚在湖北、河南勢力滲透，英帝國政客且逼使盤踞江浙的孫傳芳和北方的吳佩孚聯手；美國則欲聯合孫傳芳以牽制日本，法國又害怕蘇俄勢力深入，又欲聯英聯日，助雲南唐繼堯以阻擋廣東革命軍的北伐，再不揮師北指，各地軍閥經濟益加強固，聯網勾搭成型，到時就更難啃動了。

北伐前的動員，意在使革命軍人明瞭北洋餘孽的不可救藥。當時中國禍亂的根本，在於各大軍閥分別與各帝國主義相勾結。

孫中山先生的入京宣言談到，推翻滿清，為的是求中國人的自由平等。但在北洋軍閥統治下，各不平等條約還在繼續、深化。

這也是北伐的起因，也是在繼續辛亥革命的未竟事業。

一九二四年十一月中旬，先生行經上海期間，就吳佩孚組織護憲法軍政府與記者談話，他說吳佩孚的舉動，屬於戀位貪利的軍閥應有的反應，且有帝國主義的影子在後操控。吳氏無知妄為，荼毒民眾，結果免不了失敗。

袁世凱解散國會；段祺瑞幾次三番解散、打壓國會；曹錕以鉅款賄買國會議員選票；張勳控制國會……創下民國前期最為惡劣的政治頑症，於民主共和，則屬不斷退步，毫無進步的可能性，更無進步的事實，國會的作用，其獨立性是一個硬性指標，它的作用被鉗制，它的功能被虛擲，它的命運被扼殺，這就是民治、民有、民享的反面。

打掉國會就是消滅規則，造成一個沒有遊戲規則的狀態，一切由軍頭惡棍的好惡來行事。袁世凱、段祺瑞、馮國璋、曹琨、吳佩孚、張作霖、孫傳芳……胖瘦高矮、模樣各個不同；深沉乖張、狡獪愚癡、性格有異，甚易區別，而其帝王思想，則層出不窮，專制餘孽，旋滅旋生，在如此一個老大帝國，轉型的難度可想而知，北伐，乃是對之一個總的清算。

如此這般，很顯然地，辛亥革命的目的就還沒有達到，切要的指標遠未完成，因此，中山先生說，他致力於國民革命四十年，這差不多四十餘年的功夫，就是辛亥革命的過程。辛亥革命實際上已經延伸到北伐時節。

所以，北伐的宣言中說就說：

「以言農人，則血汗所獲，盡供兵匪之掠奪，預徵特捐，有加無已，終年辛苦，不得一飽」，「壯年多被俘擄，男為牛馬，女被姦淫，其或能逃出虎口，幸保餘生，亦不過皇皇如喪家之狗，不操下賤之業，即作他鄉之鬼而已」，「學者每以匪患兵災，斷絕資斧，而無以進其學業；加以百業凋敝，雖屬聰明才智之士，難免彷徨失業之憂」，「青年學生多成餓殍，且為野心軍閥驅而置諸死地，大好熱血，不用以靖國難、救人民，乃徒以受軍閥豢養之故，反用以屠殺人民，為軍閥爭功名、求富貴」，總之，災害深於水火，困苦甚於倒懸。

統一政府不成立，則外禍益烈，內亂益甚，中國人民之困苦，亦將如水益深，如火益熱，中國人民將無噍類矣。

「中國人民一切困苦之總原因，在帝國主義之侵略及其工具賣國軍閥之暴虐。」北伐的任務和目的是：「剷滅賣國軍閥之勢力」，「建立一（個）人民的統一政府。」

呼籲全國民眾顧念人生的生存，以其同情之心，來贊助北伐之師，將軍閥勢力予以徹底剷滅。從而進國民革命於成功之境。

《北伐宣言》一九二六年七月六日由國民政府發表，宣言極其沉痛，道及中國困苦不堪的現狀和成因，就農業、工商業等行業悲慘境況切入，民眾生存境況淪於阿鼻地獄。軍閥為了一己的勢力，不惜和帝國主義做出將民族命運置諸死地的交易，動輒發起戰爭，慘禍無窮無盡。

北伐的目的，在為正義而戰，使中國在國際獲得應有之地位，同時也是為自由而戰，為了這一終極目的，從循序漸進的角度來說，是先要將廣東建設成為模範省，擔負起革命大本營的任務。至於北伐意義的簡捷概括，蔣先生說「昔先大元帥昭示吾人以『北伐之目的不僅在推倒軍閥，而在推倒軍閥所賴以生存之帝國主義，不僅推倒曹、吳，而在使無繼曹、吳而起之人』，今吳佩孚造亂作惡，已至貫盈，本黨為革命計，政府為自衛計，皆不得不出師討賊。」

誓師北伐　全線出擊

七月一日，蔣先生以軍事委員會主席名義頒佈北伐動員令，計畫首先集中兵力於湖南，穩固據點，進而拿下武漢。四日，國民黨中央執行委員會發佈出師北伐宣言，號召全國各界贊助北伐。隨後，任命李濟深為總參謀長，鈕永建為總參議。

九日，蔣先生就職國民革命軍總司令並誓師北伐。同日在廣州舉行誓師典禮，於東校場舉行就任國民革命軍總司令暨北伐誓師典禮，參加軍民約五萬人。

此前，經過了平定商團叛亂和東征，討伐陳炯明，廣東根據地漸形統一，在一九二五年六月中旬，將大元帥府改組為國民政府，將軍事建制正式改為國民革命軍，隨後又成立了軍事委員會。一年後，蔣介石取代汪精衛擔任軍事委員會主席。

到了一九二六年五月，國民革命軍決定出師北伐，當時主要軍閥部隊有直系吳佩孚，得到英國的支援，吳佩孚系統，在第二次直奉之戰後，其軍力趨於瓦解，他又經過三四年的悄然培植，但其戰力較先前不可同日而語。此時他號稱十四省聯軍，實際只有兩湖及河南為其嫡系部隊。因在兩湖地區盤踞，對北伐軍威脅最大，其總兵力二十五萬，但有不少在南口和國民軍作戰受到牽制。

另一個是奉系的張作霖，以日本為靠山。奉系張作霖，得到直系逆子馮玉祥的幫助，以安國軍大元帥代行中央職能，以東北為老家，淹有華北，實力強盛。總兵力約五十萬。

東南的孫傳芳，得到英美的支持。孫傳芳號稱五省聯軍總司令，佔領全國最富庶的東南之地，他的戰力較此時的吳佩孚為優。他駸駸有領導全國軍閥的企圖。總兵力約為二十萬。

其餘各省軍閥，多為大軍閥的附庸，以求得自保、割據一方為滿足。

革命軍的優勢在於訓練扎實、紀律嚴明，士飽馬騰，但畢竟軍閥部隊數倍於我，因此在戰略上必採用各個擊破之方針。吳佩孚自詡為武聖關羽、岳飛，口口聲聲團結禦侮，反對內戰，然而正是此公，積極率部參加直皖、直奉之戰，造成曹錕賄選，又復啟動討奉、討馮戰端，導致兵連禍結，所作所為，完全與其言論相違背。腐化顢頇，喪權辱國，全國各階層民眾無不切齒痛恨。吳佩孚素抱武力征服中國的野心，對西南革命基地，具嚴重威脅，故此確定為第一打擊目標。

吳部素稱兵力雄厚，但佈防相當分散，且相當一部分將領係易反易覆的小人。此為打擊吳佩孚的最佳時機。

北伐時國民革命軍總有八個軍，大約有十萬人，北伐軍戰鬥序列是：

總司令蔣介石，總參謀長李濟深，總參謀次長白崇禧，總政治部主任鄧演達，前敵總指揮唐生智。

第一軍：軍長何應欽，黨代表繆斌，參謀長蔣伯誠；總預備隊指揮部：指揮官王柏齡。第一師：師長王柏齡，副師長王俊，參謀長郭俊。第二師：師長劉峙，黨代表繆斌，參謀長胡樹森。

第三師：師長譚曙卿，副師長顧祝同。第十四師：師長裴軼，參謀長吳文獻。第二十師：師長錢大鈞。

第二軍：軍長譚延闓，黨代表汪兆銘，副軍長魯滌平。第四師：師長張輝瓚。第五師：師長譚道源。第六師：師長戴岳。

第三軍：軍長朱培德。第七師：師長王鈞。第八師：師長朱世貴。第九師：師長朱培德（兼）。

第四軍：軍長李濟深，副軍長陳可鈺，參謀長鄧演達。第十師：師長陳銘樞，副師長蔣光鼐，參謀長朱紹良。第十一師：師長陳濟棠。第十二師：師長張發奎，副師長朱暉日，參謀長吳奇偉。第十三師：師長徐景唐。獨立團：團長葉挺。

第五軍：軍長李福林，黨代表李朗如，參謀長劉敏。第十五師：師長李群。第十六師：師長練炳章。

第六軍：軍長程潛，參謀長唐蟒。第十七師：師長歐陽駒。第十八師：師長胡謙。第十九師：師長楊源俊。

第七軍：軍長李宗仁，黨代表黃紹竑，參謀長胡宗鐸。全軍共編九個旅，旅長分別為：夏威、李明瑞、劉日福、黃旭初、伍廷颺、韋雲淞、胡宗鐸、鍾祖培、呂煥炎。

第八軍：軍長唐生智，黨代表劉文島，參謀長張翼鵬。第二師：師長何鍵。第四師：師長劉興。教導師：師長唐生智（兼），副師長周斕。鄂軍第一師：師長夏鬥寅，參謀長萬耀煌。

兵指湖南　勢如破竹

北伐軍首先兵指湖南。進攻長沙的時候，吳佩孚正身處南口爭奪戰，陷於南北兩線作戰，所以說北伐時機較佳，當時他想聯絡孫傳芳從東向西打，但後者按兵不動，坐觀成敗。八月中旬蔣介石親抵長沙，發表討吳宣言，其中說這一戰的關係不僅決定軍閥命運之存亡，即中國國家民族之能否恢復其自由獨立，胥卜於此。

一九二六年七月五日，前敵總指揮唐生智統馭第四、七、八各軍北上，指向湖南省會長沙。吳佩孚部隊在長沙以南的漣水佈防迎戰，不過北伐軍輕易地突破了這一道防線，七月上旬，連克湘鄉、湘潭，十一日迅速攻佔長沙。吳佩孚所部湘軍總司令葉開鑫率部北遁。

八月初吳佩孚在南口取得大勝，而在湖南戰場，北伐軍也在此時開始總攻。

蔣總統以總司令身分進駐長沙，是在八月十二日上午三時左右，雖然是在拂曉之前，但還是大獲人民支持，五萬群眾精神抖擻地夾道歡迎。

蔣總司令的鎮定，乃是一個很有象徵意義的北伐鏡頭。

長沙會議後，蔣先生於八月十四日召集在長沙的部隊閱兵，第七、八兩軍受閱部隊約兩萬五千人。天朗氣清，又是戰勝之師，軍容極盛。

蔣總司令一行均騎駿馬緩緩前行，蔣先生的坐騎是一匹高大的棗紅色戰馬，他「進入主帥位置，聽取各單位報告檢閱人數，三軍主帥，春秋正富，馬上英姿，更顯得氣宇軒昂，威儀萬千」（《李宗仁回憶錄》第二十三章）。

李宗仁又於圍攻武昌之際回憶道，正當前線戰況最激烈時，蔣總司令忽然約李宗仁一道赴城郭參觀，李宗仁以為蔣先生未嘗做過下級軍官，沒有親上前線一嘗炮火轟擊的機會，深恐其在槍林彈雨下感到畏葸膽怯，誰知他二人走到城邊，「戰火正烈，流彈在我們左右欶欶横飛，我默察蔣先生極為鎮定，態度從容，頗具主帥風度，很使我佩服。」

北伐軍賡續北進，勢如破竹，十九日，奪得平江；二十二日，拿下岳陽，差不多是已經控制了湖南全省。

賡續北進　全面掃蕩

北伐軍肅清湖南後，以能戰之軍戍守湘贛邊區，監視孫傳芳，以保證攻鄂部隊的側背安全。不過，在越過省境，進入湖北省時，則遭遇到頑強抵抗。

武漢守城的優勢，周邊地區古為雲夢大澤，水泊密佈，長江、漢水繞其間，影響大部隊攻擊行動。武漢三鎮，夾長江、漢水之匯流點，鼎足而立，武昌城垣堅固，尤其難攻，城內之山梁，謂之蛇山，可俯瞰周邊，易於遏制來攻之敵。

北伐軍戰略指導為：四軍、一軍第二師、七軍的第二路，擔任武昌之圍攻。八軍先遣隊，擔任漢口、漢陽之攻略。並遮斷敵人京漢鐵路後方，截擊敵之增援。一軍除留少量部隊戍守岳陽，其餘為總預備隊。七軍之第一路在鄂城、樊口方面，掩護主攻部隊的右側安全。

武漢戰場，當中涵蓋三大戰，即汀泗橋、賀勝橋、以及武昌圍城之戰，所以這方面的戰事較他處更為激烈。九月初，吳佩孚調集南口、河南部分軍隊，南下加強武漢防衛。另有軍艦十餘艘投入巡弋，隨時可以投入戰鬥。

汀泗橋爭奪戰。國民革命軍為統一全國而邁出第一步，旌旆北向的第一個目標，是收復湖南，進而乘勢攻取湖北省要衝武昌、漢口、漢陽。武漢地區，雄踞長江中游，早在中華民國奠基的辛亥革命時代，就是首義之地；自古以來，為兵家之所必爭。

吳佩孚所部在武昌之南約八十公里的汀泗橋嚴陣以待。汀泗橋，雖則只是位於粵漢鐵路線上的一個小站，但卻為武漢三鎮的重要屏障，東邊緊傍山勢；南、西、北三面為長江支流及湖澤所環繞；僅在西南方架設有鐵路長橋，為通向外面的唯一孔道。如果阻滯於這一個隘口，則無法自南面進迫武漢。吳佩孚調來陳德麟、劉玉春所部勁旅約二萬人開入汀泗橋陣地，試圖在此背水一戰，扭轉危局。八月下旬，他在武昌與汀泗橋之間的賀勝橋設立前線司令部，吳佩孚本人親臨指揮，一場硬戰和血戰於焉爆發。

北伐軍開局不凡，在吳佩孚立足未穩之際，汀泗橋就已經一度被第四軍攻下。

吳佩孚莽漢有莽勁，必然盲進，他豈肯認輸？他果斷將敗下陣的旅長、團長、營長等部屬九人槍決示眾；命令全軍誓必奪回汀泗橋，並以大刀隊在前線官兵背後壓陣督戰，凡退卻者，就地斬決。死亡威迫之下的吳氏部隊，在八月底實施瘋狂反撲，北伐軍不得已放棄陣地後撤。

北伐軍稍退即回師，二十八日，汀泗橋一度為革命軍所得，轉瞬又被吳軍拿下。在此殊死拉鋸中，北伐軍預備隊第一軍加入作戰，才穩住汀泗橋局面，這是在二十九日。蔣先生乘火車經過汀泗橋，目之所極，但見死屍累累，慘烈戰爭的遺跡，還未曾收拾。這是和吳佩孚之戰的第一個高峰。次日，革命軍攻下賀勝橋，有因退卻而被其所屬長官手刃死亡的吳軍百餘人仆倒在橋邊。

九月一日，吳佩孚部退守其最後的據點：武昌。他在這裏洪山的丘陵地帶築有炮臺，構成堅強要塞；吳佩孚更增派兩師人，加強防務，擺開死守武昌的陣勢。

蔣緯國《北伐戰史》第二部寫道，初期進攻不利，「攻城各部隊，以團為單位，編組奮勇隊，為攻城突擊部隊，九月三日凌晨行動，第七軍方面，行動較遲緩，黎明時始進入預定位置，致部隊運動暴露於敵人炮火之下，未能接近城垣，第十師攻至城牆下，天色已明，受敵人炮火壓制，傷亡甚重，第二師突擊隊攻抵城牆下，攀登城牆時，遭敵炮火猛烈射擊，且因雲梯過短，不及攀至城巔，死傷累累……」

八月二十三日，蔣先生在長沙召開軍事會議，決定分四路進攻汀泗橋，二十七日半夜，從長沙啟程，下午到達浦圻，次日電賀陳可鈺、陳銘樞、張發奎等攻克汀泗橋。九月初，任命李宗仁為武昌攻城總指揮。三日正午，北伐軍進圍武昌城，趁夜色掩護發動攻擊，敢死隊多次要攀垣入城，但都被敵方重炮及機關槍所遏阻，無法逼近。當天晚間，蔣先生乘車抵達武昌附近的涂家灣，擬發動第二波攻擊。四日，召集緊急軍事會議，部署攻城，限四十八小時攻克武昌，並訓斥劉峙說：「爾等如再不爭氣，何以立世見人。」雖然下了死命令，次日猛攻至中午，毫無進展，傷亡頗大，伸展左右兩翼再度發動總攻，但仍然未能將雲梯靠到城牆，致又告失敗。不得已暫停攻擊，重新研擬作戰計畫。

漢陽則在經過十六小時的激戰之後，於六日下午攻下；七日，漢口也被克服，武漢三鎮中的兩鎮業已歸於掌握。

敵軍主帥吳佩孚，更向北逃遁到河南信陽方面。

此時，武昌城雖已陷於孤立情勢之下，但劉玉春的城防部隊繼續頑強抵抗；北伐軍為對城內居民的生命加以保護，不能為攻城而不擇目標地發炮轟擊，於是，乃留下第四軍所屬兩個師及部分炮兵，繼續圍困武昌，封鎖其出入，以徐謀攻略，其餘部隊則抽調他處作戰。

吳佩孚於湖北失敗之後，退守河南，沿豫鄂邊境設防，準備反攻，以靳雲鶚為前敵總指揮，駐守信陽一帶，以田維勤為中軍，駐軍平漢線上，以魏益三為右軍，龐炳勳為左軍，相互呼應，賀國光與王維城居後策應，在確山、駐馬店一帶，賀國光為第一預備隊，王維城為第二預備隊。

此時靳雲鶚打著騎牆的主意，私下暗通國民革命軍，藉口糧餉不敷，徘徊不前，賀國光這期間與之見面，因賀先生同情革命，故亦同情靳雲鶚。

幕僚眼中的吳佩孚如何呢？曾任吳佩孚討逆軍總參議的白堅武日記寫道：「吳使長於用兵，短于施政，地位既高，諛言日至，往往拒諫飾非，前路茫茫，殊可慮也。」（一九二二年十一月八日）

賀國光回憶北伐之役，說是此時北伐軍到了豫鄂邊境，張發奎與唐生智駐軍武勝關。吳佩孚迎拒北伐軍，坐鎮鄭州，寇英傑亦在鄭州，寇部賈萬興在開封，合共十餘萬人。如此軍容，吳軍應有可為，然是時形勢大改，諸將徘徊，南北受敵。張作霖藉討赤之口號，欲渡黃河南下，寇英傑與張氏久已暗通聲氣，對待吳氏，卻是貌合神離，北邊一河之隔難保安全。

奉軍在鄭州渡河，寇之心腹何景亭在開封開城降敵，吳之大勢已去，及高汝桐戰死，吳佩孚之時代完全過去，吳氏最後僅一旅人退入湖北西面，奉軍雖然佔領河南中心地區在先，張發奎部到來，與馮玉祥聯合夾擊，奉軍北走，北伐軍完成河南之光復戰爭。

是役，靳雲鶚回應革命軍，站在革命軍之立場言之，其轉移中原局勢，應居首功，但靳氏野心勃勃，並不許身革命，日後自稱河南保衛軍總司令，脫離革命陣營，終於不能自保。

吳佩孚雖然失敗，其最後對革命軍甚表同情。某次，吳氏比較北伐軍與奉軍之侵犯河南，曾經說他和蔣介石有共同的心曲，而對奉軍則絕無好感，他說，「奉軍自稱討赤，藉口占地盤而已」。

武昌方面，革命軍採取封鎖措施，對敵軍的水路交通、通信予以切斷，對於武昌城內的商人，也明白宣示禁止供給敵軍糧食及金錢等接濟，如有違反，按軍法處置。同時，並由飛機飛臨武昌城上空，投下「打倒吳佩孚」、「廢除不平等條約」、「勸告敵軍投降」等標語，實施心理瓦解，以打擊其士氣，及策動民心背離吳軍。另一方面，打至九月底，革命軍再次對武昌總攻，仍然功虧一簣，於是下令黃埔軍校工兵隊，加強坑道工兵作業，準備實施城垣爆破攻擊。此期間敵人困窘已極，從城門鑽洞逃竄者極夥。

武昌圍城，一圍幾十天，不像想像的那麼容易。當時在城內的張緒滋，回憶當時的情況，真是愁雲慘霧，令人扼腕。張先生民國後期曾任傘兵司令，但在武昌圍城時，他還是是一個十七歲的大孩子，在財政廳幫工。起初，他常常跑去城牆上和吳佩孚部士兵聊天，他們給他大饅頭吃，那些兵全是北方人，國民軍一度炮火激烈，臨了又被擊退，少量衝上城牆的敢死隊員，被吳軍殺頭掛在電線杆上，掛久了，還有生蛆落下，後來竟越掛越多。這樣殺氣騰騰，兵荒馬亂，然而城內的情況並不因死守而好轉，人們開始殺馬、狗、貓充飢。守城的士兵，下到城內民眾家裏搜索食物，生黴的饅頭，也視為至寶。到了十月初，實在不行了，開了一個小門，放走一些老百姓，少量士兵偷偷混在民眾中企圖逸逃，出城就被北伐軍射死。到了十號徹底攻克，「城內能吃的東西都吃光了，守城的士兵慢慢也沒有鬥志，不久國民軍進了城，各城門大開，人民歡天喜地，到處放鞭炮慶祝，重見天日，一片欣喜景色，我當時有個印象，至今不忘：革命軍士兵，大多為廣東人湖南人，個子矮小，單衣草鞋，怎麼會打敗北方大漢子阿兵哥呢？今日思考，是三民主義的號召」（《戰亂餘生——張緒滋回憶錄》第一章二節，一九九一年版）。

武昌城內敵軍，在北伐軍傾力打擊之下，漸告不支，十月十日凌晨，北伐軍突入武昌城，與吳佩孚所部發生巷戰，其後多個城門被突破，各部隊協力掃蕩吳軍，俘獲敵指揮官陳嘉謨、劉玉春。至清早，城內敵軍全部肅清。極為巧合，冥冥中有如天助的是，這一天，恰為武昌起義的十五周年紀念日。

戰場轉進　肅清長江下游

國民革命軍出師北伐的初期戰略，大略脈絡是打倒吳佩孚，聯絡孫傳芳，不理張作霖。最主要的敵人，聚焦吳佩孚；至於孫傳芳，則以上兵伐謀，冀其置身事外。戰事剛展開，孫傳芳期待北伐軍和吳佩孚部互作消耗，夢想坐獲漁利，故而袖手旁觀。在翻雲覆雨、互相疑忌的軍閥之間，總認為和自己處於競爭關係的對方越是受到打擊，便越對己方有利。

蔣總司令對如此態度的孫傳芳，曾在八月中旬自長沙拍發電報，冀其歸順革命陣營，「兄（孫傳芳）以蘇、浙、皖、贛、閩五省之治安自任，若能順應革命潮流，以保五省人民之幸福，中正必請於政府，承認兄為五省之總司令。」

孫傳芳置之不理，當兩湖底定後，孫傳芳慌了，乃轉而激勵吳佩孚，促請其加強應戰；同時，復以保境安民為藉口，策動自己地盤的江、浙二省發起自治運動，想匯合民間力量來阻止北伐軍東進。

八月底，派其第三方面軍總司令盧香亭為援贛總司令，調軍進駐江西，與北伐軍對抗。

兩湖戰場取得決定性勝利，使得孫傳芳受到直接威脅。孫氏遂調集十四五萬大軍集中於江西，復與奉張、魯張（宗昌）聯絡，並與張宗昌結為把兄弟，達成蘇魯和平協定。

當北伐軍攻取萍鄉、袁州一帶並攻近南昌時，孫傳芳威脅不可再進，不料約好的張宗昌未能到達，於是他又要求和緩修好，北伐軍當然不受他的騙，還是積極的進攻。以二、三軍攻贛西，一軍攻修水一帶。一軍、六軍一師在南昌失敗，損失甚巨。當時因交通阻塞，指揮不統一，待三軍到高安，一師業已退卻。北伐軍以二軍、二師歸魯滌平指揮，向南潯鐵路進攻，孫傳芳之主力軍即在此。

北伐軍終於和孫傳芳兵戎相見，第二、三、六各軍所部趨向江西。九月初，趁其立足未穩，先發制人，攻下萍鄉開始，很快地控制了贛南地區；十九日，第六軍的部隊進入省會——南昌城。國民革命軍原先簡稱黨軍，故當地民眾集合道旁，連稱「黨軍可愛！」北伐軍之克復南昌，是受到城內民眾，尤其是學生們的協力。他們自動自發地破壞敵軍設施，幫助革命軍進攻。

孫傳芳糾合他在九江的部隊，傾全力向南昌反撲。當時，擔任城防的北伐軍，僅有萬把人，眾寡懸殊，乃不得不在九月下旬暫時退出。

此時恰值武昌戰事初定，蔣總司令為督導作戰，特由武昌折返，在經過長沙前往江西的途中，聽說南昌又趨危急，乃在十月初駐節於南昌附近的高安，親自指揮再度進攻。

十月中旬，將原來擔負圍攻武昌任務的第一軍第二師及第四軍部隊調來江西，試圖包圍南昌，但因孫軍炮火亂射，革命軍為不得不謀儘量減少民間的損害，因而一時撤開對南昌的包圍，變更作戰計畫，迂回敵軍後方，切斷其補給線。此一行動，發生了很大功效。北洋軍閥的指揮方式多依託火車，來往傳達命令敏捷便利，但黃埔軍校此時已增無線電科，蔣總司令佈置好後，即下總攻擊令，第七軍於十一月初佔領德安，衝破敵人後方陣線，一方面北攻九江，南攻涂家埠。十一月五日，攻克敵軍後方據點九江；七日，南昌復歸革命軍掌握。

九江戰事得手，孫傳芳、盧香亭無奈只好逃回南京。北伐軍於是進攻塗家埠，然後直下南昌，生擒敵人軍長三人，旅長、團長無算，繳械約兩萬餘。這是一場大戰，孫傳芳勢力退出江西，遂致江浙動搖。

經過這次戰役，孫傳芳的精銳部隊差不多全被殲滅，他本人逃往南京，江西省乃繼兩湖之後也納入了國民政府的管轄之下。

打至這個地步，北洋軍閥開始緊張起來，遂有全體動員的跡象。逃到南京的孫傳芳，親往天津，求助於張作霖。

張作霖在十二月初組織安國軍，設總司令部於天津自任總司令，以孫傳芳和張宗昌為副總司令，並且和敗退河南的吳佩孚也有所聯繫，形成北洋軍閥扇形反攻態勢。

因在九江敗北，孫傳芳實力大減，他與張宗昌的結盟，又引發張作霖的嫉妒，狼心盤算、狼眼覬覦著江浙富庶之地。孫傳芳因主力崩潰，所以決請魯軍南下，意圖使奉軍和革命軍開打，自己好退守浙江，蓄養實力，預備捲土重來。這時候他們聚在天津召開一個天津會議，奉軍想要佔領江蘇，蘇皖內部陳儀、周鳳歧早有拒奉的決心，陳調元倒向北伐軍，吳佩孚很不贊成他們的算盤，自己要另搞一套。

福建方面，何應欽所指揮的東路軍，沿海岸快速進擊，掃蕩孫傳芳系的福建督辦周蔭人所部，於十二月中旬進駐福州，周蔭人逃亡浙江。北伐第二軍一部自江西迂迴福建中北部，解決了投降的叛軍李生春師。原來此公係周蔭人的主力之一，見風使舵投降北伐軍，其後看到北伐軍裝備訓練，均遜於他們，心生蔑視而有悔意，又想謀叛。指揮部發覺其意圖後，遂在行軍途中，分別將其在延平、建甌、埔城等地，予以繳械。由於事先準備周到，並能乘其不意，故敉平叛軍的行動進行非常順利。

蔣總司令乃於一九二七年的一月初，在南昌研訂作戰計畫，將北伐軍區分為東路軍、中央軍、西路軍分三路挺進，以謀肅清長江下游的敵軍。東路軍由何應欽擔任總指揮，以杭州和上海為目標；中央軍由蔣總司令親任總指揮，下轄由程潛率領的江右軍和李宗仁率領的江左軍，指向南京；西路軍由唐生智任總指揮，與在陝西的馮玉祥部隊聯絡，俟機進攻河南。

一月下旬，以東路軍發動攻勢為開端，各軍分別攻擊前進。

東路軍在迅速攻下杭州之後，於三月間迫近上海。東路軍折返浙江、皖南境內，在這一帶，沿途民眾多奉茶水、擺香案、放鞭炮，歡迎革命軍，真所謂簞食壺漿，以迎王師。中旬，敵淞滬海軍艦隊司令楊樹莊向北伐軍投誠，就任國民革命軍海軍總司令，所屬各艦艇都升起青天白日旗，回應北伐軍作戰。下旬，上海、松江、蘇州、無錫均落入黨軍之手。孫傳芳殘部及直魯軍的一部分全被消滅。中央軍的進攻，也非常順利，所部則於三月下旬到達南京。

到了會師南京的前一日，軍次金壇，積極準備翌日對南京之攻城戰，北伐軍軍官暗想此役非同小可，金陵金城湯池，天下聞名，當年曾國荃圍攻南京太平天國時，是傾十萬之師，窮三年之力方達攻克目的，這次將不知犧牲多少人，費多少日，才打得下來。殊不知天下事，常有出諸意料之外者。第二天聞程潛的第六軍，已捷足先登，第二軍一部為防止另一敵軍之偷渡反攻，奉命開赴江邊，負警戒之責。其後渡江北進，在滁縣醉翁亭西南約三十華里的蔡家墓附近展開攻擊戰鬥，當時軍閥部隊士氣消沉，毫無鬥志，他們放棄當面的山地制高點，而在山后小河流的後方沿堤岸佈防。

北伐軍到了滁縣、盱眙至泗陽附近，遇土匪百餘人，輕而易舉將其打退。然後向臨沂（沂州）前進。此地為張宗昌的主力部隊第一軍據守，軍長姓方，人稱方花臉。沂州城牆，堅而且高，形勢險峻。在攻城的先一日，營長招集各連長，分配攻擊任務。當時在戰場上因功升任連長的劉玉章奉命由臨沂城東南角最險處，於翌日拂曉，爬城攻擊。劉玉章寫道：「但爬城工具只有不及城高三分之一的竹竿雲梯兩個。所謂有炮兵支持，乃是等於現時的六〇炮之俄國沙皇時代的點火發射的傢伙。我默想翌晨的攻擊，我自須立於陣頭，率先攀登。兼以城外空曠，毫無遮蔽，爬城工具既不濟事，火力掩護等於闕如，自分必死，以致夜不成寐。而今回想生平臨陣，此次可算是最感不安的一次。正輾轉間，忽奉命經揚州、鎮江，向上海大轉進。事後始知寧漢分裂，校長下野，軍事佈署另作調整也。此時，番號已改為第九軍，軍長為顧祝同，仍轄第三師、第十四師，另增第二十一師，共三個師。」

國民革命軍於一九二七年五月沿津浦路北上，再度出師北伐，津浦鐵路縱貫華中、華北，是中國最重要的一條幹線鐵路。張宗昌、孫傳芳兩部約二十萬軍隊佈防於此。五月中旬北伐軍發動攻擊，第二、三兩路分別渡江成功，第二路於十九日佔領津浦鐵路線上的張八嶺，第三路於二十一日克服蚌埠；第一路也於十五日開上火線，二十三日拿下揚州。

第三路賡續北上，指向徐州。而張宗昌的部隊軍紀廢弛，一面不斷搶劫，一面北向逃遁，沿途居民多拿起武器襲擊張軍。國民革命軍則於六月二日兵不血刃，進入徐州。

另一方面，第一、二兩路差不多控制了江蘇全省，孫傳芳逃亡青島。此時，在南京定都之後的國民政府基礎鞏固，已經掌握了蘇、皖、浙、閩、粵、桂、黔、川各省的領導權。

龍潭大勝　迭創佳績

到了一九二七年八月，又取得龍潭戰役的大勝。

八月間，孫傳芳作最後掙扎，集中全力渡江反撲。北伐軍由上海鐵運西進，第九軍協力第一、第七兩軍夾擊，展開了歷史上有名的龍潭之役。雙方反覆衝殺，戰況十分激烈者二、三日。劉玉章回憶道：「當敵退我追，因追擊太猛，到相當距離時後顧發現無人，只有掌旗兵跟我。奇怪者，此時以情勢緊張，自己腿部負了傷，竟未察覺，經掌旗兵發現血流如注後，始自行裹紮了之」。

那時，孫傳芳所部居然又打了強心針似的，節節向南推進，直逼南京。八月下旬，他的三個師居然以夜霧為掩護，由長江北岸望江亭、劃子口、大河口三處，強渡長江，佔領了南京以龍潭車站，切斷滬寧交通，形勢頓顯危急。

北伐軍迅作反應，即由何應欽第一軍、白崇禧率第七軍從南京、鎮江東西兩方夾擊孫傳芳部，據白崇禧說，長江天險，孫部能安然偷渡，這與海軍之曖昧態度有關。白氏帶上政治部主任潘宜之以一排憲兵上通濟艦督戰，炮擊渡河敵兵，其他軍艦見通濟艦已表明態度，紛紛向敵方開炮。海軍參戰後，阻止孫部之後援，敵軍炮兵因見我艦隊開炮，彼亦炮擊我兵艦，適有英艦經過江中忽被炮擊，英艦不知是何方發炮，為洩憤計，乃猛烈地炮擊黃龍山，敵軍陣地多半被毀，第七軍就此乘勢衝上黃龍山。打至八月底，劉峙、衛立煌率部佔領水泥廠。是役，雙方死亡很重，肅清殘敵，清理戰場，當時敵我兩方都是屍體遍地，骸骨盈野。

白崇禧在這裏碰見何應欽，兩人相見，親切逾常，一則因為內心激動無比，二則大家預料戰爭必定勝利，心情愉快萬分。所以後來何將軍每談到龍潭之役，認為完全是精神協同，才能獲得勝利。「我與何將軍雖然在數日內未完全聯繫，但是兩人攻擊敵人之部署，恰巧是腹背夾攻。」

戰役開始之前，孫傳芳部做了周密的演練，利用密佈如網之運河支流，操演船舶和水戰，不過在敗退後，他本人固然逃回江北，其部屬幾全被俘虜，不過孫部被俘之高級幹部，於押運至南京途中，逃脫者不少。

龍潭之戰期間的形勢，孫傳芳做了周密判斷，他利用了最有利之時機：蔣先生下野，唐生智有貳心，革命軍徐州受挫。他選擇大河口、劃子口等地渡江也是最有利之地點。劃子口對岸便是棲霞山、烏龍山炮台。佔領該等山地，一則可以掩護登陸之部隊，二則可以威脅南京。南京一旦被占，革命軍之政治力量將被瓦解。

龍潭之役，孫傳芳既得絕好之機會，何以會失敗呢？孫之失敗不是指揮錯誤，也不是戰鬥力不強，白崇禧以為：主要原因有三：（一）參加龍潭之役之革命軍以一、七兩軍為主。一、七兩軍都是國民革命軍之主力，對三民主義有信仰，有信仰便有力量；（二）白崇禧本人由滬回寧，在無錫指揮第一路軍，與何將軍無形中造成夾攻之形勢；（三）孫部渡江後，渡口被革命軍所抄襲，後援不繼，加以海軍態度明朗，孫部之補給可說完全斷絕。反之，滬寧之間補給方便。雙方經六晝夜之苦戰，有無補給自然成為決定勝負之重要因素。

龍潭戰役後不久，蔣先生東山再起，復任國民革命軍總司令職，領導全軍繼續北伐──第二次渡江北伐。浦口渡江後，敵軍竟無抵抗而後退。北伐軍奉命以徐州為目標，戰備搜索前進。當面敵軍仍為孫傳芳主力，以徐州為中心，在蚌埠、鳳陽一帶佈防。鳳陽在津浦鐵路之西，地形大部平坦，惟東北方均山地，亦即敵軍之防禦主陣地。

當時北伐軍的攻擊部署，鳳陽以西由第十軍擔任，餘由第九軍擔任。該軍某團向鳳陽及其東北方的紗帽山攻擊。劉玉章所率連為左第一線攻擊隊，戰鬥一開始就很激烈。下級軍官傷亡不少。北伐軍攻擊前進，敵人則退據於後方之另一帶山地，對北伐軍形成居高臨下之勢。敵主力避強擊弱，突向北伐軍左翼的第十軍方面壓迫。劉玉章回憶當時情景：第十軍是王天培將軍的貴州部隊，裝備較差，鬥志亦弱。竟藉口彈藥不濟，擅自撤退，陷我軍左翼暴露，有被包圍之虞。下午三時，敵人步炮連合向北伐軍一線陣地展開攻擊，推進至距我百公尺高地之死角處，北伐軍一個連隊突然撤走。幸好敵除以火力追擊外，部隊無積極行動。

時已入冬，氣候轉寒，過蚌埠後，繼續向敵人的防禦中樞──徐州前進，當面敵軍約一旅佔領馬鞍山，而以約一個團兵力，據守老黃河岸沿堤及村落為主陣地。北伐軍抵達該地附近後，先行展開搜索，瞭解敵情後，決定於第三日夜間攻擊。全盤攻擊部署，以第八團在左，第七團在右；營的攻擊目標為堤岸邊的張村，先驅逐沿堤敵部隊，再向馬鞍山敵左後推進。營長遂決定以第一連在左，第二連在右，展開為第一線。

劉玉章所在部隊連按照計畫，乘夜暗秘匿行動，於拂曉前接近敵陣地，待至衝鋒準備位置，敵已發覺，北伐軍即斷然以密集隊形發起衝鋒，向黃河岸張村突擊。拂曉，但見遍野敵軍，混亂一團，紛紛潰竄。此役俘獲敵迫擊炮兩門，步槍十餘枝，劉玉章率該率連繼續向兩河口追擊，佔領後，以兩個排在村邊佔領陣地，控制一排為預備隊。這時，營及其它部隊均未跟進（停止於張村），劉玉章即將戰況及當面敵情報告營長，並要求迅速增援，以其確保戰果。

民國中後期，那些震爍一時的名字，那些民族保衛戰爭中為中流砥柱的才智英俊，正是在北伐的佇列中，活躍著他們的身影，充任下級軍官，打下參謀指揮的雄厚基礎，經血火的淬煉，成長為一代名將。像鄭洞國，一九二七年春率部駐守棲霞山陣地，曾命所部炮兵向英海軍堅決回擊，龍潭戰役後，專任徐州警備司令部參謀長；像關麟徵，以少校營長職參加北伐，隨後因功調任第九軍教導團團長。張靈甫，北伐時期任排長，與孫傳芳部作戰右腿負傷。戰後，升任連長。邱清泉東征期間，即在淡水、棉湖戰役中立功，北伐時強渡汨羅江、掘地道攻武昌，屢立戰功，北伐軍佔領南昌後，邱清泉賦詩「壯士手中三尺劍，雄圖胸裏十萬兵」以言其志。胡璉，在兩湖攻擊戰中作戰勇敢，戰功卓著，頗受賞識，擢任排長……

再度編組北伐　統一告慰先烈

北伐軍於一九二六年七月誓師後，直指湘鄂，摧枯拉朽，很快打垮了吳佩孚；接著又取得贛、閩、浙、皖、蘇的勝利，孫傳芳潰不成軍。大勢所趨，北伐奉張，已是指日可待。閻錫山看到這一形勢，乃於一九二七年六月上旬就任國民革命軍北方總司令，懸掛青天白日旗。國民黨中央政治會議追認這一職務，並於六月底推閻錫山為該會委員。七月上旬，國民政府軍事委員會又任閻為委員。中旬，閻錫山指揮晉軍出兵石家莊。九月底閻錫山誓師討奉，在京漢、京綏沿線與奉軍激戰。北伐一度受挫，奉軍乘勢大戰晉軍，傅作義部被圍涿州，雁北地區被奉軍佔領，山西處境危殆。閻錫山指揮晉綏軍牽制了相當一部分奉軍，對北伐全局來說在戰略上具有重要意義。

蔣總司令下野未及半年，於一九二八年初復出後，以繼續北伐統一全國為目標，規勸雄踞山西的閻錫山。一九二八年春，國民政府任命閻錫山為國民革命軍第三集團軍總司令，三月上旬國民黨中央政治會議任命閻為太原政治分會主席，兩天後又任命閻為山西省政府主席。當月，蔣先生統率北伐軍對奉軍展開全面進攻，第三集團軍轉守為攻，收復大同，佔領保定，並向京津進軍。此時第二集團軍馮玉祥部雖然人多勢眾，但國民政府還是任命閻錫山為京津（後稱平津）衛戍總司令，並讓第三集團軍部隊先行入京，天津亦和平接收。至此，閻錫山在北伐中掌握了晉冀察綏四省和平津兩特別市的軍政大權。

最後的北伐，導致張學良易幟。

閻錫山說：「國民革命軍到了漢口、南京之後，當時北洋軍閥首領已由段祺瑞、徐世昌、馮國璋、曹錕而易為張作霖，當時張作霖認成晉軍是一個民軍勢力，意欲乘國民革命軍未到北平前，消滅晉軍。我察知此意，乃爭取主動，五路出兵，攻取北京，因有一路遲滯，致功虧一簣，復撤回山西，固守雁門，奉軍進攻八閱月之久，未能得逞，山西得保安全。此為我與北洋軍閥奮鬥的一段簡略的話」（〈閻錫山先生答客問的自述〉，見《傳記文學》雜誌總第一八六號）。

現在所要進行的北伐，也是統一全國的最後的北伐。

北伐軍總司令蔣先生自去年初秋下野以來，再度執掌兵柄。那一段時間，北伐也還在勉強進行。何應欽所統馭的第一路軍，再度攻克徐州，向山東省境挺進，和盤踞此地的張宗昌對峙。

二月中旬，重新編組的國民革命軍戰鬥序列是：

北伐軍總司令　蔣中正

參謀總長　何應欽

第一集團軍總司令　蔣中正（兼），轄十八個軍，二十九萬人。

第二集團軍總司令　馮玉祥，轄二十五個軍，三十一萬人。

第三集團軍總司令　閻錫山，轄十一個軍，十五萬人。
海軍總司令　楊樹莊，轄四個艦隊。

稍後，李宗仁被任命為第四集團軍總司令，轄十六個軍、九個獨立師。

此時，張作霖盤踞北京自稱大元帥，統轄由孫傳芳、張宗昌、張學良、楊宇霆等所指揮的七個方面軍，擁有兵力百萬。

第二期北伐時，張作霖開府北京，先是奉軍針對閻錫山、馮玉祥兩方作戰，戰區在晉魯豫，雙方各陳兵五六十萬，戰線長達二千餘里，奉方糾集七個方面軍，分別以孫傳芳、張宗昌、張學良、楊宇霆、張作相、吳俊升、褚玉璞等人率領，對晉軍和國民軍作戰。等到北伐軍上來了，蔣總司令和白崇禧親自指揮，以三個集團軍的重兵從京漢、津浦線推進，一路進攻保定、滄州，一路進攻許昌、正定，山西軍則向石家莊推進，成扇形包圍，奉軍戰線遂越縮越小，不久滄州、保定失守，孫、張諸人回到北京，奉方見大勢已去，不敢戀戰，實施總退卻，引師出關。

隨後，北伐軍分途沿津浦鐵路、京漢鐵路、正太鐵路挺進。

第一集團軍行動迅速，十日，便攻克了山東省南端的台兒莊。相繼又佔領臨城、臨沂，勢如破竹，指向作戰目標——濟南，繼續攻擊前進。

但這時的敵人又加入了兇殘的日本。日本蓄意侵略，軍閥存心賣國，他們對北伐造成極大的阻礙。華北一帶是日人覬覦已久的地區。上一年革命軍北上進擊時，日本就曾出兵到達濟南。現在，他們又派遣陸戰隊赴青島，開進濟南。並於城中心架設工事，搭建戰鬥堡壘。北伐軍的壓力，頓顯沉重。但是為了國民革命，成敗利鈍，只有硬幹到底了。

所幸老百姓久旱望雲霓。濟南城，家家都掛出青天白日旗，歡迎革命軍。

北伐領導人傷心地寫到：「戰地見將士之死傷，已為之驚魂；而今復見人民之饑容、孩提之餓斃，更不勝悲憫。」

第一集團軍於五月十三日佔領平原；第二集團軍進至到德州；由山西方面出擊的第三集團軍，則於擊破娘子關之後，進入河北省，拿下了石家莊與正定；第四集團軍也揮師北上，加入進攻。

此時，京、津地區，已經在指顧之間，只須等各軍配合行動，並力攻向北京。

日軍蠻橫猙獰，加緊了蓄意挑釁。此時，在北伐軍打擊之下，張作霖已失威勢，他號稱百萬的部隊，銳減到四十萬人，就在這時，日本伸出魔爪，迫張作霖簽訂密約，內容是有關五路權利給予日本……日本田中內閣的意圖，是要從張作霖的手裏像這樣地奪取各種利權之後，把東北自中國割離，使之成為日本的殖民地。為了達到這個目的，最迅捷的道路，就是利用張作霖在東北所培植的權勢，使之成為傀儡為其控制東北。

在發動總攻擊之前，北伐總司令部為視察戰況而於五月中旬由徐州前往鄭州，繼之，更於五月底抵達石家莊。

日本人拿出他們極其野蠻兇殘的殺手鐧，在六月上旬，用一百多公斤的炸藥，將張作霖炸斃。爆炸後，情形慘極：只有車輪與車床尚可見原形，車廂則四散紛飛，接在後面的餐車與臥車也都被爆炸燃燒成為廢鐵。

張作霖的長子張學良在一片惶恐之中，化裝為炊事兵，由北京出發，秘密返回奉天。

張學良模仿他父親的簽名，發表捏造的命令，著他代理職務。急調嫡系部隊返回奉天。在天津一帶河北省境依賴奉軍支持的直魯軍，趨於總崩潰的慘境。張宗昌、褚玉璞急忙向國民革命軍第三集團軍總司令閻錫山乞降，但被拒絕；走投無路的張宗昌乃脅迫各國領事「大軍絕食，難以保障各國僑民安全。」

六月四日國民政府任命閻錫山為京津衛戍總司令，負責維持治安。兩天後，他率領之第三集團軍的先遣部隊，開往京郊，而留駐北京的奉軍鮑毓麟部也在當天清晨撤出，市內各處飄掛青天白日旗。

北京終於在和平方式下，得以光復。

六月八日國民革命軍正式入城，入城路線的彰儀門大街一帶，清晨就站滿民眾，手持青天白日國旗，來表歡迎。幾天後，閻錫山偕同第四集團軍前敵總指揮白崇禧由保定來京，而本在天津頑抗的張宗昌殘部，也終於向革命軍投誠。至此，京津地區悉歸革命軍掌握。

六月十二日，國民政府發表《對內宣言》。其要點為，勵行法治、澄清吏治、肅清盜匪、免除軍閥所課徵之苛稅、裁減兵額安置士兵就業等項。同時號召各部官吏、部隊指揮官、各省市政府整改紊亂制度，著手建設三民主義新中國。十五日，繼之發表《對外宣言》，表明北伐完成後的外交政策「不平等條約所加於中國之諸種束縛，尚未解除……今後另訂新約，務以完全平等與互相尊重主權為宗旨。」

隨即，直隸省改稱河北省，北京更名北平。

此時，北伐軍以及國民政府高層，最重要之事務，就是要前往郊外香山碧雲寺，恭謁國父中山先生靈寢。七月六日上午八時許，蔣總司令偕同襄祭馮玉祥、閻錫山、李宗仁、李濟深、李烈鈞、戴季陶、蔣作賓、白崇禧、鹿鍾麟、商震、徐永昌等三十餘人列集靈堂，祭典開始，奏哀樂、主祭者獻花，行三鞠躬禮；繼之，由商震代讀祭文，讀畢，開棺瞻仰，及見先生遺容，此刻的心情，聚焦於中山先生期望完成的統一全國宏願之實現，告慰於他的靈前。

商震代讀的祭文為陳布雷手筆，即《克復北平祭告總理文》，全文精警痛切，既令人肝腸寸斷，也促人奮力前瞻：

維中華民國十七年七月六日，國民革命軍既奠北平，弟子蔣中正，謹詣香山碧雲寺，致祭我總理孫先生之靈曰：溯自我總理之溘逝，於今已三年餘矣。中正昔侍總理，親承提命之殷，寄以非常之任，教誨諄諄，所以期望於中正者，原在造成革命之武力，剷除革命之障礙，以早脫人民於水火。乃荏苒歲時，迄於今日，始得克復舊都，展謁遺體，俯首靈堂，不自知百感之紛集也。方總理哀耗抵粵之時，正中正剷除陳逆，駐軍興寧之日。追憶總理「政綱精神不在領袖」之遺言，不啻對我同志永訣之暗示。中正服務在軍，病不能親藥餌，歿不及視殯殮。惟我父師，不可復得；戎衣雪涕，疚憾何窮。自茲以還，唯以繼志述事，痛自策勉，恪遵全部之遺教，益為革命而戮力。三年之間，本黨基礎瀕於危亡者，先後五次；革命勢力，幾於覆敗者，凡十五次；而軍事危機，尚不與焉。每當艱危困厄之來，中正惟一秉遺教，追隨先進，勉圖靖獻，盤根錯節，更歷已多。洎乎本年中央第四次全會，方克安渡艱難，重現團結。回憶曩時，同志在紛歧離析之中，主義遘晦冥否塞之會，若非總理有灼然昭垂之遺教，將不知何術以復歸於共同。至若橫逆之紛然而來，譭謗之無端而集，若非總理有成敗不計，與各用所長之寶訓，亦幾不能力排艱難，奮鬥以迄於今日。茲常肅祭靈前，懷過去則撫創而思痛，念未來則臨冰而知危，所欲復告於總理者，萬緒千端，更僕難盡，已往不追，固不欲瑣瑣陳述，以瀆靈聰。而來日大難，輒敢以微願所寄，奉祈昭鑒。謹籀其概，為我總理陳之：

我總理昔日為集中革命勢力，為聯合平等待我之民族而聯俄……我總理之中道殂謝，奚止國民革命之不幸。今總理既不可復作，而全國同胞困窮凋敝之餘，又何堪再受劇烈之犧牲？是唯有闡明主義，以遏止異說之傳播；戮力自強，以致邦交於平等；廢除不平等條約之遺囑，必貫徹於最短期間。此中正所兢兢自勉，以勉同志，敢為我總理告者，一也。

憶昔第一次全國代表大會開會時，我總理垂誨諄諄，以紀律廢弛，人自為戰為厲戒；以精神結合，團結一致相詔勉，誠有見乎革命之危機，往往伏於內部之渙散。乃自總理逝世以來，同志之間，每因觀點之偏差，輒肇意志之分裂；或因互信之動搖，妨及共信之根本，言行趨向，遂有異同。實直言之，不獨二百萬之武裝同志，未能悉明黨義，竭誠信仰，尊重中央，即我黨員之間，對於主義，亦未能全體一致，有確切不搖之認識。黨基未立，胥坐此故。總理之靈，應有遺憾。今軍事掃蕩，幸將告成，建國伊始，尤需要有統一堅強之黨。若非全黨同志，精誠結合，悉泯已往之糾紛，共圖今後之建樹，過則相忘，善則相勸，犧牲個人之自由，確守嚴明黨紀，一致同歸於三民主義指導之下而努力，否則，將何以絕反動之覬覦，負救國之大任，抑亦無以對我奮鬥畢生之總理。此中正所兢兢自勉，以勉同志，敢為我總理告者，二也。

溯自辛亥革命，我總理即主張以南京為國都，永絕封建勢力之根株，以立民國萬年之基礎。因袁逆為梗，未能實現。我同志永念遺志，於北伐戰爭戡定東南之日，即遷國民政府於南京，而建立中華民國之國都。今北平舊都，已更名號，舊時建置，悉予接收，新京確立，更無疑問。凡我同志，誓當擁護總理夙昔之主張，努力於新都精神物質之建設，徹底掃除數千年傳統之惡習，以為更新國運之始基，庶幾異日遺櫬奉安，得藉靈爽監臨，而普耀主義之輝於全國。此中正所兢兢自勉，以勉同志，敢為我總理告者，三也。

革命首先革心，為我總理重要之遺訓，而於革命垂成之時，尤宜切實服膺。今革命軍事已達告終之時期，人民疾苦亟待切實之解放。凡我同志，若不於此日，檢束身心，痛自省惕；則虛榮利祿之誘，地盤權威位之私，個人主義之企圖，封建思想之留遺，處處皆有政客包圍之危險，時時可中官僚墮落之惡習。稍存疏懈之心，即不免蹈辛亥革命之覆轍，使先烈赤血凝成之豐碑，頃刻碎為齏粉。自唯有遵總理革命之訓，懍履霜堅冰之戒，而後過去之成績，始克保持，迴圈革命得以防止。此中正所兢兢自勉，以勉同志，敢為我總理告者，四也。

三民主義之國民革命，依據我總理遺教所詔示，全部事業，異常艱巨。軍事告終，僅係破壞時期告一段落，並非國民革命全部之成功。我國人民狃於法、美國諸革命之先例，以為軍事勝利，政權移轉，即係革命完成，此實不明國民革命之真諦。蓋繼此以後，關於「心理」、「物質」、「政治」、「社會」之建設，及民生幸福國際平等之蘄求，有需於全體同志，全國同胞之共同奮鬥者，殆十倍於軍事時期。譬之征途千里，甫發其軔，既不宜矜功自喜，尤不可中道懈馳。總理有言：革命尚未成功，同志仍須努力。必至三民主義完全實現之日，方為全黨同志克盡厥責之時。此中正所兢兢自勉，以勉同志，敢我為總理告者，五也。

本黨為解放民眾而革命，破壞期間，民眾已飽受不可免之犧牲。軍事既終，若於軍隊問題，無適當之解決，不獨國家財政，不勝巨額軍費之負擔，人民膏血不能再應無量之供求，而以二百萬少壯同胞之勞力，悉令棄置於不生產之軍隊生活，尤為社會經濟之損失。我總理昔當軍閥未除、尚以實行裁兵，望國內軍閥之覺悟，所定化兵為工之政策，博大仁慈，昭垂天下。今北伐完成，久困之民，渴望天日，值茲更始之際，合國防計畫與兵工政策為整個之計議。確定兵額，分別裁留，以裁兵者強兵，且以裁兵促全國庶政入於正軌，此實千載一時之良機也。吾國之苦兵禍久矣。唯貫以革命之精神，乃可望徹底之解決。此中正所兢兢自勉，誓以全力督促武裝同志，務底於成，敢為我總理告者，六也。

溯自我總理和平救國之主張，格於軍閥官僚之頑梗，而不克實現。本黨為剷除障礙，不得已而用兵，惟當轉戰之際，目擊戰區同胞之困苦，以及前線將士犧牲之重大，常覺革命成功之後，應有根絕內戰之圖謀。誠以國家兵力當為捍衛民族利益而用，國內戰爭，實為無上之恥辱。此次北伐，動員數逾百萬，轉戰豈止千里。殘破者均中國之領土，死傷者皆中國之同胞。痛定思痛，只有哀矜。自今以往，宜使全國皆知內戰為可恥，而注全力於國防。明恥教戰，唯以自衛；臥薪嚐膽，以求貫徹總理民族獨立自由之遺訓。此中正所兢兢自勉，以勉同志，共促徹底覺悟，迅速實踐，敢為我總理告者，七也。

至於破壞之後，亟待建設。我總理遺著之建國大綱、建國方略，對於程式節目，早有顯明之規定。只須全體同志，篤信力行，即不難達建設三民主義之國家，以竟國民革命之全功。值此軍政告終之時，若不以實際政治之設施，表示革命建國之力量，則武裝同志奮鬥而得之成績，將因人心失望，而不易保持。故今日最要之計，宜使一切政治，完全無背於建國大綱，而軍政、訓政交替時期，尤須遵照建國大綱之規定，克日實施地方自治之基礎工作。舉凡調查戶口、測量土地、辦理警衛、修築道路等等，首宜訓練民眾，努力實行，輔之以主義宣傳，證之以實行之成績，務使全國人民之思想，悉以三民主義為依歸；全國政治之設施，悉從本黨之指導，勵行總理以黨治國之主張，俾中國能得系統之建設。此又中正所兢兢自勉，以勉同志，敢為我總理告者，八也。

中正海隅下士，未嘗問學。得聞大義，追隨革命，胥出我總理教誨裁成之所賜。竊見總理遺教，崇高博大，論其精意，實古昔聖賢所未發，中外宏哲所未規。語甚平易，實天理人情之結晶，野老村婦所共解，奚止具興頑振懦之功，實亦為生命建樹之本。今當建國伊始，而總理已長辭人世，不復能躬親指導。千鈞之責任，寄於後死之同志，唯有戮力同心，勉為紹繼。以總理之精神，團結本黨之精神；以總理之思想，統一全國之思想。革命之基本既立，人民之解放可期。中正自許身黨國，久已矢之死靡他之決心。初不意百戰餘生，尚能留此微軀，詣總理之靈堂，而致其瞻禮。今後有生之日，即為奮鬥之年，竭其全力，濟以忠貞，成敗利鈍，未遑計也。靈爽匪遙，唯昭鑒愚誠而默相之！

馮玉祥在其回憶錄最後一章狀寫當時情形。祭靈那天，「蔣先生謁見總理遺容，哭得不能抬頭，大家都不免百感交集，空氣又是悲壯，又是嚴肅。蔣先生哭了很久，還不停止，我走上去如勸孝子一般勸了多時，他始休淚。」

七月六日蔣先生日記是這樣的：「讀畢祭文，為之俯伏慟哭者久之。全堂亦無不淚下。回含青舍，謂夫人曰：方祭告總理時，聞哀樂之聲一作，雖欲強抑悲懷，仍淚滿襟肊，體力幾不支矣！及瞻仰遺容，哀痛更不能自勝，嗚呼！悲哉！三年有半之歲月，中正所受之冤屈讒謗，直不知何自而可聲訴也。言次，不禁又淚下如雨。」含青舍，即涵青舍。月初蔣先生到北京，和宋美齡住在西山碧雲寺的涵青舍，以盡孝子守靈之儀。想到先師的偉烈，阽危板蕩中的愈挫愈奮，以及他的勞碌、困頓、奔波，先是在靈寢大放悲聲，回舍後又不禁潸然淚下，緬懷先烈的高風，不禁悲從中來，益感責任的重大。

這可以說是薄海騰歡的日子，民眾在飽受艱難備嘗痛苦之餘，應該慶祝鼓舞的日子。想念中山先生，告慰民國開國導師在天之靈，也可以告慰抗清烈士之靈和國民革命先烈之靈。兩三代國人經歷四十餘年來無比的痛苦和犧牲，始結成今日光榮的果實。

此時，自中山先生在檀香山組織興中會、致力國民革命以來，已經過去了三十四年的歲月。

七月初，在北平舉行了裁兵會議。此時，繼承其父餘蔭的張學良，就任東三省保安總司令，東北實權大體在握。經環境催化、內心思索，他對三民主義深表敬意，對於歸順國府也有積極表現。他派出的代表顯示出誠心誠意歸順的態度。

中山先生自革命以來，迭仆迭起，雖能推翻滿清，建立民主共和國，卻不幸為利慾薰心的袁世凱所破壞，以後又經過討袁、護法諸役，與袁世凱的孑遺做諸般較量，始終未能竟其全功，主要的缺失在於沒有一支革命的軍隊，黃埔軍校之前，所借重的軍閥，多係投機軍人，對革命的真諦毫無感知，更談不到信仰。故要建立革命武裝，養成基本幹部，必須建立軍校作為輸出的源頭。

辛亥革命雖然顛覆滿清，但是實際的狀況，只是表現為民族解放主義，為情勢所迫，政權不得已被新的專制分子所攫取。袁世凱死後，分蘖出無數的徒子徒孫，暴戾恣睢，自為刀俎，以人民為魚肉，民權的基本精神，盤剝得一乾二淨。軍閥從其利益出發，與帝國主義深相勾結，致使中國內亂，糾紛不已，為禍酷烈。連年兵燹，民不聊生。民眾不僅被剝奪政治上的生命，即經濟上的基本權益也剝奪殆盡。國民革命運動，折損於辛亥武昌起義之後，繼之以討袁、護法……直至北伐終於完成辛亥革命的訴求。

完成辛亥革命　開啟嶄新時代

中山先生綜合中國傳統文化之仁愛、民族、民本、均富、大同之思想，以及歐美學說與制度之菁華，實施直接民權之民主政治，採取均富之民聲政策，不僅合乎中國民眾之需要，且順乎世界潮流。此前數月，對革命的理論和方法，認定中山先生的建國大綱為最高原則，二屆四中全會的宣言寫道：「總理中山先生所創造之三民主義，實為綜合中國民族之歷史的文化精神，與現在世界之科學的學術經驗而成之革命的最高指導原則。此一原則，不特足以指示中國之國民革命之理論與行動；全世界一切人類欲求得普遍而永久之和平進展，其政治的、社會的組織，國家與人民之行動，絕不能背此原則。」

這是堅定而偉岸的認定。由此切入，進入北伐後的黃金十年的歲月。

中山先生的思想，以民治民有民享為內核，係融彙世界各種主義，加以精研取其之所長，而又深契我國文化道統之精神，再三斟酌創造而成，故對外可以多方面因應，對內足以增長自信而自立自強，不依賴任何帝國主義，而自成一獨立思想體系，用以增強中國之自信與共信最為適當。

同盟會成立後，中山先生的《軍政府宣言》，對於恢復中華，建立民國，明確規定了四個綱領性的治國之本——驅除韃虜、恢復中華、建立民國、平均地權；對此四綱，其措施之次序則分三期步驟，第一即是軍法之治，「軍政府總攝，以次掃除積弊政治之害。」

二是約法之治，此時期軍政府須將地方自治之權歸於當地民眾，軍政府與地方議會，共遵約法，以定天下後六年為限，始解約法，而布憲法。

第三期為憲法之治。約法解除則制定憲法，軍政府解兵權行政權，國民公舉大總統，並公舉議員，以組織國會，一國之政事，依照憲法來推行。

如此循序漸進，使國民養成自由平等之資格，這就是民國之所以建立的根本。

北伐之後，辛亥革命完成，因而按照以上三步驟，也即軍政、訓政、憲政的方略，雄固國基，走向民主憲政。於是一種理想的典範，穩健地踏入現實，開闢兩千年帝制社會以來前所未有的新局。一九二八年夏北伐領導人並已提出軍事善後意見書，略謂，國民革命軍進至平津後，國家統一大業即將完成，乃向國民政府提出實施軍隊國家化以及釐定最少限軍額，化兵為工，以培國家財力，致力於建設；開誠佈公，取信於民。

北伐戰爭掃滅軍閥割據，國民政府即緊張投身到了經濟建設，隨後建立了資源委員會，開發國家的資源；羅致優秀學者，總辦全國建設事務。十年間，經濟轉型，建設騰飛，中山先生軍政、訓政、憲政這革命理論的三步驟的第一步，已經切實完成，並進入第二期的步驟。交通、幣制、公共衛生、立法和刑法系統的現代化轉型得以啟動；工業，尤其是東部沿海地區的輕工業得到了長足發展。教育界也獲得了同樣巨大的成就，以期通過一個普及國語和克服方言差異的計畫以完善中國社會的統一；漸布漸廣的通訊設施更進一步鼓勵了民眾的統一感和自豪感。新生活運動將若干衛生與道德常識普及於大眾，並激起相當的愛國熱情，古老中華兒女的精神歲月，異常艱辛地從數千年帝制血腥陰影裏脫胎出來。這一建設直到一九三七年日本全面侵華才中斷。

這是一個嶄新時代的標誌。

一九一一年的十月十日武昌起義成功，中山先生領導的革命經過十次失敗後，終於啟動新時代的浪潮，迤邐扳倒了腐敗封閉的滿清王朝，建立東亞第一個民主共和國。一個遼闊而老疲不堪的國家，竟能在一群知識份子的熱血獻身下，於深邃黑暗中掀起革命巨浪，推翻了長達數千年的帝制，在昏朦蠢動殺伐的亂局中建立起前所未有的全新政體。遙想當年萬端困難的時空環境，革命成功幾乎是無法想像的目標，而其成就不但空前巨大，更帶來了重大而深遠的歷史性影響。

辛亥革命雖然導致持續二千年之久的王朝體制總體崩潰，但其結果是舊體制的解體，革命後國內紛呈四分五裂之狀，所以辛亥革命被視為一場不徹底的革命。從這個角度來看，辛亥革命可說是完成一半。

滿清雖然傾覆，民國雖然建立，然而實際上，外受列強之欺凌，日甚一日；內則軍閥割據肆虐，各自把持一方，全國不能統一，民族、民生、民權仍然無從談起。可知民國建立歷程中，其主要障礙，除滿清朝廷外，則為割據之軍閥與虎狼般的列強。只有掃除此兩大障礙，國家民族方可免於淪亡。軍閥排斥異己，貽誤國家，禍害人民，造成數十年爭權奪利內亂之局。北洋軍閥和晚清朝廷的區分，只是一家一姓的變易，實質還是專制的分蘖，一個皇帝變為無數的大大小小的皇帝，根性系統一致，人民依然無權。

黃埔軍校的建立發展壯大，對於北伐，具有大廈棟樑的作用，這是國民的武力，是覺醒了的強大精神力量。以黃埔師生為中堅的國民革命軍，北伐軍興，撲滅軍閥，更要使這些清廷及北洋孑遺永遠不能再起。黃埔官兵深切瞭解為誰而戰，他們涵泳黃埔精神，不僅戰技優良，戰術卓越，且其精神戰力充沛為軍閥部隊所不能想像。效法先烈，冒險犯難，故能迅速擊破素稱雄厚的軍閥部隊，於此可見中山先生及其助手創建革命武力之功效。國民革命軍以兩廣為基地，先後擊敗以吳佩孚、孫傳芳、張宗昌為主力的北洋軍閥，之後取得原屬北洋軍的馮玉祥、閻錫山等人的加入，最後張作霖退出山海關外，張學良在東北易幟。國民革命軍的北伐，是中國歷史上僅有的兩次由從南向北統一全國的例子（另一次是明朝對元朝的北伐），儘管它所達成的統一在很多方面來說都只是屬於形式上的。所以辛亥革命到了一九二七年底一九二八年初，可以說初步完成。

武昌首義成功後的十六、七年間，革命先烈經歷無數波折動亂，拼著頭顱頸血，在動盪痛苦中，初步建立起獨特而珍貴的存在價值，形成活潑多元而溫柔敦厚的獨特文化特質，也建立了深信民主、尊重人權、自由開放的價值理念。

辛亥先賢深信正義就是決勝的力量，公理終必勝過暴力，在史上空前未有變局之中，擔負起五千年歷史空前未有的使命，為國家民族的生存，歷史文化的延續，生活方式的自由和後世子孫的滋長而奮鬥。

寫於民國九十八年夏至一百年春

血歷史05　PC0176

新銳文創
INDEPEDENT & UNIQUE

革命！中國1911

作　　者	伍立楊
主　　編	蔡登山
責任編輯	鄭伊庭
圖文排版	陳宛鈴
封面設計	陳佩蓉

出版策劃	新銳文創
發 行 人	宋政坤
法律顧問	毛國樑　律師
製作發行	秀威資訊科技股份有限公司 電話：+886-2-2796-3638　傳真：+886-2-2796-1377 服務信箱：service@showwe.com.tw http://www.showwe.com.tw
郵政劃撥	19563868　戶名：秀威資訊科技股份有限公司
展售門市	國家書店【松江門市】 104 台北市中山區松江路209號1樓 電話：+886-2-2518-0207　傳真：+886-2-2518-0778
網路訂購	秀威網路書店：http://www.bodbooks.com.tw 國家網路書店：http://www.govbooks.com.tw

出版日期	2011年10月　初版
定　　價	450元

國家圖書館出版品預行編目

革命！中國1911 / 伍立楊著. -- 一版. -- 臺北市：新銳文創,
2011.10
面；　公分. --（血歷史；5）
BOD版
ISBN　978-986-6094-28-6（平裝）

1.辛亥革命　2.民國史

628.19　　　100015830

讀者回函卡

感謝您購買本書，為提升服務品質，請填妥以下資料，將讀者回函卡直接寄回或傳真本公司，收到您的寶貴意見後，我們會收藏記錄及檢討，謝謝！
如您需要了解本公司最新出版書目、購書優惠或企劃活動，歡迎您上網查詢或下載相關資料：http:// www.showwe.com.tw

您購買的書名：______________________________

出生日期：________年________月________日

學歷：□高中（含）以下　□大專　□研究所（含）以上

職業：□製造業　□金融業　□資訊業　□軍警　□傳播業　□自由業
　　　□服務業　□公務員　□教職　□學生　□家管　□其它______

購書地點：□網路書店　□實體書店　□書展　□郵購　□贈閱　□其他

您從何得知本書的消息？
□網路書店　□實體書店　□網路搜尋　□電子報　□書訊　□雜誌
□傳播媒體　□親友推薦　□網站推薦　□部落格　□其他__________

您對本書的評價：（請填代號　1.非常滿意　2.滿意　3.尚可　4.再改進）
封面設計____　版面編排____　內容____　文／譯筆____　價格____

讀完書後您覺得：
□很有收穫　□有收穫　□收穫不多　□沒收穫

對我們的建議：______________________________

____

____

____

請貼
郵票

11466
台北市內湖區瑞光路 76 巷 65 號 1 樓
秀威資訊科技股份有限公司 收
BOD 數位出版事業部

（請沿線對折寄回，謝謝！）

姓　　名：________________ 年齡：________ 性別：□女 □男

郵遞區號：□□□□□

地　　址：________________________________

聯絡電話：(日) ________________ (夜) ________________

E-mail：________________________________